职业教育改革创新教材

Qiche Dipan Gouzao yu Weixiu
汽车底盘构造与维修

张生强　陈国威　**主　编**
马生贵　蔡明清　张瑶瑶　**副主编**

人民交通出版社股份有限公司
北　京

内容提要

本书是职业教育改革创新教材之一,主要内容包括传动系统构造与维修、行驶系统构造与维修、转向系统构造与维修、制动系统构造与维修、底盘电控系统认识和底盘综合维修。

本书可作为职业学校汽车运用与维修专业、汽车制造与检修专业的教材,也可供汽车维修及相关技术人员参考阅读。

图书在版编目(CIP)数据

汽车底盘构造与维修/张生强,陈国威主编.—北京:人民交通出版社股份有限公司,2021.1
ISBN 978-7-114-16931-1

Ⅰ.①汽⋯ Ⅱ.①张⋯②陈⋯ Ⅲ.①汽车—底盘—结构—职业教育—教材②汽车—底盘—车辆修理—职业教育—教材 Ⅳ.①U463.1②U472.41

中国版本图书馆 CIP 数据核字(2020)第 217110 号

书　　名:	汽车底盘构造与维修
著 作 者:	张生强　陈国威
责任编辑:	戴慧莉
责任校对:	赵媛媛
责任印制:	刘高彤
出版发行:	人民交通出版社股份有限公司
地　　址:	(100011)北京市朝阳区安定门外外馆斜街 3 号
网　　址:	http://www.ccpcl.com.cn
销售电话:	(010)59757973
总 经 销:	人民交通出版社股份有限公司发行部
经　　销:	各地新华书店
印　　刷:	北京市密东印刷有限公司
开　　本:	787×1092　1/16
印　　张:	19.5
字　　数:	445 千
版　　次:	2021 年 1 月　第 1 版
印　　次:	2021 年 1 月　第 1 次印刷
书　　号:	ISBN 978-7-114-16931-1
定　　价:	50.00 元

(有印刷、装订质量问题的图书由本公司负责调换)

职业教育改革创新教材编委会

(排名不分先后)

主　　　任：曹剑波（武汉市交通学校）
副　主　任：龚福明（武汉交通职业学院）
　　　　　　曾　鑫（武汉软件工程职业学院）
　　　　　　田哲文（武汉理工大学）
　　　　　　许小兰（荆州市创业职业中等专业学校）
　　　　　　周广春（武汉市交通学校）
委　　　员：张宏立　何本琼　向志伟　杨　泽　张生强　罗　琼
　　　　　　马生贵　蔡明清　易建红　向忠国　朱胜平　程　宽
　　　　　　彭小晴　江　薇　杨　猛　易昌盛
　　　　　　李和平（武汉市交通学校）
　　　　　　董　蓉　杨晓炳　涂金林　杨寒蕊　何孝伟　张继芳
　　　　　　覃绣锦　陈士旭　李　刚　汤进球　吕　晗
　　　　　　胡　琼（荆州市创业职业中等专业学校）
　　　　　　董劲松（武汉市第三职教中心）
　　　　　　孟范辉　弓建海　李　奇　许家忠
　　　　　　魏　超（张家口机械工业学校）
　　　　　　朱　岸（武汉市机电工程学校）
　　　　　　高元伟（辽宁省交通高等专科学校）
　　　　　　雷小平（武汉市第二轻工业学校）
　　　　　　李　丹（湖北科技职业学院）

前言 / FOREWORD

本套"职业教育改革创新教材",自2012年首次出版以来,多次重印,被全国多所职业院校选为汽车运用与维修专业教学用书,受到了广大师生的好评。

为了体现现代职业教育理念,贴近汽车运用与维修专业实际教学目标,促进"教、学、做"更好地结合,突出对学生技能的培养,使之成为技能型人才,2018年8月,人民交通出版社股份有限公司吸收教材使用院校的意见和建议,组织相关老师,经过认真充分研究和讨论,确定了修订方案,对本套教材进行了修订。

根据教学需求,本套教材将第1版的12个品种进行整合,形成第2版的10个品种,其中将《汽车发动机机械维修》与《汽车发动机电控系统维修》整合为《汽车发动机构造与维修》,《汽车传动系统维修》《汽车制动系统维修》《汽车行驶系统与转向系统维修》整合为《汽车底盘构造与维修》,《汽车电气设备维修》更名为《汽车电气设备构造与维修》,《汽车车身维修技术》拆分为《汽车车身及附属设备》与《汽车钣金维修》,《汽车涂装工艺》与《汽车涂装工艺工作页》合并为《汽车涂装工艺》。教材修订后,在结构和内容上与教学内容更加吻合,更注重对学生实践能力的培养。

《汽车底盘构造与维修》一书就是在《汽车传动系统维修》《汽车制动系统维修》《汽车行驶系统与转向系统维修》的基础上,吸收了教材使用院校教师的意见和建议,在会议确定的修订方案指导下完成的。教材的修订内容主要在以下几个方面:

(1)增加"底盘电控系统认识",介绍了自动变速器电子控制系统、电控悬架系统、电动助力转向系统、电子制动控制系统;

(2)增加了4个底盘常见的故障维修案例;

(3)更新教材中相关数据;

(4)更新部分内容和图表,使教材内容更贴近当前实际工作内容。

本书由武汉市交通学校张生强、陈国威担任主编，由武汉市交通学校马生贵、蔡明清和四川交通运输职业学校张瑶瑶担任副主编。

限于编者水平，书中难免有疏漏和错误之处，恳请广大读者提出宝贵建议，以便进一步修改和完善。

职业教育改革创新教材编委会

2020 年 8 月

目录 / CONTENTS

项目一　传动系统构造与维修

学习任务一　传动系统认识 …………………………………………… 1
学习任务二　离合器的构造与维修 …………………………………… 10
学习任务三　手动变速器的构造与维修 ……………………………… 24
学习任务四　自动变速器认识 ………………………………………… 53
学习任务五　万向传动装置的构造与维修 …………………………… 62
学习任务六　驱动桥的构造与维修 …………………………………… 69

项目二　行驶系统构造与维修

学习任务七　行驶系统认识 …………………………………………… 80
学习任务八　车轮及轮胎的构造与维修 ……………………………… 86
学习任务九　悬架的构造与维修 ……………………………………… 113

项目三　转向系统构造与维修

学习任务十　转向系统认识 …………………………………………… 130
学习任务十一　机械转向系统的构造与维修 ………………………… 136
学习任务十二　液压助力转向系统的构造与维修 …………………… 147

项目四　制动系统构造与维修

学习任务十三　制动系统认识 ………………………………………… 157
学习任务十四　液压制动系统的构造与维修 ………………………… 177

项目五　底盘电控系统认识

学习任务十五　自动变速器电子控制系统认识 ……………………… 187
学习任务十六　电控悬架系统认识 …………………………………… 207

学习任务十七　电动助力转向系统认识 …………………………… 216
学习任务十八　电子制动控制系统认识 …………………………… 225

项目六　底盘综合维修

学习任务十九　手动变速器换挡困难的检修 ……………………… 235
学习任务二十　汽车行驶跑偏的检修 ……………………………… 244
学习任务二十一　汽车行驶颠簸的检修 …………………………… 256
学习任务二十二　汽车制动跑偏的检修 …………………………… 279

参考文献 ……………………………………………………………… 301

项目一 传动系统构造与维修

学习任务一 传动系统认识

学习目标

完成本学习任务后,你应当能:
1. 知道传动系统的作用;
2. 熟悉车辆的驱动形式;
3. 掌握传动系统的组成;
4. 快速准确地使用网络查阅所需的资料。

 建议完成本学习任务的时间为 2 课时。

 学习任务描述

小张马上要毕业了,幸运的是他有机会参加当地知名汽车集团企业的面试。面试题目采用抽签法,他抽到的题目是"介绍汽车传动系统的基本构造、类型和布置形式"。小张马上想到了这都是在学校里学过的知识,于是他在脑海里反复回顾……

一、资料收集

引导问题 1 传动系统的作用是什么？由哪些部件组成？又有哪些类型？

1 传动系统的作用

传动系统将发动机的动力按照需要传给驱动轮，使汽车克服阻力行驶，具体表现在以下几个方面。

(1) 减速：通过传动系主减速器的作用，使驱动轮的转速降低，转矩增大。

(2) 变速：通过传动系变速器的作用，既保证发动机在有利的转速范围内工作，又使驱动力在足够大的范围内变化。

(3) 倒车：在传动系的变速器中加设倒挡，使汽车能在某些工况下倒车。

(4) 中断动力传递：发动机只能在无负荷的工况下起动，而且起动后转速必须保持在最低稳定转速以上，在起动发动机、停车不熄火和制动工况下中断动力传递。

(5) 差速：汽车转弯时，左、右车轮滚过的距离不同，传动系统的差速作用可以使左、右两驱动轮以不同的角速度旋转。

2 传动系统的组成

机械式传动系统主要由离合器、变速器、万向传动装置（由左侧传动半轴、万向节、右侧传动半轴等组成）和驱动桥组成，如图 1-1 所示。

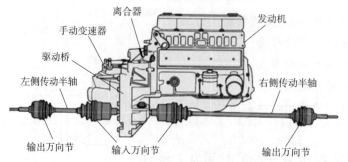

图 1-1 传动系统组成

3 传动系统的分类

按结构和传动介质的不同，汽车传动系统可以分为机械式、液力机械式、静液式和电传动式等。

(1) 机械式传动系统。机械式传动系统由离合器、变速器、万向传动装置和驱动桥组成，如图 1-2 所示。

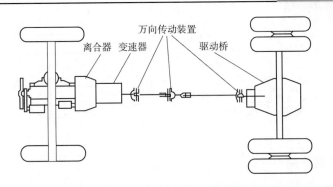

图1-2 机械式传动系统示意图

(2)液力机械式传动系统。液力机械式传动系统是组合运用液力传动和机械传动的系统。其以液体为传动介质,利用传动介质在主动元件和从动元件之间循环流动过程中动能的变化来传递动力,如图1-3所示。

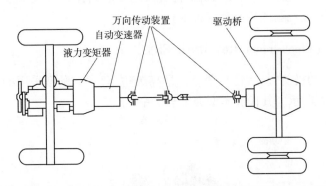

图1-3 液力机械传动示意图

(3)静液式传动系统。静液式传动系统是通过液体传动介质静压力能的变化来传递能量。其主要由发动机驱动的油泵、液压马达等组成,如图1-4所示。

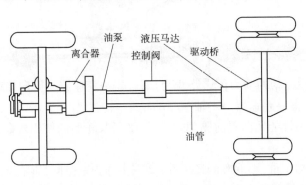

图1-4 静液式传动系统示意图

(4)电传动系统。电传动系统由发动机驱动发电机发电,再由电动机驱动驱动桥或由电动机直接驱动带有减速器的驱动轮,如图1-5所示。

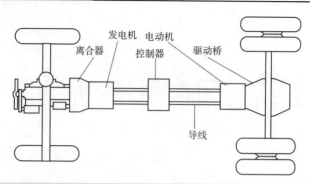

图1-5 电传动系统示意图

引导问题2 传动系统有哪些布置形式？

汽车传动系统的布置形式与发动机的位置及驱动形式有关，一般可分为前置前驱、前置后驱、后置后驱、中置后驱、四轮驱动五种形式。

1 前置后驱（Front-engine Rear-drive，FR）

前置后驱即发动机前置、后轮驱动。它是高级轿车、运动车型采用的、比较流行的一种布置形式，如图1-6所示。其代表车型为宝马7系。

图1-6 前置后驱布置示意图

发动机前置后轮驱动的动力传递路线为：离合器→变速器→万向传动装置（包括万向节和传动轴）→主减速器→差速器→半轴→驱动轮。

（1）优点：①牵引性能比前置前驱型式优越；②延长轮胎的使用寿命；③简化操纵机构的布置；④便于维修。

（2）缺点：①增加车重，影响燃油经济性；②减小驾驶室空间，影响乘坐舒适性；③在雪地或易滑路面易发生摆尾现象。

2 前置前驱（Front-engine Front-drive，FF）

前置前驱即发动机前置、前轮驱动，是当前轿车采用的、最流行的一种驱动形式，如图1-7

所示。大众国产车型采用的都是该布置形式。其代表车型为大众新领域。

发动机前置前轮驱动的动力传递路线:离合器→变速器→主减速器→差速器→万向传动装置(含半轴和万向节)→驱动轮。

(1)优点:①减轻车质量,结构较紧凑;②车内空间较宽敞,提高乘车舒适性;③燃油经济性好;④提高操纵稳定性和制动时的方向稳定性;⑤简化后悬架系统。

(2)缺点:①起动、加速或爬坡时易滑;②易出现转向不足的情况。

图1-7　前置前驱布置示意图

3 后置后驱(Rear-engine Rear-drive,RR)

后置后驱即发动机后置、后轮驱动,如图1-8所示。早期其广泛应用在微型车上,现在多应用在大型客车上,轿车上已很少采用,其代表车型为保时捷911。

(1)优点:结构紧凑,无沉重的传动轴和复杂的前轮转向兼驱动结构。
(2)缺点:后轴负荷较大,在操控性方面存在转向过度的倾向。

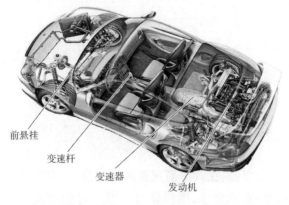

图1-8　后置后驱布置示意图

4 中置后驱(Middle-engine Rear-drive,MR)

中置后驱即发动机中置、后轮驱动,如图1-9所示。这种布置形式大多应用于跑车上,其代表车型为法拉利F430。

(1)优点:前后载荷分配非常均匀,具有后驱车型的所有优势。
(2)缺点:占用乘坐空间,结构复杂,泛用性不强,成本过高。

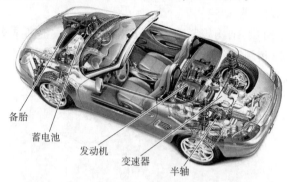

图1-9 中置后驱布置示意图

5 四轮驱动(4 Wheel Drive,4WD)

四轮驱动大多采用发动机前置,四轮同为驱动轮的形式。按照技术划分又分为:全时四驱、分时四驱和适时四驱。

(1)全时四驱(Full-Time 4WD)。全时四驱是指汽车在行驶的任何时间内,所有车轮均独立运动。采用全时四驱的车辆比采用两驱(2WD)的车辆拥有更优异与安全的驾驶基础,尤其在遇到极限路况或是驾驶员激烈驾驶时。理论上,全时四驱车辆会比两驱车辆拥有更好的牵引力,车辆的行驶是依据它持续平稳的牵引力,而牵引力的稳定性主要由车辆的驱动形式决定,将发动机动力输出经传动系统分配到四个轮胎与分配到两个轮胎上作比较,其结果是4WD的可控性、通过性以及稳定性均会得到提升。全时驱动结构如图1-10所示。其代表车型为宝马X5、奥迪Q7等。

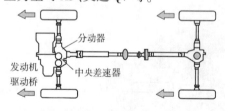
以前置前驱为平台的全时四驱

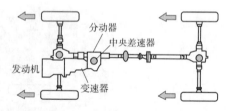
以前置后驱为平台的全时四驱

图1-10 全时四驱示意图

①优点:使车轮抓地更牢固,在汽车高速转向时更自如、更容易被操控,同时增加行车安全性,相比适时四驱脱困能力更强,但操作又没有分时四驱复杂,四个车轮一直有动力分配,当某个车轮发生打滑时,系统会自动介入,重新分配四个车轮的动力,保证四个车轮在任何时候都获得最高的抓地性,这类系统在湿滑的路面上有着非常明显的操控优势。

②缺点:它是靠检测到某个轮胎的打滑后,才开始把动力输送到不打滑的轮胎,因此反应较慢。同时离合式或电子式差速器无法完全像机械差速锁那样把前后轮动力按50%:50%锁死。

(2)分时四驱(Part-Time 4WD)。分时四驱由驾驶员根据路面情况,通过接通或断开分动器来变化两轮驱动或四轮驱动模式。分时四驱的中央差速器被分动器取代,车主可以选择前后桥断开或者50%∶50%直连。图1-11为分时四驱结构示意图。其代表车型为长城哈弗H5,JEEP牧马人。

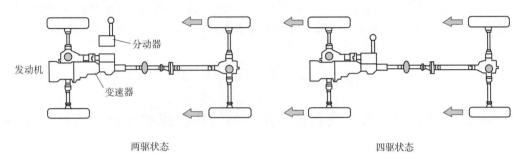

图1-11 分时四驱示意图

①优点:结构简单,稳定性高,坚固耐用。

②缺点:驾驶时需手动操作,部分车型结构复杂,还需要进行停车操作,这样不仅操作较麻烦,而且遇到恶劣路况不能迅速反应,往往错过了脱困的最佳时机;无中央差速器,不能在硬地面(铺装路面)上使用,在弯道上无法顺利转弯;综合油耗较高。

(3)适时四驱(Real-Time 4WD)。适时四驱就是只有在适当的时候才会出现的四轮驱动系统,而在其他情况下依然是两轮驱动。它的出现不仅降低了四驱汽车的成本,还带来了良好的燃油经济性(城市SUV多采用适时四驱)。图1-12为实时四驱示意图。其代表车型为丰田RAV4、本田CRV。

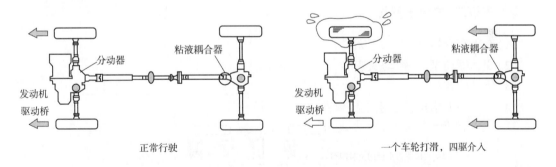

图1-12 实时四驱示意图

①优点:相比全时四驱,适时四驱结构更简单,这不仅降低生产成本,还有效降低整车质量,有利于拓展车内空间、提高传动效率、减少窗洞噪声,整车舒适度较强;相对全时四驱和分时四驱,适时四驱较省油。

②缺点:大多数适时四驱在前后轴传递动力时,会受制于结构的缺陷而无法将超过50%以上的动力传递给后轴,这使它在主动安全控制方面的调整范围小于全时四驱;同时相比分时四驱,它在应对恶劣路面时,四驱的物理结构极限偏低。因而适时四驱脱困能力相对分时四驱和全时四驱稍差。

提 示

汽车的驱动形式通常用汽车车轮总数×驱动车轮数来表示,根据驱动车轮数的不同,汽车驱动可以分为4×4、4×2等驱动形式。

二、实施作业

引导问题3 认识汽车底盘传动系统的结构组成需要哪些工具、设备和材料?

安全流畅的网络环境、连接互联网的手机或电脑、相关车辆的维修手册。

引导问题4 请你查阅网络或维修手册,说明实训室的汽车底盘传动系统的基本情况有哪些。

1 车辆一:雪佛兰科鲁兹

(1)有无离合器:□有　□无
(2)变速器类型:□手动变速器　□自动变速器
(3)传动轴在＿＿＿＿＿＿＿＿＿
(4)在车辆上指出传动系统各部件。

2 车辆二:丰田卡罗拉

(1)有无离合器:□有　□无
(2)变速器类型:□手动变速器　□自动变速器
(3)传动轴在＿＿＿＿＿＿＿＿＿
(4)在车辆上指出传动系统各部件。

三、评价反馈

对本学习任务进行评价,评价项目和标准见表1-1。

评 分 表　　　　　　　表1-1

考核项目	评分标准	分数	学生自评	小组评价	教师评价	小计
活动参与	是否积极主动	5				
安全生产	有无安全隐患	10				
现场5S	是否做到	10				

续上表

考核项目	评分标准	分数	学生自评	小组评价	教师评价	小计
任务方案	是否合理	15				
操作过程	(1)能否正确查阅信息,并填写信息; (2)能否在课堂上正确阐述所查阅的信息; (3)能否正确在车辆上指出传动系统各部件	30				
任务完成情况	是否圆满完成	5				
工具和设备使用	是否规范地使用手机(电脑、维修手册)查阅信息	10				
劳动纪律	是否违反	10				
工单填写	是否完整、规范	5				
	总分	100				
教师签名:			年 月 日		得分	

四、学习拓展

通过查阅资料,了解哪些车型是全时四驱、哪些车型是分时四驱、哪些车型是适时四驱,说明它们各自有哪些特点,并与同学交流探讨。

学习任务二

离合器的构造与维修

学习目标

完成本学习任务后,你应当能:
1. 知道离合器的作用及分类;
2. 熟悉离合器的结构组成;
3. 熟悉离合器的工作原理;
4. 熟悉离合器部件的检查方法,并会对其进行检查;
5. 熟悉离合器常见的故障现象与诊断方法;
6. 对离合器进行拆装及检测;
7. 快速准确地使用网络或维修手册查阅所需的资料。

 建议完成本学习任务的时间为 **6 课时**。

 学习任务描述

小张通过层层面试,拿到了去知名汽车集团的雪佛兰4S店实习的机会。实习的第一天,有一位客户到店反映:其车辆是2017款科鲁兹轿车,在起动挂挡后,松开离合器踏板,车辆不能起步或起步迟缓;加速时,车速不能随发动机转速增加而提高;爬坡时,发动机转速很高,但车辆行驶无力,严重时会从离合器部位发出焦糊气味。师傅和小张一起分析后,初步确定是离合器打滑造成的,然后一起对车辆离合器进行检查。

一、资料收集

引导问题1 离合器的作用是什么？有哪些类型？

1 离合器的作用

离合器安装在发动机与变速器之间，是汽车传动系统中直接与发动机相连结的总成部件，也是实现动力传递和切断的关键部件。其作用主要有：
（1）使发动机与传动系统逐渐接合，保证汽车平稳起步；
（2）暂时切断发动机的动力传动，保证变速器换挡平顺；
（3）限制所传递的转矩，防止传动系统过载。

2 离合器的类型

根据不同的分类形式，离合器有不同的类型。
（1）按照从动盘数目的不同可分为单片式离合器（图2-1）和多片式离合器（图2-2）。单片式离合器应对一般车辆已经足够，但是对于动力更强的载货汽车或者轨道车辆，还需要双片式离合器。双片式离合器多了一套离合器片，转矩容量较大。

图2-1　单片式离合器

图2-2　多片式离合器

（2）按照压紧弹簧的结构形式的不同可分为螺旋弹簧离合器（图2-3）和膜片弹簧离合器（图2-4）。

引导问题2 膜片弹簧离合器的结构是怎样的？

膜片弹簧离合器主要由主动部分、从动部分、压紧机构和操纵机构等四部分组成。膜片弹簧离合器的基本结构如图2-5所示，其主动部分包括飞轮、压盘、离合器盖等，从动部分包括从动盘、输入轴等，压紧

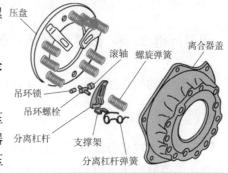

图2-3　螺旋弹簧离合器

机构包括膜片弹簧、支承装置等;操纵机构包括离合器踏板、总泵、分泵和分离轴承(图2-6)等。

主、从动部件和压紧机构是保证离合器处于接合状态并能传递动力的基本装置,而操纵机构主要是使离合器分离的装置。

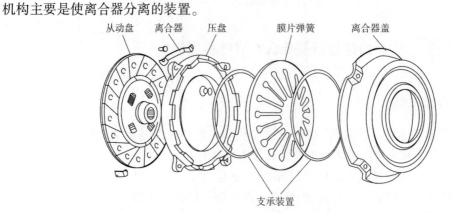

图2-4　膜片弹簧离合器

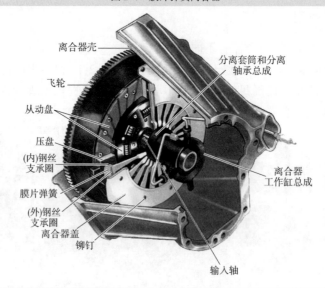

图2-5　离合器的基本结构图

引导问题3　膜片弹簧离合器是怎样工作的?

离合器的工作过程可以分为接合状态、分离过程和接合过程三个阶段。

1 接合状态

驾驶员未对离合器踏板施加力时,离合器处于接合状态。在这一状态,操纵机构各部件在膜片弹簧的作用下回到各自位置,膜片弹簧与分离轴承之间保持有一定的间隙,膜片弹簧将飞轮、从动盘和压盘三者压紧在一起,发动机的转矩经过飞轮及压盘,通过从动盘的两摩擦面摩擦作用传给从动盘,再由从动轴输入变速器。离合器接合状态如图2-6所示。

2 分离过程

驾驶员迅速踩下离合器踏板的过程中,离合器处于分离过程,分离轴承在分离叉的推动下,先消除分离轴承与分离叉内端之间的间隙,然后推动分离叉内端前移,使分离轴承带动压盘克服膜片弹簧作用力后移,摩擦作用消失,离合器的主、从动部分分离,中断动力传动。离合器分离过程如图2-7所示。

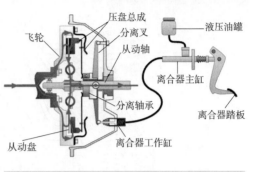

图2-6 接合状态

3 接合过程

驾驶员缓慢松开离合器踏板直至离合器踏板完全复位的过程是离合器的接合过程。这一过程中,在膜片弹簧的作用下,压盘向前移动并逐渐压紧从动盘,使接触面间的压力逐渐增加,摩擦力矩也逐渐增加;当飞轮、压盘和从动盘之间接合还不紧密时,所能传动的摩擦力矩较小,离合器的主、从动部分有转速差,离合器处于打滑状态;随着离合器踏板的逐渐松开,飞轮、压盘和从动盘之间的压紧程度逐渐紧密,主、从动部分的转速也渐趋相等,直到离合器完全接合而停止打滑,接合过程结束。离合器接合过程如图2-8所示。

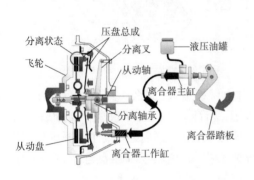

图2-7 分离过程

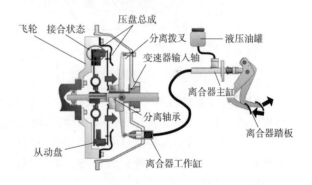

图2-8 接合过程

> **引导问题4** 什么是离合器踏板的自由行程、工作行程和总行程?

离合器踏板位置包括踏板高度和踏板行程。踏板高度由厂家设计决定,一般不可调,而踏板行程是需要检查和调整的,包括自由行程、工作行程和总行程。

(1)离合器踏板自由行程。自由行程是指离合器膜片弹簧内端与分离轴承之间反映的踏板间隙,如图2-9所示。

(2)离合器踏板工作行程。工作行程是指消除自由间隙后,驾驶员继续踩下离合器踏板后产生分离间隙的过程所对应的踏板行程,如图2-10所示。

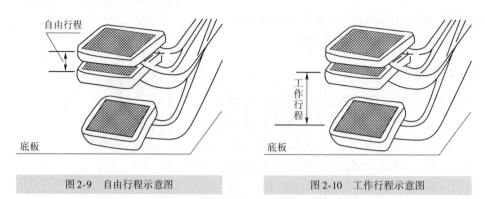

图 2-9　自由行程示意图　　　　图 2-10　工作行程示意图

（3）离合器踏板总行程。总行程是指踏板在无作用任何力时的位置与踏板被完全作用到底时的位置之间的距离，如图 2-11 所示。

（4）离合器踏板各行程之间的关系。各行程间的关系如图 2-12 所示，可用下式表示：

$$离合器踏板总行程 = 自由行程 + 工作行程 \quad (2\text{-}1)$$

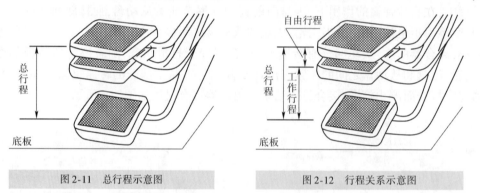

图 2-11　总行程示意图　　　　图 2-12　行程关系示意图

汽车离合器踏板的总行程一般是不变的，如果自由行程增大，那么工作行程就减小，使与离合器工作缸相连接的推杆移动距离缩短，离合器压盘后移量减小，导致离合器分离不彻底、变速器换挡困难。如果自由行程变小，机件受热膨胀会使离合器拨叉压住压板弹簧，使摩擦片处于半分离状态，造成离合器打滑、摩擦片加剧磨损、分离轴承和压盘总成过早损坏等故障。

引导问题 5　离合器的操纵方式有哪些？操纵机构是怎样工作的？

按照操纵方式不同，离合器操纵机构可分为：机械式操纵机构和液压式操纵机构。

1　机械式操纵机构

机械式操纵机构可分为杠杆传动和拉线传动两类。

（1）杠杆传动操纵机构。图 2-13 所示为杠杆传动操纵机构，该机构结构简单，工作可靠，广泛应用于各型汽车上；但杠杆传动中杆件间铰接多，摩擦损失大，车架或车身变形以及发动机位移时都会影响其正常工作。

（2）拉线传动操纵机构。图 2-14 所示为拉线传动操纵机构，由于拉线通常是钢索，属于挠性件，因此对其他装置的布置没有大的影响，同时，拆装方便，成本低，保养容易，使用较多。

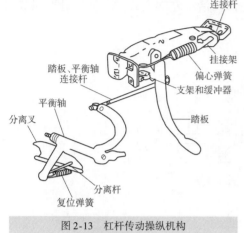

图 2-13　杠杆传动操纵机构

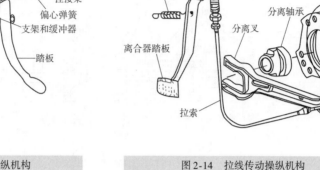

图 2-14　拉线传动操纵机构

2 液压式操纵机构

1）液压式操纵机构的结构

液压式离合器操纵机构如图 2-15 所示，由离合器踏板、离合器主缸、离合器工作缸、高压油管、低压油管等组成。

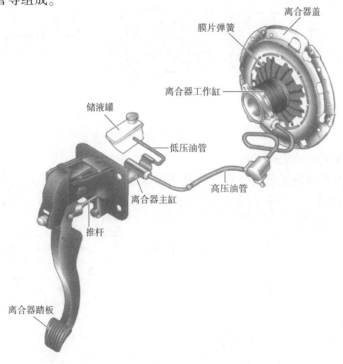

图 2-15　液压式离合器操纵机构

离合器主缸结构如图 2-16 所示。主缸壳体上的回油孔、补偿孔通过进油软管与储液罐相通。主缸内装有活塞,活塞两端装有皮碗,左端中部装有止回阀,经小孔与活塞右方主缸内腔的油室相通。当离合器踏板处于完全放松位置时,活塞左端皮碗位于回油孔与补偿孔之间,两孔均与储液罐相通。

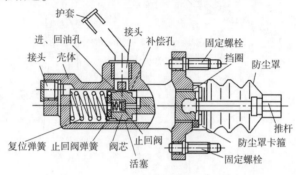

图 2-16 离合器主缸结构

离合器工作缸结构如图 2-17 所示。工作缸内装有活塞、皮碗、推杆等,壳体上还设有放气螺塞。当管路内有空气存在而导致离合器不能分离时,需要拧出放气螺塞进行放气。工作缸活塞直径略大于主缸活塞直径,故液压系统具有增力作用,以使操纵轻便。

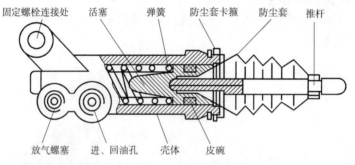

图 2-17 离合器工作缸结构

2)液压式操纵机构的工作过程

(1)分离过程:驾驶员踩下离合器踏板时,离合器主缸推杆推动主缸活塞,离合器主缸产生油压,压力油经油管使工作缸的活塞推出,经推杆推动分离叉,推移分离轴承离合器等使离合器分离,如图 2-18 所示。

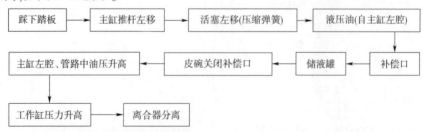

图 2-18 分离过程

(2)接合过程:驾驶员放松离合器踏板时,踏板复位弹簧将踏板拉回,离合器主缸油压消失,各机件复原,离合器接合,如图2-19所示。

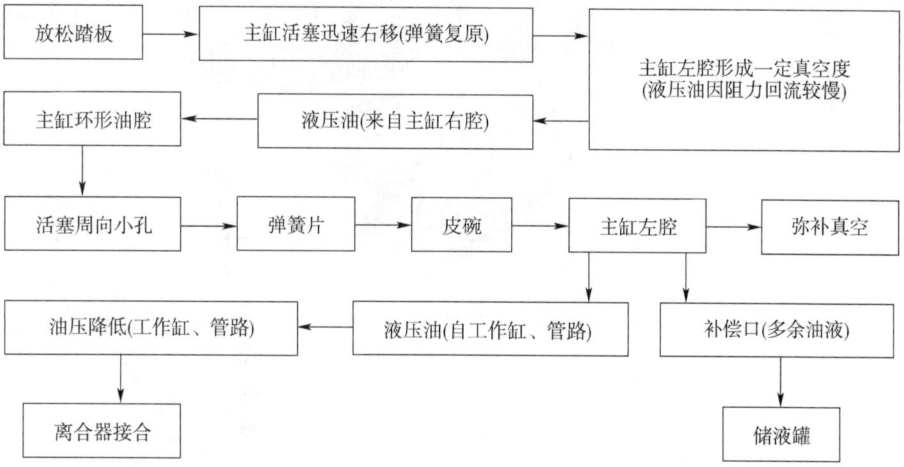

图2-19 离合过程

(3)补偿过程:当管路渗入空气时,可利用补偿孔来排除渗入的空气。补偿过程如下:当驾驶员踩下离合器踏板难以使离合器分离时,可迅速放松踏板,在踏板复位弹簧的作用下,主缸活塞快速右移,储液罐中的油压从补偿孔经主缸活塞上的止回阀流入活塞左面,此时,驾驶员再迅速踩下踏板,工作缸活塞前移,以弥补因从动盘磨损或系统渗入少量空气后引起的在相同踏板位置工作缸移动量的不足,从而保证离合器的正常工作。

引导问题6 什么是双离合器?它是怎么工作的?

双离合器位于飞轮和机械变速器之间,如图2-20所示。双离合器是将两个单片离合器 K_1 和 K_2 拼在一起,使用两个启动杆进行控制,同时具有两根驱动轴,其结构如图2-21所示。双离合器有湿式双离合器和干式双离合器两种,干式双离合器结构简单,成本较低,使用比较普遍。其操纵机构有液压式和电机驱动式。

当电控单元激活离合器 K_1 启动杆的电磁阀时,离合器驱动活塞移动并推动离合器接合杆右行,盘形弹簧一端受压力作用,另一端受拉力作用,压板在拉力的作用下紧压在主动轮上,离合器 K_1 接合,动力从驱动轴1输出,如图2-22所示;当电控单元激活离合器 K_2 启动杆的电磁阀时,离合器驱动活塞移动并推动离合器接合杆右行,盘形弹簧受压力作用,压板在压力的作用下紧压在主动轮上,离合器 K_2 接合,动力从驱动轴2输出,如图2-23所示。

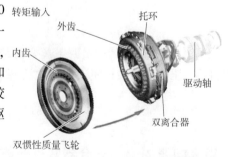

图2-20 双离合器安装位置

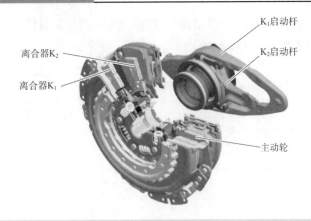

图 2-21 双离合器的结构

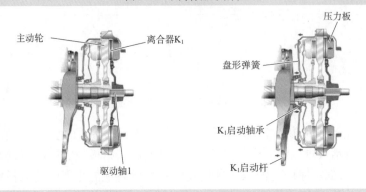

图 2-22 双离合器的工作原理(一)

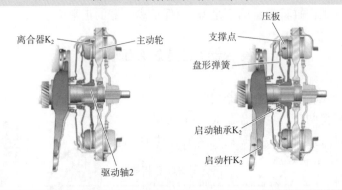

图 2-23 双离合器的工作原理(二)

引导问题 7　离合器常见的故障有哪些? 怎样排除呢?

离合器常见故障有:离合器打滑、离合器分离不彻底、离合器发抖和离合器异响等。

1　离合器打滑

离合器打滑的故障现象、原因和排除方法见表 2-1。

离合器打滑分析表　　　　　　　　　　　　　　　　　表 2-1

故障现象	故障原因	排除方法
主要表现在松开离合器踏板时，发动机动力不能完全传递给驱动轮	离合器自由行程过小	调整离合器踏板自由行程
	离合器从动盘摩擦衬面有油或磨损	检查离合器从动盘
	膜片弹簧弹力不足	检查膜片弹簧
	离合器盖与飞轮之间螺栓松动	检查螺栓有无松动，必要时予以拧紧

2 离合器分离不彻底

离合器分离不彻底的现象、原因和排除方法见表 2-2。

离合器分离不彻底分析表　　　　　　　　　　　　　　表 2-2

故障现象	故障原因	排除方法
主要表现在将离合器踏板踩到底，仍然挂挡困难	离合器自由行程过大	调整离合器踏板自由行程
	离合器油管内有空气	对离合器液压操纵系统进行放气
	离合器工作缸失效	修理离合器工作缸
	离合器主缸失效	修理离合器主缸
	从动盘变形或非原配件厚度超差	检查离合器从动盘

3 离合器发抖

离合器发抖的现象、原因和排除方法见表 2-3。

离合器发抖分析表　　　　　　　　　　　　　　　　　表 2-3

故障现象	故障原因	排除方法
主要表现汽车不能平顺起步，伴有冲撞，严重时车身明显抖动	压盘或飞轮工作表面变形，从动盘表面不平	检查压备、飞轮是否变形
	从动盘严重磨损	检查离合器从动盘
	从动盘扭转减振弹簧疲劳、折断	检查从动盘的扭转减振器
	膜片弹簧弹力不均、疲劳	检查膜片弹簧的弹力

4 离合器异响

离合器异响的现象、原因和排除方法见表 2-4。

离合器异响分析表　　　　　　　　　　　　　　　　　表 2-4

故障现象	故障原因	排除方法
主要表现在离合器接合、部分分离、完全分离时，发出不正常响声	部件磨损及主、从动部件或传动部件的松动	踏板自由行程是否调整过小
		踏板复位弹簧是否过软、脱落或折断
		分离轴承是否缺油或损坏
		分离轴承与膜片弹簧的间隙是否过小
		分离轴承复位弹簧是否折断
		膜片弹簧是否断裂
		摩擦片铆钉是否外露
		从动盘减振器弹簧是否折断等

二、实施作业

引导问题8 对离合器进行检修需要哪些工具、设备和材料?

科鲁兹整车、举升机、常用工具一套、钢直尺、游标卡尺、万用表、百分表、离合器导向工具、维修手册。

引导问题9 怎样检修离合器故障?

1 离合器操纵机构的检修

(1)检查离合器踏板。

①检查离合器踏板高度。

步骤1:拉紧驻车制动器操纵杆,并将变速器杆置于空挡位置,取下主驾驶室地毯。

步骤2:使用钢直尺垂直于地板,测量离合器踏板高度。

离合器踏板高度检测数据为_____mm,标准值为_____mm。

判断检测结果(□是 □否)标准要求,若不符合则需调整离合器踏板高度。

②检查离合器踏板自由行程。

步骤1:使用钢直尺垂直于地板,用手指轻轻按压离合器踏板直至_____。

步骤2:读取检测数据为离合器踏板自由行程,检测数据为_____mm。

离合器踏板标准值为_____mm,判断检测结果(□是 □否)符合标准要求。

若不符合则需调整离合器踏板自由行程。

③检查离合器分离点。

步骤1:拉紧驻车制动器操纵杆,并将变速器杆置于空挡位置,安装车轮挡块。

步骤2:起动发动机并使其怠速运转。

步骤3:缓慢移动换挡杆至倒挡。逐渐踩下制动踏板,并测量踏板从_____到踏板行程终点位置的行程距离。

检测数据为_____mm,标准值为_____mm,判断检测结果(□是 □否)符合标准要求。若不符合标准要求,则需(□检查踏板高度 □检查离合器踏板自由行程 □检查离合器盖和离合器盘)。

(2)检查离合器踏板开关。

①检查离合器踏板开关工作情况。

步骤1:检查并确认将离合器踏板松开时,发动机(□是 □否)起动。

步骤2:检查并确认将离合器踏板完全踩下时,发动机(□是 □否)起动。

若离合器踏板不正常,则需检查并更换。

②检查离合器踏板开关总成。

步骤1:拆卸离合器踏板开关。断开蓄电池负极电缆,断开离合器踏板开关总成连接器。从离合器踏板支架上拆下螺母和离合器踏板开关总成。

步骤2:检查离合器踏板开关总成。OFF位置万用表表读数为_____,将离合器踏板开关置于ON、OFF位置时,使用万用表测量端子间的电阻,填写表2-5。

离合器踏板开关总成判断表　　　　　　　　　表2-5

标准数据	ON位置万用表读数:	OFF位置万用表读数:
检测数据	ON位置万用表读数:	OFF位置万用表读数:
判断结果		

③安装离合器踏板开关总成。

步骤1:安装离合器踏板开关总成,螺母安装力矩为_____。

步骤2:连接离合器踏板开关总成连接器。

步骤3:再次检查离合器踏板开关工作情况。

(3)离合器放气。

步骤1:向制动液储液罐加注制动液,确保储液罐中有合适的制动液。其中,制动液型号为_____。

步骤2:拆下放气螺栓盖,将塑料管连接至放气螺塞。

步骤3:踩下离合器踏板数次,并在踩下踏板时松开放气螺栓。

步骤4:离合器油不再外流时,拧紧放气螺塞,然后松开离合器踏板。

步骤5:重复前两步操作直至离合器油中的空气被全部放出。

步骤6:拧紧放气螺塞,力矩为_____。安装放气螺栓盖。

步骤7:检查并确认离合器管路中的空气已被全部放出。

2 离合器总成检修

(1)拆卸离合器。

①拆卸离合器分离叉。

步骤1:拆下手动变速器总成。

步骤2:从手动传动桥上拆下带离合器的离合器分离叉分总成。

步骤3:拆卸离合器分离叉防尘套。

步骤4:拆卸离合器分离轴承和卡子。

步骤5:拆卸分离叉支撑件。

②拆卸离合器盖及离合器盘。

步骤1:在离合器盖总成和飞轮总成上做好_____。

步骤2:按照顺序依次拧松离合器盖固定螺栓,每次拧松至弹簧张力被完全释放。

步骤3:拆下固定螺栓并取下离合器盖。

步骤4:拆下离合器盘总成。

注意事项:不要跌落离合器盘;使离合器盘总成衬片部分、压盘和飞轮分总成表面远离油污和异物。

（2）检查离合器。

①检查离合器盘总成。

步骤1：用游标卡尺测量铆钉头深度，检测数据为_____mm，标准值为_____mm。判断结果（□是　□否）符合标准，若不符合标准，则更换离合器盘总成。

步骤2：将离合器盘总成安装至传动桥总成。

注意事项：按正确方向插入离合器盘总成。

步骤3：使用百分表测量离合器盘总成的径向跳动，检测数据为_____mm，标准值为_____mm。判断结果（□是　□否）符合标准，若不符合标准，则更换离合器盘总成。

②检查离合器盖总成。使用游标卡尺测量膜片弹簧磨损的深度和宽度，填写表2-6。

膜片弹簧磨损情况表　　　　　　　　　　　　　　　表2-6

标准数据	膜片弹簧磨损深度：	膜片弹簧磨损宽度：
检测数据	膜片弹簧磨损深度：	膜片弹簧磨损宽度：
判断结果		

判断结果（□是　□否）符合标准，若不符合标准，则更换离合器盖总成。

③检查飞轮总成。使用百分表测量飞轮分总成径向跳动。检测数据为_____mm，标准值应_____mm。判断结果（□是　□否）符合标准，若不符合标准，则更换飞轮总成。

④检查离合器分离轴承总成。

步骤1：在施力时，旋转离合器分离轴承总成的滑动部件（与离合器盖的接触面），检查并确认离合器分离轴承总成移动（□是　□否）平稳、（□是　□否）有异常阻力。

步骤2：检查离合器分离轴承总成（□是　□否）损坏或磨损。必要时，更换分离轴承总成。

（3）安装离合器总成。

①安装离合器盘总成。将离合器导向工具插入离合器盘总成，将离合器导向工具和离合器盘一起插入飞轮分总成。

注意事项：按正确方向插入离合器盘总成。

②安装并调整离合器盖总成。

步骤1：将离合器盖总成上的装配标记和飞轮分分总成上的装配标记对准。

步骤2：从位于离合器盖顶部锁销附近的螺栓开始，按对角线顺序依次均匀预紧6个螺栓。

步骤3：检查并确认离合器盘位于中心位置后，上下左右轻微地移动离合器导向工具，然后拧紧螺栓。螺栓拧紧力矩为_____N·m。

步骤4：检查并调整离合器盖总成。用带滚子仪的百分表检查膜片弹簧顶端高度偏差。检测数据为_____mm，标准值为_____mm。判断结果（□是　□否）符合标准，若不符合标准，则用离合器导向工具调整膜片弹簧顶端高度偏差。

③安装离合器分离叉。

步骤1：将分离叉支撑件安装至传动桥总成。安装力矩为_____N·m。

步骤2：将离合器分离叉防尘套安装至手动传动桥。

步骤3：在分离叉和分离轴承总成、分离叉和推杆、分离叉和支撑件间的接触面上涂抹分离毂润滑脂(雪佛兰原厂分离毂润滑脂或同等产品)。

步骤4：用卡子将分离叉安装至分离轴承总成。

④安装离合器分离轴承。

步骤1：在输入轴花键上涂抹离合器花键润滑脂。

步骤2：将带分离叉的离合器分离轴承安装至传动桥总成。

注意事项：安装完毕后，前后移动分离叉以检查分离轴承是否滑动平稳。

步骤3：安装手动传动桥总成。

3 检查

起动车辆,检查车辆运行(□是　□否)正常。离合器踏板操作(□是　□否)正常。

三、评价反馈

对本学习任务进行评价,评价项目和标准见表2-7。

评　分　表　　　　　　　　　　　　　　　　　表2-7

考核项目	评分标准	分数	学生自评	小组评价	教师评价	小计
活动参与	是否积极主动	5				
安全生产	有无安全隐患	10				
现场5S	是否做到	10				
任务方案	是否合理	15				
操作过程	(1)能否正确查阅信息,并填写信息; (2)能否正确安全地进行离合器操纵机构检修; (3)能否正确安全地进行离合器总成检修; (4)是否排除故障	30				
任务完成情况	是否圆满完成	5				
工具和设备使用	是否规范地使用手机(电脑、维修手册)查阅信息	10				
劳动纪律	是否违反	10				
工单填写	是否完整、规范	5				
总分		100				
教师签名：			年　　月　　日			得分

四、学习拓展

一辆2017款科鲁兹轿车,当驾驶员踩下离合器踏板、挂挡时,出现挂挡困难现象,并伴随齿轮撞击声;在强行挂挡后,驾驶员还未松开离合器踏板,车辆就猛向前窜,有时还会出现发动机熄火现象。请你与同学一起探讨:该车出现的故障是什么？如何通过检修将故障排除？

学习任务三

手动变速器的构造与维修

学习目标

完成本学习任务后,你应当能:
1. 掌握变速器的基本结构;
2. 掌握科鲁兹 D16 变速器各挡位动力传递路线;
3. 熟悉同步器的结构;
4. 了解同步器的工作原理;
5. 掌握锁环式同步器的检查方法;
6. 掌握手动变速器操纵机构的结构及工作原理;
7. 熟悉自锁、互锁、倒挡锁装置的结构及工作原理;
8. 对手动变速器进行拆装及检修;
9. 快速准确地使用网络或维修手册查阅所需的资料。

 建议完成本学习任务的时间为 **12** 课时。

 学习任务描述

  小张通过层层面试,拿到了去知名汽车集团的雪佛兰 4S 店实习的机会。实习的第二天,有一位客户到店反映:其车辆是配备手动变速器的 2017 款手动挡科鲁兹轿车,变换挡位时不能顺利地挂入新挡位,同时,换挡时伴有齿轮撞击声。师傅和小张一起分析制订工作计划,查阅维修手册,并利用诊断设备确定故障位置,对故障部件进行检测和更换。

一、资料收集

引导问题1 变速器的作用是什么？有哪些类型？

车辆行驶过程中，其驱动力和车速变化范围较大，而发动机转矩和转速的变化范围较小，因此，汽车传动系统中必须设置变速器。变速器的安装位置如图3-1所示。

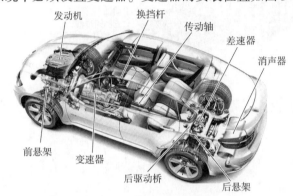

图3-1 变速器的位置示意图

1 变速器的作用

(1)改变传动比。改变输出转速和转矩以适应经常变化的行驶条件，同时使发动机在最有利的条件下工作。

(2)实现倒车。通过车辆的倒挡(R挡)保证汽车能顺利倒车。

(3)切断动力。中断发动机向驱动桥的动力传递，以使发动机能够起步、怠速，满足汽车暂时停车的需要。

2 变速器的类型

根据操作方式不同，变速器分为手动变速器和自动变速器。

(1)手动变速器(MT)。由驾驶员操作换挡杆来实现挡位变化，如图3-2所示。

(2)自动变速器(AT)。由自动变速器控制模块控制挡位变化，驾驶员通常只需要操作加速踏板，如图3-3所示。

引导问题2 手动变速器结构是怎样的？有哪些类型？

1 手动变速器的组成

发动机前置、前轮驱动与发动机前置、后轮驱动车辆的手动变速器结构不同，但是一般都由变速传动机构、同步器、操纵机构和安全装置组成。图3-4所示为手动变速器的组成。

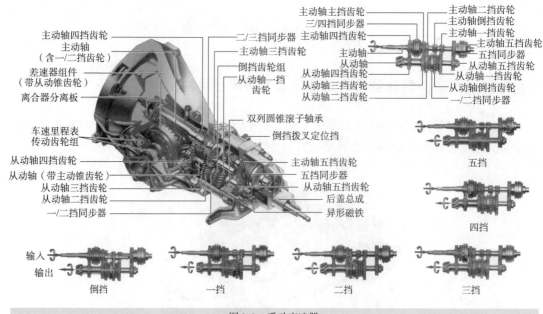

图 3-2　手动变速器

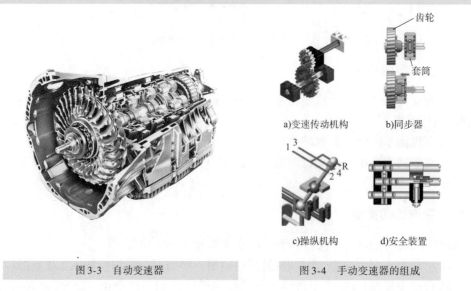

图 3-3　自动变速器　　　　图 3-4　手动变速器的组成

2 手动变速器的类型

按照传动机构中传动轴数量的不同,手动变速器可分为三轴式手动变速器和两轴式手动变速器。

(1)三轴式手动变速器传动比变化范围大,在中、小型载货汽车,越野车上被广泛采用,如图 3-5 所示。

(2)两轴式手动变速器主要应用于发动机前置、前轮驱动或发动机后置、后轮驱动的轿车。目前,轿车上采用发动机前置、前轮驱动的布置形式越来越广泛。轻型轿车上,前置发动机又有纵向布置和横向布置两种形式,与其配用的两轴式变速器也有两种不同的结构形式,如图3-6所示。

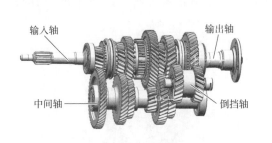

图3-5 三轴式手动变速器

图3-6 二轴式手动变速器

引导问题3 手动变速器中的齿轮是怎样进行动力传递的?

齿数不同的两个齿轮啮合传动时可以实现变速,而且两齿轮的转速比与齿数成反比,则有传动比的概念:

$$传动比\ i = \frac{主动齿轮的转速}{从动齿轮的转速} = \frac{从动齿轮的齿数}{主动齿轮的齿数} \tag{3-1}$$

齿轮传动的基本原理如图3-7所示。

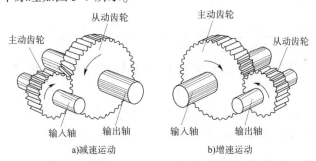

图3-7 齿轮传动的基本原理

对于变速器,各挡的传动比 i 就是变速器输入轴转速与输出轴转速之比。即:

$$i = \frac{n_{输入}}{n_{输出}} = \frac{T_{输出}}{T_{输入}} \tag{3-2}$$

式中:$n_{输入}$——输入轴转速;
　　　$n_{输出}$——输出轴转速;
　　　$T_{输入}$——输入转矩;
　　　$T_{输出}$——输出转矩。

①当 $i>1$ 时,$n_{输出} < n_{输入}$,$T_{输出} > T_{输入}$,实现减速增矩,为变速器的减速挡,且 i 越大,挡位越低;

②当 $i=1$ 时，$n_{输出}=n_{输入}$，$T_{输出}=T_{输入}$，为变速器的直接挡；

③当 $i<1$ 时，$n_{输出}>n_{输入}$，$T_{输出}<T_{输入}$，实现增速降矩，为变速器的超速挡。

若要改变动力传递方向的功能，可以通过增加一个惰轮来实现。前进挡和倒挡的对比如图3-8所示。

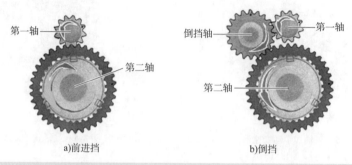

图3-8 前进挡和倒挡的对比

科鲁兹 D16 手动变速器各挡的传动比见表 3-1。其一至三挡为减速挡，四挡为直接挡，五挡为超速挡，R 为倒挡。

科鲁兹 D16 手动变速器（1.4 升双顶置凸轮轴）各挡的传动比   表 3-1

挡 位	传 动 比	各挡功能	挡 位	传 动 比	各挡功能
一挡	3.545	减速挡:减速增扭	四挡	0.971	直接挡
二挡	1.982		五挡	0.763	超速挡:增速减扭
三挡	1.276		R 挡	3.333	倒挡,减速挡

引导问题 4　三轴式手动变速器具有怎样的结构？是如何工作的？

三轴式手动变速器的工作原理是通过拨动换挡杆，切换中间轴上的主动齿轮，根据大小不同的齿轮组合与动力输出轴结合，改变驱动轮的转矩和转速。

1 三轴式手动变速器的结构

发动机的动力输入轴通过一根中间轴，间接与动力输出轴连接。如图 3-9 所示，中间轴的两个齿轮与动力输出轴上的两个齿轮是随着发动机输出一起转动的。但是，如果没有同步器的接合，两个齿轮只能在动力输出轴上空转（即不会带动输出轴转动）。图中同步器位于中间状态，相当于变速器挂空挡。

当换挡杆向左移动时，同步器向右移动与齿轮接合，发动机通过中间轴的齿轮将动力传递给动力输出轴。

一般的手动变速器都有多个挡位，图3-10所示为五挡三轴式手动变速器，可以理解为在图3-9的基础上添加了几组齿轮，其原理相同。当挂上一挡时，实际上是将一、二挡同步器向左移动，使同步器与一挡从动齿轮接合，将动力传递到输出轴。倒车挡（R 挡）的主动齿轮和从动齿轮中夹了一个中间齿轮，通过该齿轮实现汽车的倒退行驶。

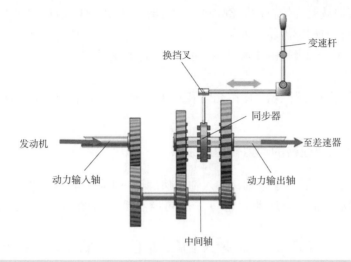

图 3-9　手动变速器换挡示意图

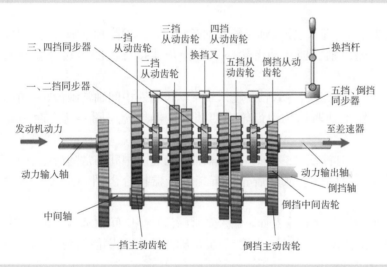

图 3-10　五挡三轴式手动变速器结构示意图

五挡三轴式变速器有五个前进挡和一个倒挡,由壳体、动力输入轴、中间轴、动力输出轴、倒挡轴、各轴上齿轮、操纵机构等几部分组成。

(1) 输入轴和输入轴常啮合齿轮为一个整体,是变速器的动力输入轴。输入轴前部花键插于离合器从动盘中。

(2) 中间轴上制有七个齿轮,它们作为一个整体转动。最前面的齿轮与输入轴常啮合齿轮相啮合,称为中间轴常啮合齿轮,从离合器输入的动力经这一对常啮合齿轮传递到中间轴各齿轮上。向后依次称各齿轮为中间轴一挡、二挡、三挡、四挡、五挡、倒挡主动齿轮。

(3) 在输出轴上,通过花键毂安装有三个同步器,通过轴承安装有输出轴各挡齿轮,从左至右,依次为一挡从动齿轮;一、二挡同步器;二挡从动齿轮;三挡从动齿轮;三、四挡同步器;

四挡从动齿轮;五挡从动齿轮;五挡、倒挡同步器;倒挡从动齿轮,通过同步器接合套的前后移动,可以使花键毂与相邻齿轮上的接合齿圈连接在一起,将齿轮上的动力传给输出轴。其中,输出轴前端插入一轴齿轮的中心孔内,两者之间设有滚针轴承。输出轴后端通过凸缘与万向传动装置相连。

(4)倒挡轴采用过盈配合压装在壳体相应的轴孔中,倒挡齿轮通过轴承活套在倒挡轴上。

2 三轴式手动变速器的动力传速路线

(1)一挡动力传递路线:输入轴→输入轴常啮齿轮→中间轴常啮齿轮→中间轴→中间轴一挡主动齿轮→输出轴一挡从动齿轮→一挡同步器接合齿圈→接合套→输出轴→动力输出。

(2)二挡动力传递路线:输入轴→输入轴常啮齿轮→中间轴常啮齿轮→中间轴→中间轴二挡主动齿轮→输出轴二挡从动齿轮→一挡同步器接合齿圈→接合套→输出轴→动力输出。

(3)三挡动力传递路线:输入轴→输入轴常啮齿轮→中间轴常啮齿轮→中间轴→中间轴三挡主动齿轮→输出轴三挡从动齿轮→三挡同步器接合齿圈→接合套→输出轴→动力输出。

(4)四挡动力传递路线:输入轴→输入轴常啮齿轮→中间轴常啮齿轮→中间轴→中间轴四挡主动齿轮→输出轴四挡从动齿轮→四挡同步器接合齿圈→接合套→输出轴→动力输出。

(5)五挡动力传递路线:输入轴→输入轴常啮齿轮→中间轴常啮齿轮→中间轴→中间轴五挡主动齿轮→输出轴五挡从动齿轮→五挡同步器接合齿圈→接合套→输出轴→动力输出。

(6)倒挡动力传递路线:输入轴→输入轴常啮齿轮→中间轴常啮齿轮→中间轴→中间轴倒挡主动齿轮→倒挡轴中间齿轮(惰轮)→输出轴倒挡从动齿轮→倒挡同步器接合齿圈→接合套→输出轴→动力输出。

引导问题5 ▶ 两轴式手动变速器具有怎样的结构?是如何工作的?

两轴手动式变速器主要由输入和输出两根轴组成。与传统的三轴手动式变速器相比,由于省去了中间轴,在一般挡位时,只经过一对齿轮就可以将输入轴的动力传至输出轴,所以,传动效率较高。同样,因为任何一挡都要经过一对齿轮传动,所以,任何一挡的传动效率又都不如三轴式变速器直接挡的传动效率高。

1 两轴式手动变速器的结构

两轴式手动变速器主要由齿轮和同步器组成。图3-11所示为四挡的两轴式手动变速器。

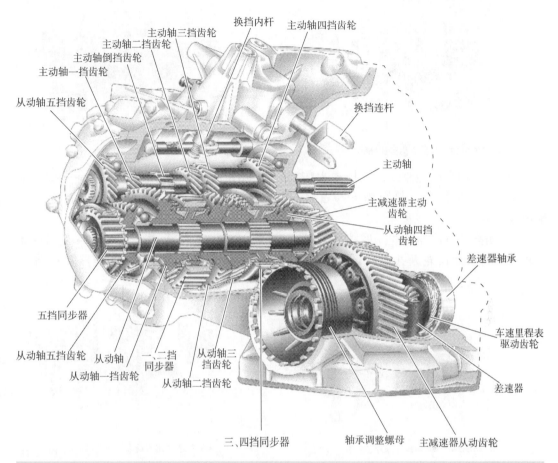

图 3-11 两轴式手动变速器

（1）齿轮。该变速器有四个前进挡、一个倒挡，每个前进挡有一对常啮合齿轮，倒挡的输入轴齿轮和输出轴齿轮之间有倒挡惰轮。

（2）同步器。该变速器前进挡采用同步器换挡，一、二挡和三、四挡分别共用一个同步器总成，倒挡采用齿轮直接啮合的方式传递动力。

虽然所有前进挡的主动齿轮与从动齿轮都是常啮合的，但是只有从动齿轮与接合套接合时，动力才能传递给输出轴，否则，从动齿轮仅在输出轴上空转。

2 两轴式手动变速器的动力传递路线

（1）一挡动力传递路线。一挡动力传递路线如图 3-12 所示，即：输入轴→一挡主动齿轮→一挡从动齿轮及接合齿圈→一、二挡同步器结合套→一、二挡同步器花键毂→输出轴→主减速器主动齿轮。

（2）二挡动力传递路线。二挡动力传递路线如图 3-13 所示，即：输入轴→二挡主动齿轮→二挡从动齿轮及接合齿圈→一、二挡同步器结合套→一、二挡同步器花键毂→输出轴→主减速器主动齿轮。

图3-12 一挡动力传递路线

图3-13 二挡动力传递路线

(3)三挡动力传递路线。三挡动力传递路线如图3-14所示,即:输入轴→三挡主动齿轮→三挡从动齿轮及接合齿圈→三、四挡同步器结合套→三、四挡同步器花键毂→输出轴→主减速器主动齿轮。

(4)四挡动力传递路线。四挡动力传递路线如图3-15所示,即:输入轴→四挡主动齿轮→四挡从动齿轮及接合齿圈→三、四挡同步器结合套→三、四挡同步器花键毂→输出轴→主减速器主动齿轮。

图3-14 三挡动力传递路线

图3-15 四挡动力传递路线

(5)五挡动力传递路线。五挡动力传递路线如图3-16所示,即:输入轴→五挡主动齿轮→五挡从动齿轮及接合齿圈→五挡同步器结合套→五挡同步器花键毂→输出轴→主减速器主动齿轮。

(6)倒挡动力传递路线。倒挡动力传递路线如图3-17所示,即:输入轴→输入轴倒挡齿轮→倒挡惰轮→输出轴倒挡齿轮(一、二挡同步器结合套)→一、二挡同步器花键毂→输出轴→主减速器主动齿轮。

图3-16 五挡动力传递路线

图3-17 倒挡动力传递路线

引导问题6 ▶ 同步器具有怎样的结构？它是怎么工作的？

1 同步器的结构

手动变速器在换挡过程中，所选挡位的待啮合齿轮轮齿线速度必须相等（即同步），以平顺啮合而顺利挂挡。根据结构不同，惯性式同步器可分为锁销式同步器和锁环式同步器。

锁销式同步器主要由摩擦锥盘、摩擦锥环、锁销和结合套组成。其结构形式合理，力矩较大，多用于中型和大型载货汽车上，其结构如图3-18所示。

锁环式同步器主要由花键毂、结合套、锁环、滑块、弹簧等组成，其结构如图3-19所示。锁环式同步器结构紧凑，便于合理布置，多用于轿车和轻型载货汽车上。

图3-18 锁销式同步器结构

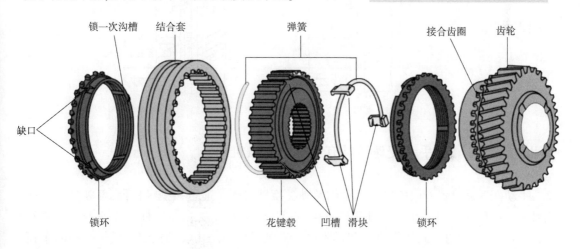

图3-19 锁环式同步器结构

2 锁环式同步器的工作原理

下面以D16变速器由低速挡挂入高速挡为例，介绍锁环式惯性同步器的工作原理。D16变速器的所有同步器都位于输出轴。锁环式同步器的工作过程分为预同步、锁止、滑移、接合等四个过程。

（1）预同步。当踩下离合器时，输入轴与飞轮之间的动力传递被切断，拨叉使接合套从低速挡退出到空挡位置，在惯性作用下，接合套、同步环和接合齿圈继续保持原来的速度转动。其工作过程如图3-20所示。

（2）锁止。同步器接合套在F_n的作用下移动，同时产生两个分力F_1和F_2，同步环与接合套锁止。其工作过程如图3-21所示。

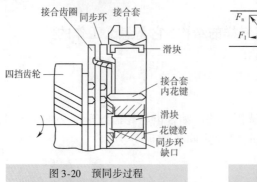
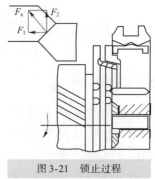

图 3-20　预同步过程　　　　图 3-21　锁止过程

（3）滑移。接合套在锁环上继续左移。其工作过程如图 3-22 所示。
（4）接合。接合套穿越锁环，与外花键齿圈接合。其工作过程如图 3-23 所示。

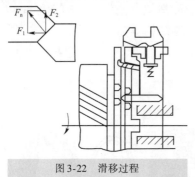
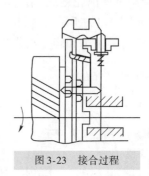

图 3-22　滑移过程　　　　图 3-23　接合过程

引导问题 7　手动变速器具有怎样的操纵机构？

手动变速器设置专门的操纵机构供驾驶员换挡操作。通过该操纵机构，驾驶员可以准确可靠地实现各个挡位并且随时从任意挡位退出到空挡。根据换挡杆与变速器的位置不同，操纵机构分为直接式操纵机构和远距离式操纵机构。采用发动机前置后轮驱动的车辆多用直接操纵机构；采用发动机前置前轮驱动的汽车上多用远距离操纵机构。

1　直接式操纵机构

手动变速器在变速器内，位于驾驶员座位附近，换挡杆经驾驶室底板直接伸入变速器，驾驶员可直接操纵换挡，这种操作机构称为直接式操纵机构。直接式操作机构一般由换挡杆、拨块、拨叉轴、拨叉等组成。直接式操纵机构在车辆中的使用越来越少，其结构如图 3-24 所示。

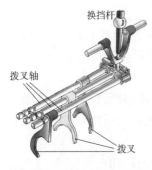

图 3-24　直接式操纵机构

2　远距离式操纵机构

手动变速器装配在发动机舱内，距离驾驶员座位较远，需要在换挡杆与变速器之间加装一套传动机构以实现换挡，这种操作机构称为远距离式操纵机构。远距离式操纵机构由换挡杆、换挡控制杆、拨叉轴、拨叉等组成，其结构如图3-25所示。

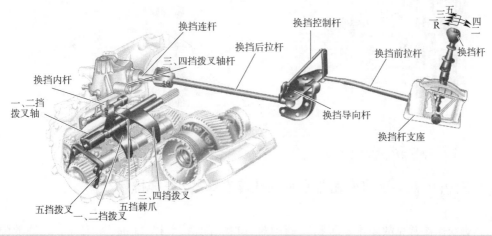

图3-25 远距离式操纵机构

引导问题8 怎样保证手动变速器安全正确地换挡？

为了保证变速器在任何情况下都能准确、安全、可靠地工作，变速器操纵机构一般都具有换挡锁装置，包括自锁装置、互锁装置和倒挡锁装置。自锁装置用于防止变速器自动脱挡或换挡，并保证轮齿以全齿宽啮合；互锁装置用于防止变速器同时换上两个挡位；倒挡锁装置用于防止变速器误挂倒挡。

1 自锁装置

换挡拨叉轴上方有3个凹坑，上面有被弹簧压紧的自锁钢球，当拨叉轴位置处于空挡或某一挡位置时，自锁钢球被压入凹坑内，起自锁作用。自锁装置结构如图3-26所示。

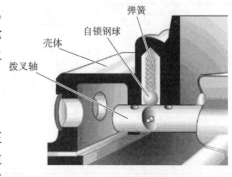

图3-26 自锁装置

2 互锁装置

当三、四挡拨叉轴移动换挡时，另外两个拨叉轴被钢球锁住，防止同时换上两个挡位而使变速器卡死或损坏，起互锁作用。互锁装置结构如图3-27所示。

3 倒挡锁装置

换挡杆下端向倒挡拨叉轴移动时，只有压缩弹簧才能进入倒挡拨叉轴上的拨块槽中。这样防止了汽车前进时因误换倒挡而导致零件损坏情况的发生，起倒挡锁的作用。当倒挡、五挡拨叉轴移动挂挡时，另外两个拨叉轴被钢球锁住。倒挡锁装置结构如图3-28所示。

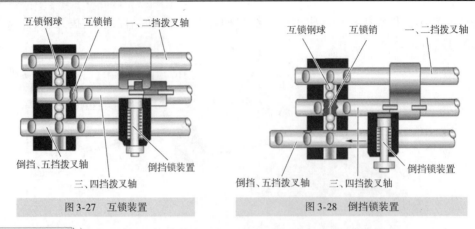

图 3-27 互锁装置　　　　　图 3-28 倒挡锁装置

引导问题 9　　手动变速器常见的故障有哪些？怎样排除？

手动变速器常见故障现象包括换挡困难、跳挡、乱挡、卡挡、漏油、异响等。这些故障都严重影响变速器的正常工作，同时还对车辆和驾乘人员的安全造成威胁。

1　换挡困难

换挡困难的现象、原因和排除方法见表 3-2。

换挡困难分析表　　　　　　　　　　　　　　　　　　　　表 3-2

故障现象	故障原因	排除方法
变速器不能顺利地挂入挡位；无法挂挡，同时伴有齿轮撞击声	待啮合轮齿的圆周速度不相等；拨叉轴及拨叉阻力过大	离合器踏板自由行程是否调整不当或分离不彻底
		换挡杆是否弯曲变形
		操作机构是否调整不当
		拨叉轴是否弯曲变形
		拨叉轴与支承孔配合是否过紧或锈蚀
		同步器是否失效
		自锁、互锁装置是否卡死

另外，根据换挡时是否存在异响、挂挡手感是否明显等现象，可以适当缩小具体检查范围。

（1）若换挡存在异响，表明待啮合轮齿的圆周速度不等，应检查离合器分离是否彻底、润滑油量是否充足或质量是否合格、同步器是否损坏。

（2）若换挡时没有异响，表明操作机构出现故障，检查换挡杆挂挡手感是否明显。

（3）若挂挡感觉明显，检查拨叉与拨叉轴连接是否正常。

（4）若挂挡感觉不明显，则检查换挡控制器及自锁、互锁装置是否卡死，换挡及变速控制器、换挡拉索是否出现错位、间隙过大现象。

2　跳挡

跳挡的现象、原因和排除方法见表 3-3。

跳挡分析表 表3-3

故障现象	故障原因	排除方法
汽车行驶过程中，尤其在加速或爬坡时，换挡杆自动跳回到空挡位置	啮合齿轮在传递动力时产生较大的轴向力而脱离啮合；啮合未能全齿宽啮合	变速器或发动机固定支座螺栓是否松动或断裂 变速器离合器壳体是否对正或松动 换挡拉索是否调整不当 拨叉是否弯曲或磨损 拨叉轴支承轴承是否磨损 拨叉轴自锁装置是否失效 接合齿圈或接合套花键是否磨损成锥形 齿轮轴向间隙是否过大 输入轴或输出轴的轴向间隙是否过大

3 乱挡

乱挡的现象、原因和排除方法见表3-4。

乱挡分析表 表3-4

故障现象	故障原因	排除方法
实际挂入的挡位与理论上应挂入的挡位不符，或原挡位未退出，仍然能挂上另一个挡	操作机构选挡不正确或互锁装置失效	互锁装置是否损坏 操纵机构部分杆件是否变形或连接松动 换挡拉索是否调整不当 换挡杆支承球头座是否松动 选换挡控制器是否损坏

4 卡挡

卡挡的现象、原因和排除方法见表3-5。

卡挡分析表 表3-5

故障现象	故障原因	排除方法
变速器卡在某个挡位而无法回到空挡	接合套与接合齿圈不能正常分离	拨叉轴是否弯曲卡死 同步器滑块是否堵塞 齿轮轴向定位卡簧是否脱落

另外，根据换挡杆是否操作自如，可以适当缩小具体检查范围。若换挡手柄操作自如，则应检查齿轮轴向定位卡簧或拨叉紧固销钉是否脱落；否则，应检查操作机构或同步器。

5 漏油

漏油的现象、原因和排除方法见表3-6。

漏油分析表 表3-6

故障现象	故障原因	排除方法
变速器内的润滑油从变速器壳体结合面、轴承盖等位置渗漏出来	变速器润滑油加注过多、密封不良或其内部压力过高等	通气孔是否堵塞
		润滑油油量是否过多
		变速器固定支座紧固螺栓是否松动
		油封是否损坏
		密封垫或密封胶是否失效
		变速器壳体是否有裂纹

6 异响

异响的现象、原因和排除方法见表3-7。

异响分析表 表3-7

故障现象	故障原因	排除方法
变速器在工作过程中发出不正常的响声	变速传动机构间隙偏大、松旷，齿轮或花键等啮合不正确，或润滑不良	变速器是否缺油或润滑油规格是否正确
		齿轮轮齿是否磨损严重
		齿轮内孔是否磨损严重
		齿轮轮齿是否折断或齿面剥落、缺损
		齿轮端面跳动量是否偏大
		轴承是否磨损严重
		输入轴、输出轴等是否弯曲变形
		花键是否过度磨损
		自锁装置是否损坏

另外，变速器响声特征是诊断异响的重要线索。

（1）如果变速器在任何挡位（包括空挡）均发出无节奏的"呼隆"声，且车速越快响声越大，但在空挡时踩下离合器踏板，响声消失，则故障在第一轴轴承。

（2）如果变速器在任何挡位（不包括空挡）均发出无节奏的"呼隆"声，且车速越快响声越大，但在空挡时不响，则故障应在输出轴或中间轴轴承。

（3）如果汽车行驶中换挡时有撞击声，表明同步器或自锁装置损坏。

（4）发动机怠速运转，空挡时有尖锐的金属撞击声。如果响声均匀，则是常啮合齿轮齿面磨损过量造成啮合或配合间隙过大；如果响声不均匀，则是常啮合齿轮齿面损伤变形造成齿轮折断或齿轮轴变形。

（5）发动机怠速运转，空挡时无异响，但挂入其他挡位有异响。如果响声均匀，则是相应挡齿轮齿面磨损过量造成啮合或配合间隙过大；如果响声不均匀，则是相应挡齿轮齿面损伤变形、齿轮折断或齿轮轴变形。

二、实施作业

引导问题 10　对手动变速器进行检修需要哪些工具、设备和材料？

卡罗拉变速器总成、常用工具一套、油液抽吸器、球头拉器、半轴拆卸工具连接件、差速器侧齿轮轴拉器、橡胶锤、卡环扩张器、六角扳手、磁吸工具、压力机、尖冲头、百分表。

引导问题 11　怎样分解卡罗拉轿车的手动变速器？

1　分解以下部件

以下部件的分解顺序是：_____
(1) 手动变速器注油螺塞；
(2) 选挡直角杠杆；
(3) 放油螺塞分总成；
(4) 倒车灯开关；
(5) 速度表从动齿轮孔盖；
(6) 换挡杆阻尼器；
(7) 地板式换挡控制杆。

2　准备好手动传动桥总成后，分解以下部件

以下部件的分解顺序是：_____
(1) 1 号锁止钢球总成；
(2) 控制轴罩油封；
(3) 控制轴罩；
(4) 换挡导向销；
(5) 换挡和选挡杆轴；
(6) 手动变速器盖。

3　拆卸手动变速器输出轴后固定螺母

(1) 松开手动变速器输出轴后固定螺母的锁紧部件，使两个齿轮同步啮合以_____变速器。
(2) 拆下手动变速器输出轴后固定螺母，并分离两个齿轮。

4　拆卸 3 号换挡拨叉

(1) 从 3 号换挡拨叉上拆下换挡拨叉锁止螺栓。

（2）从变速器上拆下变速器3号接合套和3号换挡拨叉。

5 拆卸变速器3号离合器毂

（1）用两把_____和_____轻轻敲出卡环（用抹布或布条防止卡环飞出）。
（2）从变速器3号离合器毂上拆下同步啮合换挡键弹簧。
（3）用SST从输入轴上拆下变速器3号_____、_____和_____。
（4）从变速器3号离合器毂上拆下3个同步啮合换挡键和同步啮合换挡键弹簧。

6 分解以下部件

以下部件的分解顺序是：_____
（1）五挡从动齿轮；
（2）五挡齿轮滚针轴承；
（3）后轴承护圈；
（4）输入轴后轴承孔卡环；
（5）输出轴后轴承孔卡环；
（6）倒挡惰轮轴螺栓；
（7）换挡拨叉轴卡环。

7 拆卸2号换挡锁止钢球和2号锁止钢球

（1）从手动变速器壳上拆下2号换挡锁止钢球螺塞。
（2）从手动变速器壳上拆下2个换挡锁止钢球1号弹簧座、2个换挡锁钢球弹簧和2个换挡锁止钢球。
（3）从传动桥壳上拆下换挡锁止钢球螺塞。
（4）从传动桥壳上拆下弹簧座、弹簧和钢球。
（5）从手动变速器壳上拆下2号锁止钢球总成。

8 拆卸手动变速器壳

（1）从_____上拆下3个螺栓。
（2）从手动变速器壳上拆下13个螺栓。
（3）用铜棒和锤子小心敲击手动变速器壳的凸出部分，拆下变速器壳。

9 拆卸倒挡惰轮

从_____上拆下_____、_____和倒挡惰轮轴。

10 拆卸倒挡换挡臂支架

从_____上拆下2个螺栓和倒挡换挡臂支架总成。

11 拆卸 2 号换挡拨叉轴

(1)从 2 号换挡拨叉和 1 号变速导块上拆下 2 个螺栓。
(2)从_____上拆下 2 号换挡拨叉轴和 1 号变速导块。

12 拆卸 1 号换挡拨叉轴

(1)用两把螺丝刀和锤子轻轻敲出_____。
(2)从 1 号换挡拨叉上拆下换挡拨叉固定螺栓和 1 号换挡拨叉轴,然后拆下 1 号换挡拨叉。

13 拆卸 3 号换挡拨叉轴

(1)用_____和_____从 3 号换挡拨叉轴上轻轻敲出卡环。
(2)从_____上将 3 号换挡拨叉轴、_____和 2 号换挡拨叉一同拆下。
(3)用_____从倒挡换挡拨叉上拆下两个倒挡换挡拨叉钢球。
(4)用两把螺丝刀和锤子从 3 号换挡拨叉轴上轻轻敲出卡环。
(5)从 3 号换挡拨叉轴上拆下_____。

14 拆卸输入轴总成

(1)从传动桥壳拆下_____和_____。
(2)从_____上将 3 号换挡拨叉轴、倒挡换挡拨叉和 2 号换挡拨叉一同拆下。

15 拆卸以下部件

以下部件的拆卸顺序为:_____
(1)手动传动桥壳集油槽;
(2)差速器壳;
(3)轴承锁止板;
(4)1 号、2 号集油管;
(5)倒挡定位销;
(6)输入轴前轴承;
(7)变速器磁铁;
(8)输出轴前轴承;
(9)输出轴盖;
(10)前传动桥壳油封。

16 拆卸前差速器壳前滚锥轴承和前差速器壳后滚锥轴承

(1)用 SST 从_____上拆下前差速器壳前滚锥轴承(外座圈)和平垫圈。
(2)用 SST 从_____上拆下前差速器壳前滚锥轴承(内座圈)。

（3）用 SST 从_____和_____上拆下_____。
（4）用 SST 从_____上拆下前差速器壳后滚锥轴承（外座圈）和平垫圈。
（5）用 SST 从_____上拆下前差速器壳后滚锥轴承（内座圈）。

17 拆卸变速器油封

18 拆卸换挡和选挡杆轴油封

19 拆卸换挡和选挡杆轴滑动球轴承

引导问题 12　怎样安装卡罗拉轿车的手动变速器？

1 安装以下部件

以下部件的安装顺序为：_____
（1）输出轴前轴承；
（2）前传动桥壳油封；
（3）输出轴盖；
（4）换挡和选挡杆轴滑动球轴承；
（5）输入轴前轴承；
（6）换挡和选挡杆轴油封。

注意事项：
①更换输出轴前轴承时，应同时更换输出轴前轴承内座圈。
②安装前传动桥壳油封时，嵌入深度为 15.6～16.0mm。
③安装输入轴前轴承时，嵌入深度为 0～0.3mm。
④安装换挡和选挡杆轴滑动球轴承时，嵌入深度为 0～0.5mm。
⑤安装换挡和选挡杆轴油封时，嵌入深度为 9.7～10.3mm。

2 安装前差速器壳前滚锥轴承和前差速器壳后滚锥轴承

（1）用 SST 和压力机将新的前差速器壳前滚锥轴承（内座圈）安装至_____。
（2）用 SST 和压力机将前差速器壳前滚锥轴承（外座圈）和平垫圈一同安装至_____。
（3）用 SST 和压力机将新的前差速器壳后滚锥轴承（内座圈）安装至_____。
（4）用 SST 和压力机将前差速器壳后滚锥轴承（外座圈）和平垫圈一同安装至手动变速器壳。

注意事项： 应保证使用的平垫圈与拆下的平垫圈厚度相同。

3 调节差速器半轴轴承预紧力

（1）在差速器壳总成上涂抹_____，并将其安装至传动桥壳。

(2)以_____的扭力紧固力矩,使用16个螺栓安装手动变速器壳。
(3)用SST和螺栓紧固力矩扳手将差速器壳总成左右转动_____次,以使_____。
(4)用SST和螺栓紧固力矩扳手测量预紧力。
注意事项:平垫圈厚度每变化0.05mm,预紧力约变化0.3~0.4N·m。
(5)拆下16个螺栓和手动变速器壳。
(6)从_____拆下差速器壳总成。

4 安装以下部件

以下部件的安装顺序为:_____
(1)变速器油封;
(2)轴承锁止板;
(3)传动桥壳油封;
(4)变速器磁铁;
(5)集油管;
(6)手动传动桥壳集油槽;
(7)倒挡定位销总成;
(8)差速器壳总成。

注意事项:
①安装变速器油封时,嵌入深度为9.6~10.2mm。
②安装传动桥壳油封时,嵌入深度为1.6~2.2mm。
③安装倒挡定位销总成时,嵌入深度为15.5~16.5mm。

5 安装输入轴总成

在输入轴和输出轴的滑动面和旋转面上涂抹_____,并将其安装至_____。

6 安装倒挡惰轮

在倒挡惰轮分总成、止推垫圈和倒挡惰轮轴上涂抹齿轮油,并使倒挡惰轮轴上的_____和相应的_____对准,进行安装。

7 安装换挡拨叉轴

以下部件的安装顺序为_____
(1)1号换挡拨叉轴;
(2)2号换挡拨叉轴;
(3)3号换挡拨叉轴。
注意事项:为避免两个换挡拨叉钢球相干扰,需举升3号换挡拨叉轴到规定的位置。

8 安装以下部件

以下部件的安装顺序为_____

(1)倒挡惰轮轴螺栓；
(2)手动变速器壳；
(3)倒挡换挡臂支架；
(4)输入轴后轴承孔卡环；
(5)2号锁止钢球；
(6)换挡锁止钢球；
(7)换挡拨叉轴轴卡环；
(8)输出轴后轴承孔卡环；
(9)后轴承护圈。

9 安装五挡从动齿轮

用SST将五挡从动齿轮安装至_____。

10 安装五挡齿轮滚针轴承

在五挡齿轮滚针轴承和五挡齿轮轴承隔垫上涂抹齿轮油，并将其安装至_____。

11 安装五挡齿轮

在五挡齿轮上涂抹齿轮油，并将其安装至_____。

12 安装同步器3号锁环

在同步器3号锁环上涂抹齿轮油，并将其安装至_____。

13 安装变速器3号离合器毂

(1)将3个同步啮合换挡健和2个同步啮合换挡键弹簧安装至变速器3号离合器毂。

注意事项：不要在同一位置设置2个换挡键弹簧开口。
(2)用SST和锤子将变速器3号离合器毂安装至_____。
注意事项：
①切勿将变速器3号离合器毂安装至错误方向。
②对准同步器3号锁环键槽和3号同步啮合换挡键，安装变速器3号离合器毂。
③检查并确认五挡齿轮旋转。
④放置一个尺寸合适的木块支撑输入轴。
(3)选择一个可使轴向间隙(□最小 □最大)的卡环。
(4)用铜棒和锤子将新卡环安装至_____。

14 检查五挡齿轮轴向间隙和径向间隙

(1)用测量五挡齿轮轴向间隙为_____mm；(□是 □否)需要更换(□变速器3号

离合器毂　□五挡齿轮　□输入轴后径向球轴承)。

(2)用测量五挡齿轮径向间隙为_____mm;(□是　□否)需要更换(□五挡齿轮　□五挡齿轮滚针轴承　□输入轴)。

15 安装3号换挡拨叉

(1)在变速器上涂抹齿轮油,并将其与3号换挡拨叉一同安装至变速器3号离合器毂。

(2)在换挡拨叉锁止螺栓上涂抹_____,并将其安装至3号换挡拨叉。

16 安装手动变速器输出轴后固定螺母

(1)使2个齿轮同步啮合以_____。

(2)安装新的手动变速器输出轴后,以_____扭力紧固力矩固定螺母。

(3)用_____和_____锁紧手动变速器输出轴后固定螺母。

(4)分离2个齿轮。

17 安装手动变速器盖分总成

(1)在手动变速器盖上涂抹填料(FIPG)。

注意事项:必须在涂胶后10min内组装各零件。否则,必须先清除填料(FIPG),然后重新涂抹。

(2)使用9个螺栓,以_____扭力紧固力矩将手动变速器盖安装至手动变速器壳。

18 安装以下部件

以下部件的安装顺序为_____
(1)换挡和选挡杆轴;
(2)换挡杆阻尼器;
(3)控制轴罩油封;
(4)1号锁止钢球;
(5)地板式换挡控制杆;
(6)控制轴罩;
(7)换挡导向销。

19 安装选挡直角杠杆

用2个螺栓和螺母将选挡直角杠杆和_____一同安装至手动变速器壳。螺栓紧固力矩分别为:螺栓:_____,螺母:_____。

20 安装以下部件

以下部件的安装顺序为_____
(1)倒车灯开关;

(2)手动变速器放油螺塞；

(3)速度表从动齿轮孔盖；

(4)手动变速器注油螺塞。

引导问题 13 怎样对卡罗拉轿车的手动变速器进行检修？

1 分解手动变速器输入轴

(1)用_____测量四挡齿轮轴向间隙为_____mm。如果间隙超过最大值 0.55mm，则更换(□变速器 2 号离合器毂　□四挡齿轮　□输入轴后径向球轴承)。

(2)用_____测量三挡齿轮轴向间隙为_____mm。如果间隙超过最大值 0.35mm，则更换(□变速器 2 号离合器毂　□三挡齿轮　□输入轴)。

(3)用_____在齿轮和轴之间测量四挡齿轮径向间隙为_____mm。如果间隙超过最大值_____mm，则更换(□四挡齿轮　□四挡齿轮滚针轴承　□输入轴)。

(4)用_____测量三挡齿轮径向间隙为_____mm。如果间隙超过最大值_____mm，更换(□三挡齿轮　□三挡齿轮滚针轴承　□输入轴)。

(5)用_____和_____从输入轴上拆下输入轴后轴承轴卡环；再用 SST 和从输入轴上拆下输入轴后径向球轴承和_____。

注意事项：

①用抹布或布条防止卡环飞出。

②不要过度紧固 SST。

③用手支撑输入轴总成以防其掉落。

(6)从_____输入轴上拆下_____和四挡齿轮轴承隔垫。

(7)从_____上拆下四挡齿轮同步器锁环。

(8)用_____和_____从输入轴上拆下 2 号离合器毂调节轴卡环；再用 SST 和_____从输出轴上拆下变速器 2 号离合器毂和三挡齿轮。

(9)从_____上拆下三挡齿轮同步器锁环。

(10)从_____上拆下三挡齿轮滚针轴承。

(11)从_____上拆下变速器 2 号接合套、3 个换挡键和 3 个换挡键弹簧。

注意事项：用抹布或布条防止换挡键和换挡键弹簧飞出。

2 检查手动变速器输入轴

(1)检查输入轴。

①用_____检查输入轴的径向跳动值为_____mm。如果径向跳动超过最大值 0.015mm，则_____输入轴。

②用_____在如图 3-29 所示 A、B、C、D 四个位置测量输入轴轴颈表面的外径分别是：

部位 A 为＿＿＿＿mm；部位 B 为＿＿＿＿mm；
部位 C 为＿＿＿＿mm；部位 D 为＿＿＿＿mm。
如果任一外径小于规定最小值，则＿＿＿＿输入轴。

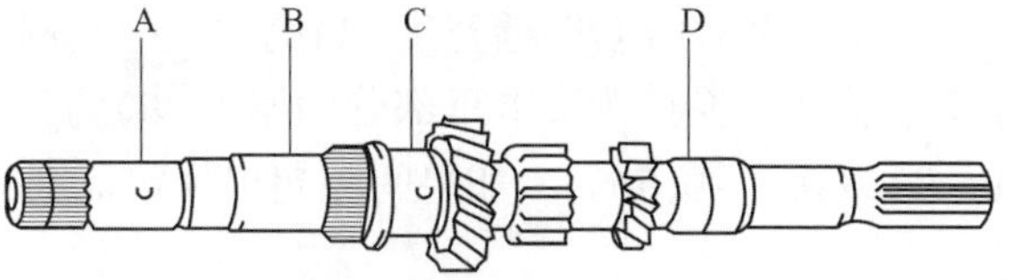

图 3-29　输出轴图

（2）检查四挡齿轮。用＿＿＿＿测量四挡齿轮的内径为＿＿＿＿mm。如果内径超过最大值 34.031mm，则更换四挡齿轮。

（3）检查三挡齿轮。用＿＿＿＿测量三挡齿轮的内径为＿＿＿＿mm。如果内径超过最大值 36.031mm，则更换三挡齿轮。

（4）检查四挡齿轮同步器锁环。

①四挡齿轮同步器锁环（□是　□否）磨损或损坏。

②在四挡齿轮锥上涂抹＿＿＿＿，将同步器锁环推向＿＿＿＿的同时，使其沿一个方向转动，同步器锁环（□是　□否）锁止，如果未锁止则更换同步器锁环。

③用＿＿＿＿测量同步器锁环和花键齿轮端部之间的间隙为＿＿＿＿mm。如果间隙小于最小值 0.75mm，则更换同步器锁环。

（5）检查三挡齿轮同步器锁环。

①三挡齿轮同步器锁环（□是　□否）磨损或损坏。

②在三挡齿轮锥上涂抹＿＿＿＿，将同步器锁环推向＿＿＿＿的同时，使其沿一个方向转动，同步器锁环（□是　□否）锁止，如果未锁止则更换同步器锁环。

③用＿＿＿＿测量同步器锁环和花键齿轮端部之间的间隙为＿＿＿＿mm。如果间隙小于最小值 0.75mm，则更换同步器锁环。

（6）检查变速器 2 号接合套。

①检查变速器 2 号接合套和变速器 2 号离合器毂之间的滑动（□是　□否）良好。

②检查并确认变速器 2 号接合套的花键齿轮边缘（□是　□否）被磨掉。

③用＿＿＿＿测量变速器 2 号接合套凹槽宽度（B）为＿＿＿＿mm。

④用＿＿＿＿测量变速器 2 号换挡拨叉卡爪部分的厚度（A）为＿＿＿＿mm。

⑤标准间隙（即：$B-A$）为 0.15～0.35mm。如果间隙超出规定范围，＿＿＿＿变速器 2 号接合套和 2 号换挡拨叉。

（7）检查同步器 3 号锁环。

①同步器 3 号锁环（□是　□否）磨损或损坏。

②在五挡齿轮锥上涂抹＿＿＿＿，将同步器锁环推向＿＿＿＿的同时使其沿一个方向转动，同步器锁环（□是　□否）锁止，如果未锁止则更换同步器锁环。

③用＿＿＿＿测量同步器锁环和花键齿轮端部之间的间隙为＿＿＿＿mm。如果间隙小于最小值 0.75mm，则更换同步器锁环。

（8）检查变速器3号接合套。
①检查_____和变速器3号离合器毂之间的滑动(□是　□否)良好。
②检查并确认变速器3号接合套的花键齿轮边缘(□是　□否)被磨掉。
③用_____测量变速器3号接合套凹槽宽度(A)为_____mm。
④用_____测量变速器3号换挡拨叉卡爪部分的厚度(B)为_____mm。
⑤标准间隙(即:$A-B$)为0.3~0.5mm。如果间隙超出规定范围,_____变速器3号接合套和3号换挡拨叉。

（9）检查五挡齿轮。
用_____测量五挡齿轮的内径为_____mm。如果内径超过最大值(29.931mm),则更换五挡齿轮。

（10）检查倒挡惰轮分总成。
①用_____测量倒挡惰轮的内径为_____mm。如果内径超过最大值(18.058mm),则更换倒挡惰轮分总成。
②用_____测量倒挡惰轮的轴径为_____mm。如果内径超过最大值(17.966mm),则更换倒挡惰轮轴。

3　组装手动变速器输入轴

（1）在变速器2号接合套上涂抹_____。
（2）将3个同步啮合换挡键弹簧和3个同步啮合键安装至_____。
（3）将_____安装至变速器2号接合套。
（4）在三挡齿轮滚针轴承上涂抹齿轮油,并将其安装至_____。
（5）在三挡齿轮上涂抹齿轮油,并将其安装至_____。
（6）在三挡齿轮同步器锁环上涂抹齿轮油,并将其安装至_____。
（7）用SST和将变速器2号离合器毂安装至_____。

注意事项: 将同步啮合换挡键正确装配到同步器锁环的凹槽中。

（8）选择一个可使轴向间隙最小的卡环,用_____和_____将卡环安装至输入轴。
（9）在四挡齿轮同步器锁环上涂抹齿轮油,并将其安装至_____。
（10）在四挡齿轮滚针轴承和四挡齿轮轴承隔垫上涂抹齿轮油,并将其安装至_____。
（11）在四挡齿轮上涂抹齿轮油,并将其安装至_____。
（12）用SST和_____将输入轴后径向球轴承安装至_____。
（13）选择一个可使轴向间隙最小的卡环,用_____和_____将卡环安装至输入轴。

注意事项: 不要损坏卡环轴颈表面。

（14）用_____测量三挡齿轮径向间隙为_____mm。如果间隙超过最大值0.35mm,更换(□三挡齿轮　□三挡齿轮滚针轴承　□输入轴)。
（15）用_____在齿轮和轴之间测量四挡齿轮径向间隙为_____mm。如果间隙超过最大值0.35mm,则更换(□四挡齿轮　□四挡齿轮滚针轴承　□输入轴)。
（16）用_____测量三挡齿轮轴向间隙为_____mm。如果间隙超过最大值

(0.35mm),则更换(□变速器2号离合器毂　□三挡齿轮　□输入轴)。

(17)用_____测量四挡齿轮轴向间隙为_____mm。如果间隙超过最大值(0.55mm),则更换(□变速器2号离合器毂　□四挡齿轮　□输入轴后径向球轴承)。

4　分解手动变速器输出轴

(1)用_____测量一挡齿轮轴向间隙为_____mm。如果间隙超过最大值(0.40mm),则更换(□变速器1号离合器毂　□一挡齿轮　□一挡齿轮止推垫圈)。

(2)用_____测量二挡齿轮轴向间隙为_____mm。如果间隙超过最大值(0.55mm),则更换(□变速器1号离合器毂　□二挡齿轮　□三挡从动齿轮)。

(3)用_____在齿轮和轴之间测量一挡齿轮径向间隙为_____mm。如果间隙超过最大值0.35mm,则更换(□一挡齿轮　□一挡齿轮滚针轴承　□输入轴)。

(4)用_____测量二挡齿轮径向间隙为_____mm。如果间隙超过最大值0.35mm,更换(□二挡齿轮　□二挡齿轮滚针轴承　□输入轴)。

(5)用SST和_____从输出轴上拆下输出轴后轴承和四挡从动齿轮。

(6)从输出轴上拆下输出齿轮隔垫。

(7)用SST和压力机从输出轴上拆下三挡从动齿轮和_____。

(8)从输出轴上拆下_____和二挡齿轮轴承隔垫。

(9)从输出轴上拆下同步器2号锁环组件。

(10)用_____和_____从输出轴上拆下1号离合器毂轴卡环;再用SST和_____从输出轴上拆下1号离合器毂总成和_____。

(11)从一挡齿轮上拆下同步器1号锁环组件。

(12)从输出轴上拆下_____。

(13)从输出轴上拆下_____。

(14)从输出轴上拆下_____或钢球。

(15)从变速器1号离合器毂上拆下_____、3个同步啮合换挡键和3个同步啮合换挡键弹簧。

注意事项:用抹布或布条防止换挡键和换挡键弹簧飞出。

5　检查手动变速器输出轴

(1)检查输出轴。

①用检查输出轴的径向跳动值为_____mm。如果径向跳动超过最大值(0.015mm),则更换。

②图3-30为输出轴图,在A、B、C 3个位置测量输出轴轴颈表面的外径分别是:部位A为_____mm;部位B为_____mm;部位C为_____mm。如果任一外径小于规定最小值,则_____输出轴。

(2)检查二挡齿轮。用_____测量二挡齿轮的内径为_____mm。如果内径超过最大值(38.031mm),则更换二挡齿轮。

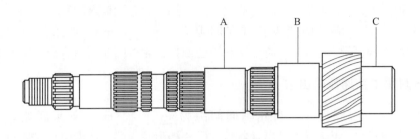

图 3-30　输出轴图

（3）检查一挡齿轮。用_____测量一挡齿轮的内径为_____mm。如果内径超过最大值(44.031mm)，则更换一挡齿轮。

（4）检查一挡齿轮止推垫圈。用_____测量一挡齿轮止推垫圈的厚度为_____mm。如果厚度小于最小值(5.975mm)，则更换一挡齿轮止推垫圈。

（5）检查同步器2号锁环组件（二挡齿轮）。

①在二挡齿轮锥和同步器2号锁环组件（内环、中环和外环）上涂抹齿轮油。

②将内环、中环、外环依次安装至二挡齿轮。

③检查二挡齿轮锥和同步器2号锁环组件（□是　□否）磨损或损坏。

④将同步器锁环组件推向二挡齿轮锥的同时使其沿一个方向转动，同步器锁环组件（□是　□否）锁止，如果未锁止则更换同步器锁环组件。

⑤用_____测量同步器锁环和花键齿轮端部之间的间隙为_____mm。如果间隙小于最小值(0.60 mm)，则更换同步器锁环组件。

（6）检查同步器1号锁环组件（一挡齿轮）。

①在一挡齿轮锥和同步器1号锁环组件（内环、中环和外环）上涂抹齿轮油。

②将内环、中环、外环依次安装至二挡齿轮。

③检查一挡齿轮锥和同步器1号锁环组件（□是　□否）磨损或损坏。

④将同步器锁环组件推向一挡齿轮锥的同时，使其沿一个方向转动，同步器锁环组件（□是　□否）锁止，如果未锁止则更换同步器锁环组件。

⑤用_____测量同步器锁环和花键齿轮端部之间的间隙为_____mm。如果间隙小于最小值(0.60mm)，则更换同步器锁环组件。

（7）检查倒挡齿轮。

①用_____测量倒挡齿轮凹槽宽度(A)为_____mm。

②用_____测量倒挡拨叉卡爪部分的厚度(B)为_____mm。

③标准间隙（即：$A-B$）为0.15~0.35mm。如果间隙超出规定范围，_____倒挡齿轮和倒挡换挡拨叉。

（8）检查变速器1号离合器毂。

①变速器1号离合器毂和倒挡齿轮滑动（□是　□否）平稳。

②倒挡花键齿轮边缘（□是　□否）被磨掉。

6 组装手动变速器输出轴

（1）在倒挡齿轮和变速器1号离合器毂上涂抹_____。
（2）将3个同步啮合换挡键弹簧和3个同步啮合键安装至_____。
（3）将_____安装至变速器1号离合器毂总成。
（4）在一挡齿轮止推垫圈销或钢球上涂抹通用润滑脂，并将其安装至_____。
（5）在一挡齿轮止推垫圈上涂抹齿轮油，并将其安装至_____。
（6）在一挡齿轮滚针轴承上涂抹齿轮油，并将其安装至_____。
（7）在一挡齿轮锥和同步器1号锁环组件（内环、中环和外环）上涂抹齿轮油，依次将_____安装至一挡齿轮。（①内环；②中环；③外环）
（8）在一挡齿轮上涂抹齿轮油，并将其安装至_____。
（9）用SST和压力机将变速器1号离合器毂安装至_____。

注意事项：
①一挡齿轮可转动。
②检查并确认一挡齿轮止推垫圈销或球插入一挡齿轮止推垫圈销的凹槽。

（10）选择一个可使轴向间隙最小的卡环，用_____和_____将卡环安装至输出轴。
（11）在二挡齿轮滚针轴承和二挡齿轮轴承隔垫上涂抹齿轮油，并将其安装至_____。
（12）在二挡齿轮锥和同步器2号锁环组件（内环、中环和外环）上涂抹齿轮油，依次将_____安装至二挡齿轮。（①内环；②中环；③外环）
（13）在二挡齿轮上涂抹齿轮油，并将其安装至_____。
（14）用SST和将三挡从动齿轮安装至_____。
（15）将输出齿轮隔垫安装至_____。
（16）用SST和压力机将_____安装至输出轴。
（17）用SST和_____将输出轴后轴承安装至输出轴。
（18）用_____测量二挡齿轮径向间隙为_____mm。如果间隙超过最大值0.35mm，更换（□二挡齿轮　□二挡齿轮滚针轴承　□输入轴）。
（19）用_____在齿轮和轴之间测量一挡齿轮径向间隙为_____mm。如果间隙超过最大值0.35mm，则更换（□一挡齿轮　□一挡齿轮滚针轴承　□输入轴）。
（20）用_____测量二挡齿轮轴向间隙为_____mm。如果间隙超过最大值（0.55mm），则更换（□变速器1号离合器毂　□二挡齿轮　□三挡从动齿轮）。
（21）用_____测量一挡齿轮轴向间隙为_____mm。如果间隙超过最大值（0.40mm），则更换（□变速器1号离合器毂　□一挡齿轮　□一挡齿轮止推垫圈）。

三、评价反馈

对本学习任务进行评价，评价项目和标准见表3-8。

项目一 传动系统构造与维修

评 分 表 　　　　　　　表3-8

考核项目	评分标准	分数	学生自评	小组评价	教师评价	小计
活动参与	是否积极主动	5				
安全生产	有无安全隐患	10				
现场5S	是否做到	10				
任务方案	是否合理	15				
操作过程	(1)能否正确查阅信息,并填写信息; (2)能否正确安全地分解手动变速器; (3)能否正确安全地组装手动变速器; (4)能否正确安全地检修手动变速器	30				
任务完成情况	是否圆满完成	5				
工具和设备使用	是否规范的使用手机(电脑、维修手册)查阅信息	10				
劳动纪律	是否违反	10				
工单填写	是否完整、规范	5				
总分		100				
教师签名:			年　　月　　日		得分	

四、学习拓展

一辆手动挡科鲁兹轿车在中低速行驶过程中,由于负荷突然变化或车辆剧烈振动,换挡杆自动跳回空挡位置。请你与同学一起探讨:该车出现的故障是什么?如何检修并排除故障?

学习任务四

自动变速器认识

学习目标

完成本学习任务后,你应当能:
1. 了解自动变速器的类型;
2. 掌握液力自动变速器(AT)的结构和工作原理;
3. 掌握机械无级自动变速器(CVT)的结构和工作原理;
4. 了解双离合器变速器(DSG)的结构和工作原理;
5. 掌握自动变速器各挡位的含义;
6. 快速准确地使用网络或维修手册查阅所需的资料。

 建议完成本学习任务的时间为 **4** 课时。

 学习任务描述

小张通过层层面试,拿到了去知名汽车集团的雪佛兰4S店实习的机会。实习的第三天,有一位客户到店反映:其车辆是2017款科鲁兹轿车,配备的是自动变速器。小张在学校只是学了自动变速器的基础知识,因此,他跟随师傅进一步地学习。

一、资料收集

引导问题1 自动变速器有哪些类型?

常见的自动变速器主要有3种,分别是液力自动变速器(AT)、机械无级自动变速器(CVT)和双离合器变速器(DSG)。

引导问题2 液力自动变速器结构是怎样的？它是如何工作的？

1 液力自动变速器的结构

液力自动变速器一般由液力变矩器、行星齿轮变速器、电子液压控制系统、壳体等组成。其结构如图4-1所示。

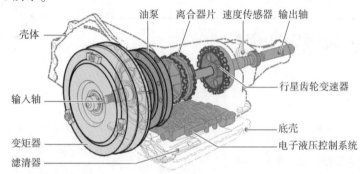

图4-1 液力自动变速器结构

2 液力变矩器

（1）结构。液力变矩器一般是由泵轮、定叶轮、涡轮以及锁止离合器组成，如图4-2所示。液力变矩器的作用是将发动机的动力传递到变速机构。锁止离合器的作用是，当车速超过一定值时，将发动机与变速机构直接连接，以减少燃油消耗。

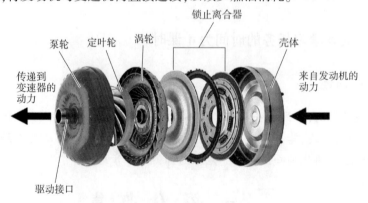

动力传递路径：壳体→泵轮→涡轮→变速器

图4-2 液力变矩器的结构

（2）工作原理。液力变矩器里面充满了传动油，当与动力输入轴相连接的泵轮转动时，它会通过传动油带动与输出轴相连的涡轮一起转动，从而将发动机动力传递出去。其原理类似一把插电的风扇，能够带动一把不插电的风扇的叶片转动。液力变矩器的工作原理如图4-3所示。

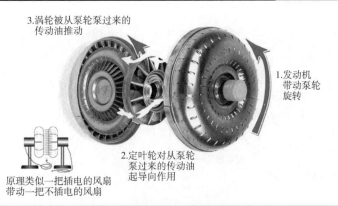

图 4-3　液力变矩器的工作原理示意图

（3）换挡过程。液力自动变速器（AT）的传动齿轮和手动变速器的传动齿轮并不相同。液力自动变速器（AT）采用的是行星齿轮组实现转矩的转换，如图 4-4 所示。液力自动变速器（AT）每个挡位都由一组离合片控制，从而实现变速功能。现在的液力自动变速器（AT）采用电磁阀控制离合片，这使系统更简单，可靠性更高。

图 4-4　液力自动变速器换挡过程

液力自动变速器（AT）的换挡控制方式如图 4-5 所示。变速器控制电脑，通过电信号控制电磁阀的动作，从而改变变速器油在阀体油道的走向。当作用在多片式离合片上的油压达到制动压力时，多片式离合片接合，从而促使相应的行星齿轮组输出动力。

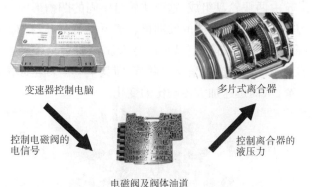

图 4-5　液力自动变速器的换挡控制方式

（4）行星齿轮。目前，轿车上广泛采用的行星齿轮机构的类型主要有辛普森式和拉维娜式两种，分别如图 4-6 和图 4-7 所示。

辛普森式行星齿轮变速器只有 3 个独立的元件：太阳轮、齿圈、行星架。其前后两排行星齿轮机构共用一个太阳轮，形成前后太阳轮组件，前行星架和后齿圈连成一体，并且和输出轴连接。

项目一 传动系统构造与维修

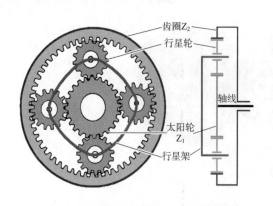

图 4-6 辛普森式行星齿轮变速器

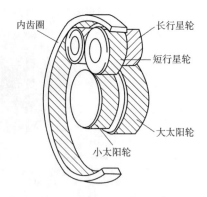

图 4-7 拉维娜式行星齿轮变速器

拉维娜式行星齿轮变速器有 4 个独立的原件：小太阳轮、大太阳轮、齿圈、行星架（短、长行星轮共用）。其由双排的行星齿轮机构组成，两行星排共用行星架和齿圈，小太阳轮、短行星轮、长行星轮、行星架及齿圈组成双行星轮系行星排，大太阳轮、长行星轮、行星架及齿圈组成 1 个单行星轮系行星排，有 4 个独立元件，仅有 1 个齿圈和输出轴连接。

引导问题3 机械无级自动变速器的结构是怎样的？它是如何工作的？

1 机械无级自动变速器的结构

机械无级自动变速器结构如图 4-8 所示，其主要组成部件是两个滑轮和一条金属带，金属带套在滑轮上。滑轮由两块轮盘组成，这两块轮盘中间的凹槽形成一个 V 形，其中一边的轮盘由液压控制机构控制，可以在不同的发动机转速下进行分开与拉近的动作，V 形凹槽也随之变宽或变窄，将金属带升高或降低，从而改变金属带与滑轮接触的直径，相当于齿轮变速中切换不同直径的齿轮。两个滑轮呈反向调节，即其中一个带轮凹槽逐渐变宽时，另一个带轮凹槽就会逐渐变窄，从而迅速加大传动比的变化。

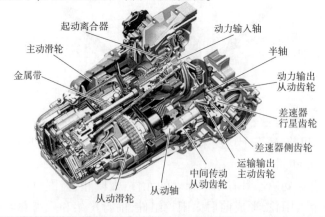

图 4-8 机械无级自动变速器结构

2 滑轮控制的机构

滑轮控制机构由主动滑轮、从动滑轮和滑轮控制模块等组成，其结构如图4-9所示。

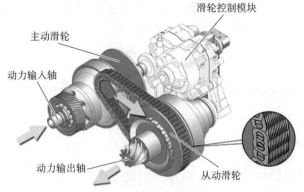

图4-9 滑轮控制机构结构

3 机械无级自动变速器的工作过程

机械无级自动变速器的工作过程如图4-10所示。

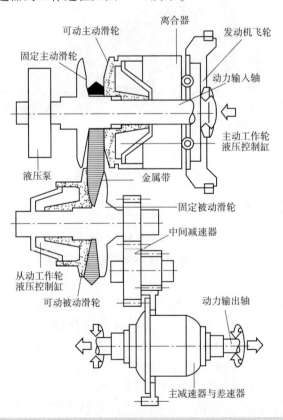

图4-10 机械无级自动变速器的工作过程

当汽车低速行驶时,可动主动滑轮的凹槽宽度大于可动被动滑轮凹槽宽度,可动主动滑轮的金属带圆周半径小于可动被动滑轮的金属带圆周半径,即小圆带大圆,因此能传递较大的转矩;当汽车逐渐转为高速时,可动主动滑轮的一边轮盘向内靠拢,凹槽宽度变小迫使金属带升起,直至最高顶端,而可动被动滑轮的一边轮盘刚好相反,其向外移动拉大凹槽宽度,迫使金属带降下,即可动主动滑轮金属带的圆周半径大于可动被动滑轮金属带的圆周半径,变成大圆带小圆,因此能保证汽车高速行驶时的速度要求。

引导问题 4 双离合自动变速器的结构是怎样的?它是如何工作的?

1 双离合自动变速器的结构

双离合器变速器的结构如图 4-11 所示。双离合变速器能够消除换挡时动力传递的中断现象,缩短换挡时间,同时使换挡更加平顺。

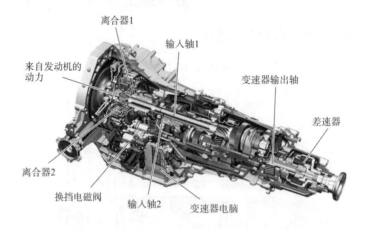

图 4-11 DSG 的结构

2 双离合自动变速器的工作原理

双离合器变速器在福特汽车称为 POWERSHIFT 技术;在大众汽车称为 DSG 技术;在保时捷汽车称为 PDK 技术;在三菱汽车称为 TC-SST 技术。下面以大众的 DSG 技术为例,介绍双离合变速器的工作原理。

图 4-12 所示为大众 6 速 DSG 双离合变速器的工作原理。两个离合器与变速器装配在同一机构内,其中离合器 1 负责挂一、三、五和倒挡;离合器 2 负责挂二、四、六挡。当驾驶员挂上一挡起步时,换挡拨叉同时挂上一挡和二挡,但离合器 1 结合,离合器 2 分离,动力通过一挡的齿轮输出,二挡齿轮空转。当驾驶员换到二挡时,换挡拨叉同时挂上二挡和三挡,离合器 1 分离的同时离合器 2 结合,动力通过二挡齿轮输出,三挡齿轮空转。其余各挡位的切换方式均与此类似。这样就解决了换挡过程中动力传输中断的问题。

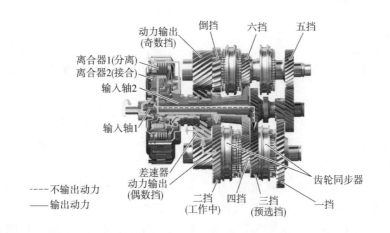

图 4-12　大众 6 速 DSG 技术的工作原理图

图 4-13 所示为大众 7 速 DSG 双离合变速器的工作原理。离合器 1 负责控制一、三、五、七挡；离合器 2 负责控制二、四、六和倒挡。

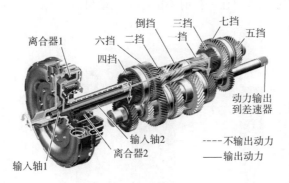

图 4-13　大众 7 速 DSG 技术的工作原理图

引导问题 5　自动变速器有哪些挡位？它们的含义是什么？

自动变速器挡位有 6 个位置和 7 个位置两种。6 个位置的挡位标识一般是 P、R、N、D、2、1 位，有的厂家也把 2 位标成 S 位，把 1 位标成 L 位。6 个手柄位置的自动变速器一般另设一个超速挡选择开关 O/D，典型的 6 个手柄位置自动变速器选挡手柄如图 4-14 所示。7 个位置挡位标识一般是 P、R、N、D、3、2、1 位，也有的标成 P、R、N、D_4、D_3、2、1。选挡手柄所处的位置由挡位指示器的指针指示或由仪表显示，如图 4-15 所示。

（1）P：驻车挡，表示停止位置。此时发动机没有动力传给变速器，车辆不能前后移动。在 P 挡时，发动机可以起动。

（2）R：倒挡，表示倒挡位置。此时汽车倒驶。通常要按下拨杆上的安全按钮，才可将拨杆移至 R 挡。选用 R 位后，不能起动发动机。

当车辆尚未完全停定时,绝对不可以强行转至 P 挡或 R 挡,否则变速器会受到严重损坏。

(3) N:空挡,表示空挡位置。此时没有动力从变速器输出,发动机在空挡时可以起动。

(4) D:前进自动挡,表示前驶位置。随着行驶条件的变化,在前进挡中自动升降挡,实现自动变速功能。在 D 挡时,不能起动发动机。

(5) 3:表示四速变速器的三挡位置。在三挡时,变速器可以从一至二、二至三挡依次自动升挡或从三至二、二至一挡自动降挡,但不能进入超速挡。

(6) 2:表示二挡位置。此时变速器可在一至二挡间自动升挡或二至一挡间自动降挡,但不能升入三挡。在二挡时,不能起动发动机。

(7) 1:表示手选一挡位置,即低挡位置。此时,汽车只能用一挡行驶,不能升挡。这个位置在汽车行驶于坑洼、湿路面或结冰路面时选用。同时,在下陡坡时也可选择这个位置以用发动机的制动作用控制车速。在一挡时不能起动发动机。

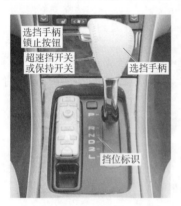

图4-14 自动变速器选挡手柄

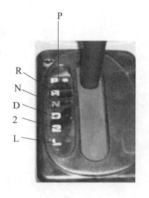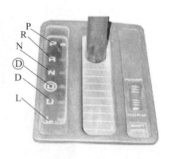

图4-15 自动变速器挡位指示器

另外,雪铁龙 AL4 自动变速器杆还有一个 M 挡,即手动挡。在该挡位时,驾驶员通过将操纵杆推向"M+"或"M-"来实现加挡或减挡,换挡是通过传感器实现。

目前,越来越多的轿车的自动变速器挡位变得更为简化,只有 P、R、N、D 挡位。

二、实施作业

引导问题6 认识宝马 X5 2017 款汽车的自动变速器需要哪些工具、设备和材料?

安全流畅的网络环境、能连接互联网的手机或电脑、相关车辆的维修手册。

引导问题 7 请你通过网络或维修手册,查阅宝马 X5 汽车 2017 款的自动变速器的优势,并写下来与同学交流探讨。

三、评价反馈

对本学习任务进行评价,评价项目和标准见表 4-1。

评 分 表　　　　　　　　　　　　　　　　　　表 4-1

考核项目	评分标准	分数	学生自评	小组评价	教师评价	小计
活动参与	是否积极主动	5				
安全生产	有无安全隐患	10				
现场 5S	是否做到	10				
任务方案	是否合理	15				
操作过程	(1)能否正确查阅信息,并填写信息; (2)能否在课堂上正确阐述所查阅的信息	30				
任务完成情况	是否圆满完成	5				
工具和设备使用	是否规范地使用手机(电脑、维修手册)查阅信息	10				
劳动纪律	是否违反	10				
工单填写	是否完整、规范	5				
	总分	100				
教师签名:				年　月　日	得分	

四、学习拓展

请你通过网络或维修手册,查阅长城哈弗 H6 2017 款汽车自动变速器的优势,并写下来与同学交流探讨。

项目一 传动系统构造与维修

学习任务五

万向传动装置的构造与维修

学习目标

完成本学习任务后,你应当能:
1. 了解万向传动装置的基本组成及功用;
2. 掌握万向节的结构及其分类;
3. 按照标准工艺流程拆装万向传动装置;
4. 掌握万向传动装置的基本检修方法;
5. 快速准确地使用网络查阅所需的资料。

 建议完成本学习任务的时间为 6 课时。

 学习任务描述

小张通过层层面试,拿到了去知名汽车集团的雪佛兰 4S 店实习的机会。实习的第四天,有一位客户到店反映:其车辆是 2017 款科鲁兹轿车,该车行驶时,左前轮处发出"咔吧、咔吧"声,类似金属挤压声,汽车转向时这种声音更加明显。师傅和小张一起分析后,初步确定是万向节故障造成的,然后一起对车辆进行检查。

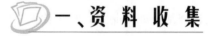

一、资料收集

引导问题 1 万向传动装置有什么作用?它由哪些部件组成?

1 万向传动装置的作用

万向传动装置的作用是保证轴线相交且相对位置经常变换的转轴之间的动力传递。

2 万向传动装置的组成

万向传动装置主要包括万向节和传动轴。对于传动距离较远的分段式传动轴,为了提高传动轴的刚度,通常设置有中间支承,其组成如图5-1所示。

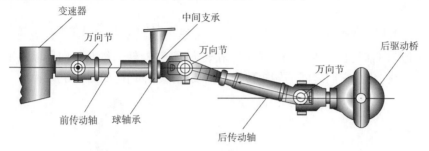

图5-1 万向传动装置组成

3 万向传动装置的应用

万向传动装置主要应用在汽车变速器与驱动桥之间、变速器与分动器或分动器与驱动桥之间、转向式驱动桥的半轴、断开式驱动桥的半轴以及转向系统中转向轴与转向器之间等。

(1)用于变速器与驱动桥之间的动力传递。汽车在负荷变化及不平路面行驶时引起跳动时,万向传动装置可适应驱动桥的输入轴与变速器的输出轴之间夹角和距离的变化,如图5-2所示。

(2)用于变速器与分动器或分动器与驱动桥之间的动力传递。四轮驱动汽车的传动系统较为复杂,在变速器与分动器、分动器与驱动桥之间均需要安装万向传动装置,以确保动力传递,如图5-3所示。

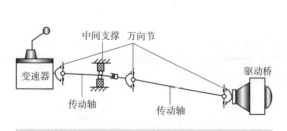

图5-2 变速器与驱动桥之间的动力传递

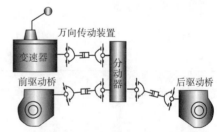

图5-3 变速器与分动器或分动器与驱动桥之间的动力传递

(3)用于转向驱动桥半轴的动力传递。汽车转弯时,转向驱动桥两段半轴轴线相交且交角发生变化,因此使用万向节确保动力传递不受影响,目前普通轿车检查就是这种形式,如图5-4所示。

(4)用于断开式驱动桥半轴的动力传递。断开式驱动桥的主减速器在车架上是固定的,半轴是分段的,二者之间通过万向传动装置传递动力,如图5-5所示。

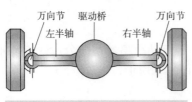
图5-4 转向驱动桥半轴的动力传递

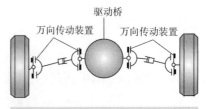
图5-5 断开式驱动桥半轴的动力传递

（5）用于转向轴与转向器之间的传递。在转向系统中，转向轴与转向器输入轴的轴线也不是在同一直线上的，它们之间的转矩传递也需要通过万向节，如图5-6所示。

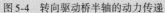

图5-6 转向轴与转向器之间的传递

引导问题2　什么是万向节？它有哪些类型？

万向节安装在转轴之间，用来改变动力传递角度。按其在扭转方向上是否有明显的弹性，可分为刚性万向节和挠性万向节。刚性万向节按其运动特性可分为不等速万向节、准等速万向节和等速万向节。

1 刚性万向节

刚性万向节类型、特点等见表5-1。

刚性万向节类型及特点　　　　　　表5-1

分类	举例	特点	图例
不等速万向节	十字轴式万向节	十字轴式万向节允许相邻两轴的最大夹角为15°～20°。其结构简单、强度高、耐久性好、传功效率高、工作可靠、生产成本低。汽车上应用最为普遍	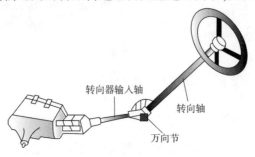

续上表

分类	举例	特　点	图　例
准等速万向节	双联式万向节	双联式万向节若要实现两个传动轴的角速度相等,应保证两轴间的夹角相等,即 $\alpha_1 = \alpha_2$。双联式万向节的主要优点是允许两轴间的夹角较大(一般可达50°),轴承密封性好,效率高,工作可靠,制造方便。缺点是结构较复杂,外形尺寸较大。多用于越野汽车	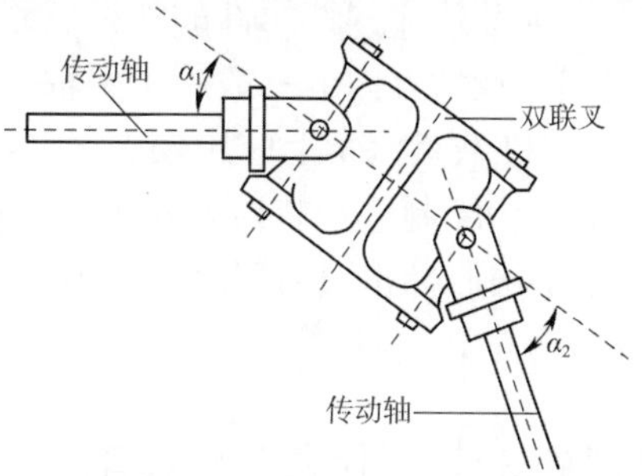
准等速万向节	三销轴式万向节	三销轴式万向节是由双联式万向节演变而来。它主要由两个偏心轴叉、两个三销轴和六个滚针轴承组成。采用此万向节的转向驱动桥可使汽车获得较小的转弯半径,提高了汽车的机动性。多用于越野汽车	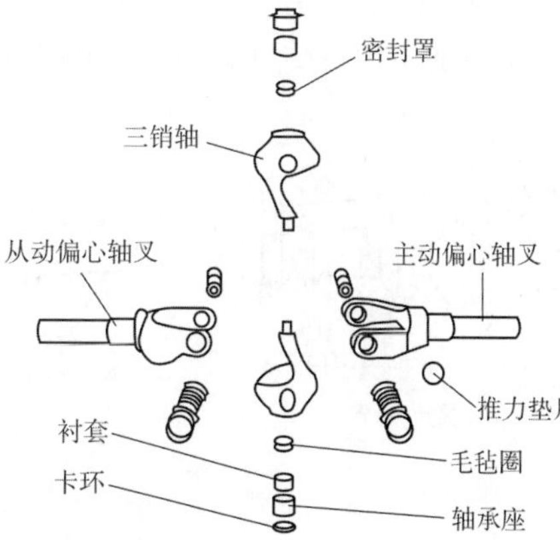
等速万向节	球叉式万向节	四个传动钢球放在槽中,只有两个钢球传力,磨损较快的定心钢球放在两叉中心的凹槽内。球叉式万向节工作时,只有两个钢球传力,磨损较快,使用寿命短,现在应用越来越少。主要应用于轻、中型越野车	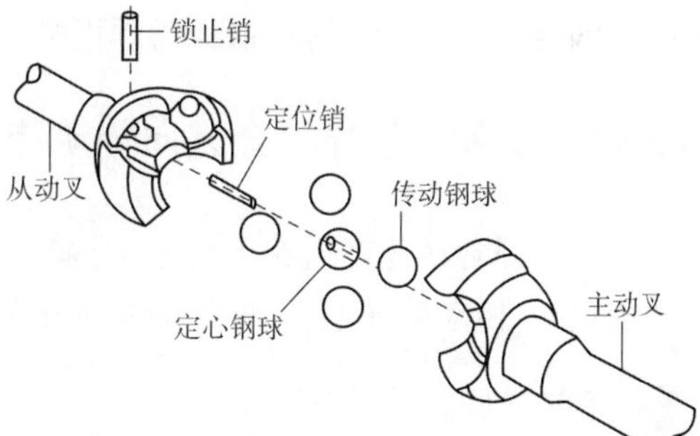
等速万向节	球笼式万向节	球笼式万向节承载能力强和耐冲击能力强、效率高、磨损小、寿命长。广泛应用各种型号的转向驱动桥和独立悬架的驱动桥	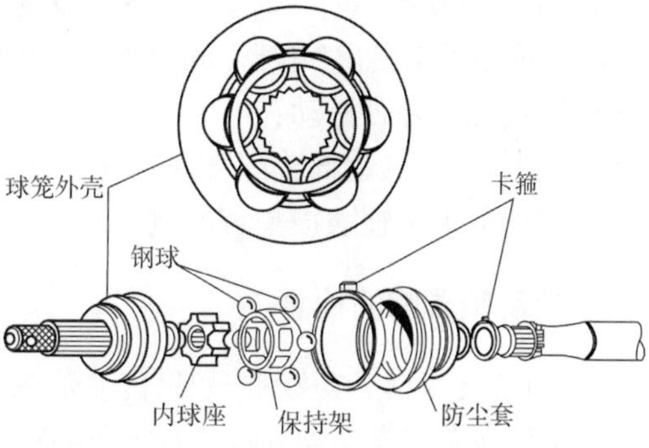

2 挠性万向节

挠性万向节依靠弹性元件的弹性变形来保证两转轴在传动时不发生机械干涉,并使动力顺利传递。挠性万向节一般用于两轴夹角不大于3°~5°,且轴向位移很小的万向传动传动装置中,其在载货汽车上应用较多,优点如下:

(1)能够消除制造安装误差和车架变形对传动的影响;
(2)能够吸收冲击,衰减扭转振动;
(3)结构简单,不需要润滑。

> **引导问题3** 什么是传动轴?

传动轴总成主要由传动轴及其两端焊接的花键轴和万向节叉组成,如图5-7所示。

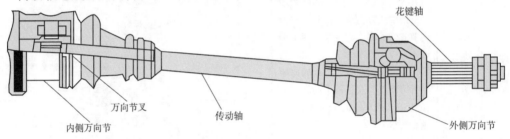

图5-7 传动轴

为了得到较高的强度和刚度,传动轴多做成空心的(轴管用来连接万向节和滑动花键)。一般用厚度为1.5~3mm的薄钢板卷焊而成。超重型载货汽车则直接采用无缝钢管。

> **引导问题4** 怎样检查万向传动装置?

由于汽车经常在复杂道路上行驶,万向传动装置很容易受到损害,其故障主要表现为异响。异响包括:传动轴异响、万向节异响和中间支承异响。

1 万向节异响的检查

如果万向节松旷,在汽车起步或突然改变车速时,传动轴会发出"吭"的响声;在汽车缓慢行驶时,传动轴会发出"哐当"的响声。出现此情况,应进行以下检查:

(1)连接螺栓是否松动;
(2)万向节主、从动部分配合间隙是否过大;
(3)万向节十字轴磨损是否严重。

2 传动轴异响的检查

在万向节技术状况良好时,如果传动轴在汽车行驶中发出周期性的响声,速度越高响声越大,甚至伴随有车身振动,应进行以下检查:

(1)传动轴是否弯曲或传动轴管是否凹陷;
(2)传动轴管与万向节叉是否焊接不正或传动轴是否未进行过动平衡试验和校准;
(3)伸缩叉安装是否错位(错位将导致传动轴两端的万向节叉不在同一平面内,不能满足等速传动的条件)。

3 中间支承异响的检查

如果汽车在行驶中,万向传动装置出现一种连续的"呜呜"声,而且车速越高响声越大,则要检查传动轴的中间支承是否出现故障。检查范围如下:
(1)滚动轴承是否缺少润滑油或磨损严重;
(2)中间支承是否安装不当(安装不当会造成附加载荷而产生异常磨损);
(3)橡胶圆环是否损坏;
(4)车架是否变形(车架变形会造成中间支承异常磨损)。

二、实 施 作 业

引导问题5 对万向传动装置进行检修需要哪些工具、设备和材料?

一字螺丝刀、梅花螺丝刀、台虎钳、卡环扩张器、冲子、铜棒、台虎钳、卡环扩张器、销冲、铜棒、手锤、压力机、橡胶锤、水泵钳子、尖嘴钳子、SST 09950-00020 轴承拆卸工具、SST 09527-10011 后桥半轴轴承拆卸工具。

引导问题6 怎样检修万向传动装置故障?

1 检查内等速万向节组件

(1)检查轴承表面(□是 □否)破损、异常磨损。
(2)检查三项滚轮星键轴颈(□是 □否)划伤、斑点,花键(□是 □否)损伤。
(3)逐个检查滚轮轴承(□是 □否)转动灵活,内等速万向节壳体(□是 □否)破裂,花键(□是 □否)损伤。

2 检查外等速万向节组件

(1)检查外等速万向节壳体(□是 □否)破损,外花键、螺纹(□是 □否)损伤。
(2)检查外等速万向节轴承内花键(□是 □否)损伤。
(3)将传动轴装入外等速万向节,向各个方向缓慢转动,检查其转动(□是 □否)灵活。

3 检查传动轴

(1)检查传动轴(□是 □否)缺齿或损伤。
(2)检查传动轴(□是 □否)明显弯曲或变形,若发现异常磨损则需要更换传动轴。

4 检查橡胶防尘罩

检查橡胶防尘罩(□是 □否)老化破损,若发现异常情况则需要更换防尘罩。

5 检查车辆运行情况

起动车辆,检查车辆运行(□是 □否)正常。

三、评价反馈

对本学习任务进行评价,评价项目和标准见表5-2。

评 分 表 表 5-2

考核项目	评分标准	分数	学生自评	小组评价	教师评价	小计
活动参与	是否积极主动	5				
安全生产	有无安全隐患	10				
现场5S	是否做到	10				
任务方案	是否合理	15				
操作过程	(1)能否正确查阅信息,并填写信息; (2)能否正确安全地进行万向传动装置检修; (3)能否在课堂上正确阐述所查阅的信息	30				
任务完成情况	是否圆满完成	5				
工具和设备使用	是否规范地使用手机(电脑、维修手册)查阅信息	10				
劳动纪律	是否违反	10				
工单填写	是否完整、规范	5				
总分		100				
教师签名:			年 月 日		得分	

四、学习拓展

一辆行驶了65400km的雪佛兰科鲁兹轿车在行驶时,左前轮处有"喀吧"声响,类似金属挤压声,转向时这种现象更加严重。请你分析该故障现象的可能原因,并写下来与同学一起交流探讨。

学习任务六

驱动桥的构造与维修

学习目标

完成本学习任务后,你应当能:
1. 熟悉驱动桥的结构及工作原理;
2. 了解防滑差速器的结构及工作原理;
3. 掌握驱动桥故障诊断与维修的方法;
4. 对驱动桥进行拆装及检测;
5. 快速准确地使用网络查阅所需的资料。

 建议完成本学习任务的时间为 8 课时。

 学习任务描述

小张通过层层面试,拿到了去知名汽车集团的雪佛兰4S店实习的机会。实习的第五天,有一位客户到店反映:其车辆是2017款科鲁兹轿车,在车辆转弯行驶时有响声,但直线行驶时没有响声。师傅和小张一起分析后,初步确定是差速器行星齿轮齿侧间隙过大或半轴齿轮及键槽磨损造成的,然后一起对车辆进行检查。

一、资料收集

 引导问题1 驱动桥由哪些部件组成?它的作用是什么?又有哪些类型?

1 驱动桥的组成

驱动桥通常由主减速器、差速器、半轴和驱动桥壳等组成,如图6-1所示。

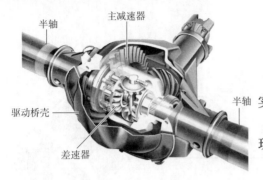

图6-1 驱动桥的组成

2 驱动桥的作用

动力传递过程中,驱动桥具有以下作用。

(1)主减速器用于改变转矩传递的方向并实现减速增扭。

(2)差速器可以将转矩分配给左右半轴,实现内、外侧车轮差速滚动,以便于转向。

(3)半轴用于传递转矩。

(4)桥壳主要用来支承并保护主减速器、差速器和半轴等。

(5)桥壳和车轮用来实现车身承载及传递力矩等。

3 驱动桥的类型

按照结构型式的不同,驱动桥可分为整体式驱动桥和断开式驱动桥两种类型。

(1)整体式驱动桥的桥壳是一根支承在左、右驱动车轮上的刚性空心梁,而主减速器、差速器和半轴等传动部件都装在桥壳内,整个驱动桥通过悬架与车架或车身连接。整体式驱动桥多用于后驱动桥,其结构如图6-2所示。

(2)断开式驱动桥的桥壳分段,彼此之间用铰链连接,可做相对运动,主减速器、差速器等固定在车架或车身上,两侧驱动轮通过独立悬架与车架或车身连接,两轮可独立地相对于车架或车身上下跳动。断开式驱动桥结构复杂、成本高,多用于轿车和越野车全部或部分驱动桥、转向驱动桥,其结构如图6-3所示。

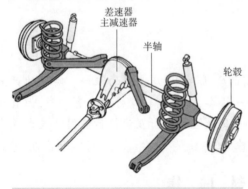

图6-2 整体式驱动桥

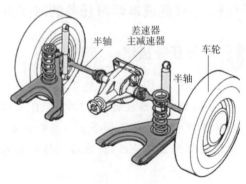

图6-3 断开式驱动桥

目前,一般的轿车采用发动机前置前轮驱动形式的传动系统。在该系统中,其驱动桥成为变速驱动桥,即发动机、变速器、主减速器和差速器成为一体式传动,取消了传动轴。变速驱动桥结构紧凑,质量较轻,提高了传动效率,一般轿车的驱动桥布置如图6-4所示。

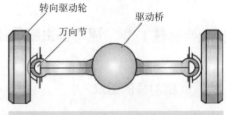

图6-4 一般轿车的驱动桥布置示意图

引导问题 2　主减速器有什么作用？其类型和结构是怎样的？

1 主减速器的作用

发动机的动力经变速器输出后，必须经过主减速器和差速器才能传递给车轮。
(1) 对于前轮驱动的汽车，主减速器和差速器一般安装在变速器壳体内。
(2) 对于后轮驱动的汽车，主减速器和差速器一般安装在后驱动桥内。
主减速器的主要作用是降低转速、增大转矩（减速增扭），并且在发动机纵置的车辆上，主减速器还具有改变转矩传递方向的作用。

2 主减速器的类型

按照参与减速传动的齿轮副数量，分为单级式和双级式两类。
(1) 单级式主减速器只有一组齿轮副，具有质量轻、成本小和结构简单等特点，如图6-5所示。
(2) 双级式主减速器采用两个齿轮副进行减速，能够获得较大的减速比，而且能够保证汽车的离地间隙足够大，因此在重型汽车、越野车及大型客车上应用较多，如图6-6所示。

图6-5　单级主减速器

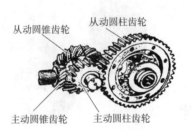

图6-6　双级主减速器

3 主减速器的结构

单级主减速器主要由主动锥齿轮、从动锥齿轮、半轴齿轮、行星齿轮、行星齿轮轴、差速器壳等组成，如图6-7所示。

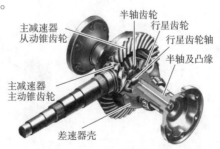

图6-7　单级主减速器结构

引导问题 3　差速器有什么作用?其类型和结构是怎样的?它是怎样工作的?

1 差速器的作用

差速器将主减速器传来的动力传给左、右半轴,并在必要时允许左、右半轴以不同的速度旋转,以满足两侧驱动轮在转向时能以不同的转速运转,如图 6-8 所示。

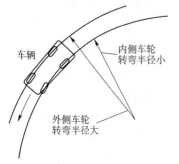

图 6-8　差速器的作用示意图

2 差速器的类型

(1) 根据安装位置的不同,差速器可分为轮间差速器和轴间差速器两种。安装在同一驱动桥左右半轴之间的差速器称为轮间差速器;安装在多轴汽车各驱动桥之间的差速器称为轴间差速器,如图 6-9 所示。

图 6-9　轮间差速器和轴间差速器

(2) 按照工作特性差速器可分为普通齿轮式差速器和防滑差速器两种类型。普通齿轮差速器使汽车通过坏路面的行驶能力受到限制,例如,某一侧车轮打滑,根据差速器的特性,另一侧的车轮只能停在远处,导致汽车不能前进。为了提高汽车通过坏路面的能力,可采用防滑差速器。防滑差速器又可分为自锁式差速器(图 6-10)和托森差速器(图 6-11)。

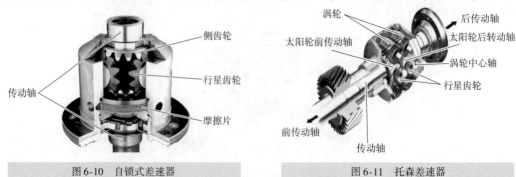

图 6-10　自锁式差速器　　　　　图 6-11　托森差速器

防滑差速器也称为强制锁止式差速器,当一侧驱动轮滑转时,可利用差速锁使差速器不起差速作用,提高汽车在湿滑地面的通过能力。当一个驱动轮打滑时,差速器将切断打滑驱动轮的动力传输,将绝大多数动力输送给另一个驱动轮,使汽车能够继续行驶。

3 差速器的结构

普通齿轮差速器由差速器壳、行星齿轮轴、2个行星齿轮、2个半轴齿轮、球面垫片和垫圈等组成。行星齿轮轴装入差速器壳体后用弹簧销定位,其结构如图6-12所示。行星齿轮和半轴齿轮的背面制成球面,与球面垫片和垫圈相配合,以减摩、耐磨。差速器通过一对圆锥滚子轴承支承在变速器壳体中。由于其具有结构简单、工作平稳、制造方便、质量较小等优点,被广泛应用在轿车、客车及载货汽车上。

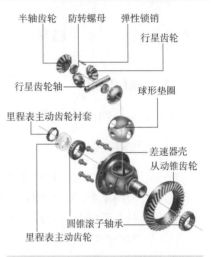

图6-12 普通齿轮差速器结构

4 差速器的工作原理

差速器工作时,将行星齿轮绕行星齿轮轴的旋转称为行星齿轮的自转;将行星齿轮绕半轴轴线的旋转称为行星齿轮的公转。差速器能够依靠行星齿轮的自转与公转改变转矩方向,其工作原理为:当车辆直线行驶时,左右两个车轮受到的阻力一样,行星齿轮不自转,把动力传递到两个半轴上,这时左右车轮转速一样(相当于刚性连接),如图6-13所示。当车辆转弯时,左右车轮受到的阻力不一样,行星齿轮绕着半轴转动并同时自转,从而吸收阻力差,使车轮能够以不同的速度旋转,保证汽车顺利转弯,如图6-14所示。

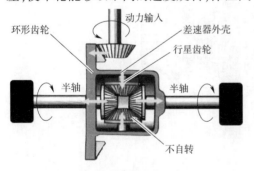

图6-13 车辆直行时差速器差速示意图

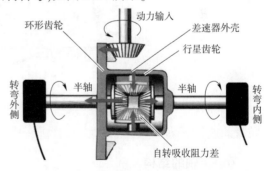

图6-14 车辆转弯时差速器差速示意图

内摩擦力矩很小的对称式锥齿轮差速器的运动学和动力学特性可以概括为"差速但不差转矩",即可以使两侧驱动轮以不同转速转动,但不能改变传给两侧驱动轮的转矩。例如,如果行星齿轮公转20周,则在直线行驶时,左右两行星齿轮共公转40周;在转弯时,若左边的行星齿轮公转10周,则右边的行星齿轮就转30周,左右两行星齿轮共转40周。

无论是直行还是转弯,左右两侧的转矩之和始终等于主减速器传递的转矩。

引导问题 4　半轴有什么作用？其类型和结构是怎样的？

1 半轴的作用

半轴为实心轴，其作用是将差速器传来的动力传给驱动轮。

2 半轴的类型

根据半轴与驱动轮的轮毂在驱动桥壳上支承形式的差异及半轴受力情况的不同，现代汽车基本上采用了全浮式半轴和半浮式半轴两种形式。普通非断开式驱动桥的半轴，可根据外端支承形式不同分为全浮式和半浮式两种。

（1）全浮式半轴支承广泛应用于各种类型的载货汽车上，工作时，半轴只承受转矩不承受弯矩，如图 6-15 所示。

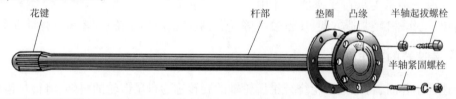

图 6-15　全浮式半轴

（2）半浮式半轴支承应用于各类轿车或微型货车上，工作时，半轴既承受转矩又承受弯矩，如图 6-16 所示。

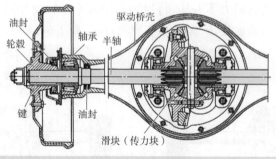

图 6-16　半浮式半轴

3 半轴的结构

半轴结构如图 6-17 所示。

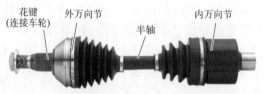

图 6-17　半轴结构

引导问题 5　桥壳有什么作用？其类型有哪些？

1　桥壳的作用

驱动桥桥壳具有以下作用。
（1）支撑汽车质量，承受由车轮传来的路面反力和反力矩，并经悬架传给承载式车身。
（2）桥壳是主减速器、差速器、半轴等部件的支承件和包容件。
（3）壳内装有润滑油，可对齿轮、轴承等进行润滑。
（4）密闭的壳体能防止脏物侵入和损害壳体内部件的工作环境。
（5）桥壳能使左、右驱动轮的轴向相对位置固定。

2　桥壳的类型

驱动桥壳按结构形式分为整体式和分段式两种。
（1）整体式桥壳强度、刚度较大，应用比较广泛，如图 6-18 所示。

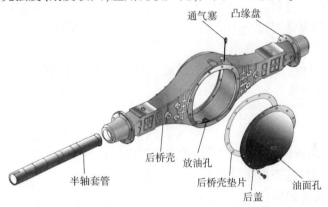

图 6-18　整体式桥壳

（2）分段式桥壳易于铸造，加工简便，但不便于驱动桥的维修，如图 6-19 所示。

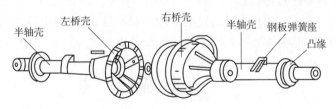

图 6-19　分段式桥壳

引导问题 6　驱动桥常见的故障有哪些？怎样排除？

驱动桥常见的故障有驱动桥异响、驱动桥发热和驱动桥漏油。

1 驱动桥异响

汽车在行驶过程中,驱动桥出现异响时,通常需要进行以下诊断。

(1) 如果驱动桥发出不正常的响声,则举升车辆,起动发动机并挂上挡,然后急剧改变发动机转速,察听驱动桥响声来源,判断故障所在部位。

(2) 汽车在行驶中,如果响声随着车速增高而增大,滑行时减小或消失,则一般是由轴承磨损松旷导致;如果急速改变车速或上坡时出现响声,则齿轮齿侧间隙过大,应予调整。

(3) 汽车在转弯时出现响声,则为差速器行星齿轮齿侧间隙过大或半轴齿轮及键槽磨损,严重时应拆下进行修理。

(4) 汽车在行驶中,驱动桥突然发出响声,多为齿轮损坏,应立即停车检查排除;如继续行驶,将会损坏齿轮。

2 驱动桥发热

汽车在行驶一段时间后,用手触摸驱动桥时有烫手的感觉,此时应检查以下内容:
(1) 轴承装配是否过紧;
(2) 齿轮齿侧间隙是否过小;
(3) 齿轮油是否过少或黏度不当。

同时结合发热部位,逐项检查并予以排除。当轮毂轴承过紧时,常伴有起步困难,行驶中发沉,滑行不良等现象。

3 驱动桥漏油

当齿轮油从驱动桥处向外渗油时,应检查以下内容:
(1) 主减速器油封是否损坏;
(2) 半轴油封是否损坏;
(3) 与油封接触的轴颈是否磨损,造成其表面有沟槽;
(4) 衬垫是否损坏或紧固螺栓是否松动;
(5) 齿轮油是否加注过多。

如果齿轮油经半轴凸缘周围渗漏,说明半轴油封不良,应更换半轴油封。主减速器主动圆锥齿轮凸缘处漏油,说明该处油封不良或凸缘轴颈表面磨损产生沟槽,应更换油封。

二、实 施 作 业

引导问题 7 实施驱动桥离合器拆解需要哪些工具、设备和材料?

东风 EQ1090E 型汽车或乐风 EQ1090E 型汽车底盘、常用底盘拆装工具、废油回收桶、维修手册、双曲线齿轮油。

引导问题8　怎样拆解驱动桥？

1 驱动桥拆装注意事项

（1）必须用专用工具，拆卸轴承、齿轮不得用手锤直接敲击进行拆卸。

（2）为保证再次装配时的装配精度，在拆解驱动桥时应检查装配标记，如果标记不清，应重新标记。

（3）驱动桥零件分解后应清洗干净，涂上润滑油以防装配前生锈，并将零件按照装配关系整齐地摆放在清洁的工作台上。

（4）严格按照技术要求对轴承预紧度、齿轮啮合印记等配合尺寸进行调整，不得随意更改技术要求。

（5）严格按照规定力矩拧紧各紧固螺栓。

（6）不能随意用其他型号代替支撑轴承。

（7）必须按规定对装配后的驱动桥添加齿轮油，不得随意改变齿轮油的牌号。

2 驱动桥拆装调整操作步骤

（1）驱动桥的拆装。

①用举升机将车辆举起，放净桥壳内的润滑油。

②拆下传动轴；两后轮轮胎；后轮轮边的制动鼓、制动底板、制动油管，拉出半轴。

③拆下钢板弹簧与桥壳连接的螺母，取下后桥总成。

④拆下主减速器、差速器总成的固定螺栓，从后桥中取出主减速器、差速器总成。

（2）拆卸差速器总成。

①在差速器轴承盖与轴承座上做好标记，如图6-20所示，拆卸时差速器两侧的组件不能互换。

②拆下差速器支撑轴承调整螺母锁片的固定螺栓，取下锁片。

③取下差速器支撑轴承调整螺母、支撑轴承外座圈、轴承盖、差速器总成。

④将差速器固定在台虎钳上，翘平差速器壳上的主减速器从动齿轮锁片，拆下固定螺栓，取下主减速器从动轮，如图6-21所示。

图6-20　差速器轴承盖与轴承座上的标记

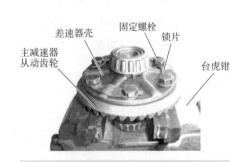

图6-21　取下主减速器从动轮

(3)分解差速器。

①用拉拔器拉出支撑轴承,如图 6-22 所示。

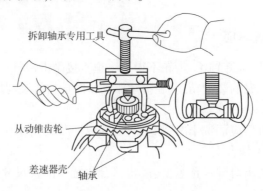

图 6-22　拉出支承轴承

②用销冲将行星齿轮轴锁销、小行星齿轮轴冲出,如图 6-23 所示。

③旋转半轴齿轮使行星齿轮转至差速器壳窗口处。

④取出行星齿轮和止推垫片,记录止推垫片的厚度。

⑤取出半轴齿轮、半轴齿轮止推垫片及半轴内的油封。

(4)分解主减速器。

①打开主减速器输入轴锁紧螺母的锁片,拆下锁紧螺母,取下凸缘盘。主减速器输入轴如图 6-24 所示。

图 6-23　冲出小行星齿轮轴

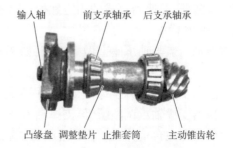

图 6-24　主减速器输入轴

②取出油封,通过橡胶锤,将主减速器输入轴敲击出,将输入轴和后支撑轴承一起取出。

③取出输入轴的前支撑轴承、止推套筒、调整垫片,记录输入轴调整垫片的厚度。

④取出后支撑轴承。

⑤取出前、后支撑轴承的外座圈。

三、评价反馈

对本学习任务进行评价,评价项目和标准见表 6-1。

评 分 表 表6-1

考核项目	评分标准	分数	学生自评	小组评价	教师评价	小计
活动参与	是否积极主动	5				
安全生产	有无安全隐患	10				
现场5S	是否做到	10				
任务方案	是否合理	15				
操作过程	(1)能否正确地查阅信息,并填写信息; (2)能否正确安全地拆装主减速器; (3)能否正确安全地拆装差速器; (4)是否注意到操作注意事项	30				
任务完成情况	是否圆满完成	5				
工具和设备使用	是否规范地使用手机(电脑、维修手册)查阅信息	10				
劳动纪律	是否违反	10				
工单填写	是否完整、规范	5				
总分		100				
教师签名:			年　月　日		得分	

四、学习拓展

一辆科鲁兹轿车,前段时间对差速器进行了大修,最近在行驶中驱动桥内出现响声,而且该现象越来越严重,被迫停车进行检修。请你分析该故障现象的可能原因,并写下来与同学一起交流探讨。

项目二
行驶系统构造与维修

学习任务七

行驶系统认识

学习目标

完成本学习任务后,你应当能:
1. 掌握行驶系统的组成和作用;
2. 了解车架和车桥的类型和作用;
3. 快速准确地使用网络查阅所需的资料。

 建议完成本学习任务的时间为 **2 课时**。

 学习任务描述

小张在雪佛兰4S店实习,他非常喜欢汽车维修这个行业,很想在汽车维修行业中做得更好,于是利用几天休息的时间进一步熟悉汽车行驶系统。

一、资料收集

引导问题1 行驶系统由哪些部件组成？行驶系统的作用是什么？

1 行驶系统的组成

汽车行驶系一般由车架、车桥、车轮和悬架等组成，如图7-1所示。

2 行驶系统的作用

（1）接收由发动机经传动系传来的转矩，并通过驱动轮与路面附着作用，转化为汽车行驶的驱动力。

（2）将全车各部件连成一个整体，支承汽车的总质量。

（3）传递并承受地面作用于车轮上的各种力及力矩。

图7-1 行驶系统组成

（4）缓和不平路面对车身造成的冲击和振动，保证汽车平稳行驶。

引导问题2 什么是车架？它有哪些类型？

车架是跨接在前后车轮上的桥梁式结构，是构成汽车的骨架和整个汽车的装配基体，汽车绝大多数的零部件、总成（如发动机、变速器、传动机构、操纵机构、车桥、车身等）都安装在车架上。

汽车上采用的车架主要有边梁式车架、中梁式车架和综合式车架。目前，应用最多的是边梁式车架。但也有许多轿车和大客车上没有车架，由轿车车身或大客车车身骨架承担车架的作用，故称其为承载式车身。

1 边梁式车架

边梁式车架由两根位于两边的纵梁和若干横梁组成，用铆接法或焊接法将纵梁与横梁连接成坚固的刚性构架，如图7-2所示。边梁式车架结构简单，便于整车的布置，在各种类型的汽车上都广泛应用。

2 中梁式车架

中梁式车架又称脊梁式车架，由一根贯穿汽车纵向的中梁和若干根横向悬伸托架组成，中梁的断面一般是管形或箱形，其前端制成伸出支架，以固定发动机，如图7-3所示，传动轴在中梁内穿过。主减速器壳通常固定在中梁的尾端,形成断开式后驱动桥,中梁上的悬伸托架支承汽车车身和安装其他机件。

图 7-2　边梁式车架

图 7-3　中梁式车架

3 综合式车架

综合式车架是由边梁式和中梁式车架结合而成,如图 7-4 所示。车架前段或后段近似边梁式结构,便于分别安装发动机或驱动桥,传动轴从中梁中间穿过。这种结构制造工艺复杂,目前应用较少。

图 7-4　综合式车架

4 承载式车身

采用承载式车身的车辆特点是没有车架,车身是发动机和底盘各总成的安装基础,各种载荷全部由车身承受,如图 7-5 所示。汽车承载式车身主要包括车身壳体、车门、车窗、车前后钣金件、车身内外装饰件、车身附件、座椅以及通风装置等。车身壳体是一切车身部件和零件的安装基础,具有由纵、横梁支柱等主要承力元件以及与它们相连接的钣金件,经焊接而共同组成的刚性空间结构。车前后钣金件包括散热器框架前后围板、发动机舱盖、前后翼子板、挡泥板等。这些钣金件形成了容纳发动机、车轮等部件的空间。

引导问题3　什么是车桥?它有哪些类型?

1 车桥的作用和类型

车桥位于悬架与车轮之间,其两端安装车轮,通过悬架与车架(或车身)相连。车桥的功用是传递车架(或车身)与车轮之间各种载荷。

按悬架结构不同,车桥分为整体式和断开式。整体式车桥与非独立悬架配用;断开式车桥与独立悬架配用。

按车桥上车轮作用的不同，车桥分为转向桥、驱动桥、转向驱动桥和支持桥。其中转向桥和支持桥都属于从动桥。在后轮驱动的汽车中，前桥不仅用于承载，而且起转向作用，称为转向桥；后桥不仅用于承载，而且起驱动作用，称为驱动桥；在越野汽车和前轮驱动汽车中，前桥除了起承载和转向的作用外，还起驱动作用，所以称为转向驱动桥；只起支承作用的车桥称为支持桥。

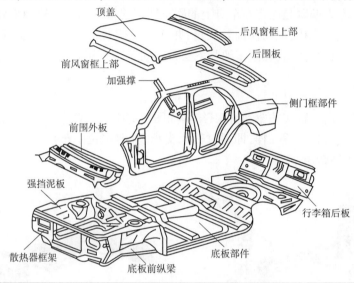

图 7-5　承载式车身分解图

2　转向桥

转向桥通常位于汽车前部，故也称前桥。转向桥的作用是支承部分重量，安装前轮及制动器（前），连接车架，承受车架与车轮之间的作用力及其产生的弯矩和转矩，同时还要使前轮偏转以实现转向。转向桥由副车架、转向轴、横向稳定杆等部分组成，如图 7-6 所示。

3　驱动桥

驱动桥一般由主减速器、差速器、车轮传动装置和驱动桥壳等组成。它的作用是将万向传动装置传来的动力偏转 90°，改变力的传递方向，并由主减速器降低转速，增大转矩后经差速器分配给左右半轴和驱动轮，如图 7-7 所示。

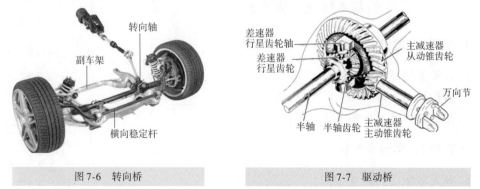

图 7-6　转向桥　　　　　　　　　图 7-7　驱动桥

4 转向驱动桥

转向驱动桥一般由差速器行星齿轮轴、差速器行星齿轮、半轴和万向节等组成。现在轿车普遍采用的是断开式、独立悬架转向驱动桥。车桥上端通过左、右悬架与承载式车身相连接,下端通过左、右下摆臂与固定在车身上的副车架相连接。悬架车轮轴承壳与下摆臂之间通过可移动球形接头连接,从而使前轮固定;并通过下摆臂上的长孔调整车轮外倾角;为了减小车辆转向时的车身倾斜,在副车架与下摆臂之间还装有横向稳定器,如图7-8所示。

5 支持桥

汽车后桥是纵向摆臂式非驱动桥,其结构如图7-9所示。该车桥轮毂、制动鼓以及车轮与车桥的连接方式与转向桥一样,即通过轴承支承,轴向定位。车桥只向其传递横、纵向推力或拉力,而不传递转矩。

图7-8 转向驱动桥

图7-9 支持桥

二、实 施 作 业

引导问题4 认识汽车底盘行驶系统结构组成需要哪些工具、设备和材料?

安全流畅的网络环境、能连接互联网的手机或电脑、相关车辆的维修手册。

引导问题5 请你查阅网络或维修手册,说明实训室的汽车底盘行驶系统的基本情况有哪些?

1 车辆一:雪佛兰科鲁兹

(1)有无车架:□有　□无
(2)前桥是_____;后桥是_____。
(3)在车辆上指出行驶系统各部件。

2 车辆二:丰田卡罗拉

(1)有无车架:□有　□无

(2)前桥是_____;后桥是_____。
(3)在车辆上指出行驶系统各部件。

三、评价反馈

对本学习任务进行评价,评价项目和标准见表7-1。

评 分 表　　　　　　　　　　　　表7-1

考核项目	评分标准	分数	学生自评	小组评价	教师评价	小计
活动参与	是否积极主动	5				
安全生产	有无安全隐患	10				
现场5S	是否做到	10				
任务方案	是否合理	15				
操作过程	(1)能否正确查阅信息,并填写信息; (2)能否在课堂上正确阐述所查阅的信息; (3)能否正确在车辆上指出行驶系统各部件	30				
任务完成情况	是否圆满完成	5				
工具和设备使用	是否规范地使用手机(电脑、维修手册)查阅信息	10				
劳动纪律	是否违反	10				
工单填写	是否完整、规范	5				
总分		100				
教师签名:			年　　月　　日		得分	

四、学习拓展

通过查阅资料,了解哪些轿车有车架;配车架的原因;有车架的轿车和没有车架的轿车的区别。请你写下来与同学一起交流探讨。

项目二　行驶系统构造与维修

学习任务八

车轮及轮胎的构造与维修

 学习目标

完成本学习任务后,你应当能:
1. 熟悉车轮及轮胎的组成和基本参数;
2. 了解轮胎故障的分析方法;
3. 熟悉轮胎磨损的检查方法;
4. 掌握轮胎气压的检查方法;
5. 了解车轮平衡原理及检查方法;
6. 掌握车轮换位的流程及方法;
7. 对车轮及轮胎进行检修;
8. 知道车轮的定位参数,并会对车轮进行四轮定位;
9. 快速准确地使用网络查阅所需的资料。

建议完成本学习任务的时间为 **12** 课时。

 学习任务描述

小张通过层层面试,拿到了去知名汽车集团的雪佛兰4S店实习的机会。实习的第一天,有一位客户到店反映:其车辆是2017款科鲁兹轿车,在直线行驶过程中,车辆会向左或向右跑偏,需要依靠驾驶员用力纠正,才能恢复直线行驶。师傅和小张一起分析后,初步确定是行驶跑偏造成的,然后一起对车辆进行检查。

一、资料收集

引导问题 1　汽车车轮由哪些部件组成?有哪些参数?

现代的车轮总成由车轮和轮胎两大部分组成,如图8-1所示。车轮是汽车行驶系中极

其重要的部件之一,具有以下基本功用:

(1)支撑整车质量,包括在汽车质量上下运动时产生的惯性动载荷;

(2)缓和由路面传递的冲击载荷,提高乘坐舒适性;

(3)通过轮胎和路面之间的附着作用,产生驱动和阻止汽车运动的外力,即为汽车提供驱动力和制动力;

(4)产生平衡汽车转向离心力的侧向力,以便顺利转向,并通过轮胎产生的自动回正力矩,使车轮具有保持直线行驶的能力。

1 车轮的组成

车轮和轮胎组成车轮总成。车轮将轮胎固定到车辆底盘上,是介于轮胎和车轴之间承受负荷的旋转组件。现代车轮主要由轮辋、偏距、胎圈座、轮缘、轮辐、槽底等组成,如图8-2所示。

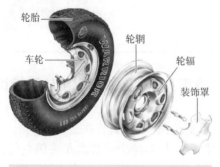

图8-1 车轮总成

图8-2 车轮的组成

2 车轮的参数

车轮的重要参数见表8-1。

车轮的主要参数　　　　　　　　表8-1

名　称	定　义	示　意　图
车轮宽度	横过轮辋两侧唇边之间的距离	车轮宽度示意
车轮高度（直径）	胎圈座从车轮的顶部到底部所测得的距离	车轮高度示意

续上表

名称	定义	示意图
偏置距	从车轮的中心线到安装凸缘盘之间的距离,有以下几类: (1)零偏置距:安装凸缘盘偏移车轮中心的距离是零; (2)正偏置距:安装凸缘盘在中心线右侧(常用); (3)负偏置距:安装凸缘盘在中心线左侧	
中央凹槽	轮辋上留有一定深度和宽度的凹槽,便于装拆轮胎。中央凹槽分布着许多孔,以利于安装凸缘盘	

引导问题2　轮胎由哪些部件组成?有哪些类型?如何识别轮胎标识呢?

轮胎是应用在车辆和机械设备上的一种橡胶制品,它通常安装在金属轮辋上,具有支承车身重量、缓冲路面的冲击、保证车辆行驶性的作用。目前绝大多数汽车采用充气轮胎。

1 轮胎的组成

轮胎主要由胎面、胎肩、胎侧、帘布层、缓冲层、钢丝圈和三角胶等组成,如图8-3所示。

2 轮胎的类型

轮胎按照不同的分类方式有不同的类型。

(1)按照有无内胎,轮胎可分为有内胎轮胎和无内胎轮胎。

①有内胎轮胎。有内胎轮胎通常由外胎、内胎和衬带三部分组成。有内胎轮胎在高速行驶时温度较高,并且一旦穿刺,轮胎气压会迅速下降,因此,现代车辆应用较少,如图8-4所示。

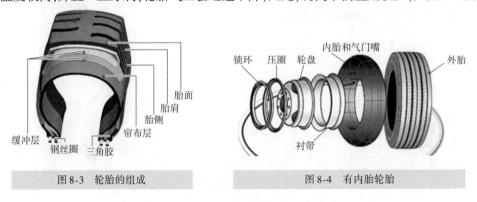

图8-3　轮胎的组成　　　　　　　图8-4　有内胎轮胎

②无内胎轮胎。无内胎轮胎俗称真空胎,它具有以下优点:外胎是由气密性很强的橡胶层交织制成;空气直接充入外胎内,其密封性由外胎和轮辋来保证;散热效果好;穿刺后漏气缓慢,可以继续行驶;易修理等。

(2)按照轮胎的结构类型,即胎体中帘线排列方式的不同,可分为斜交轮胎和子午线轮胎。

①斜交轮胎。斜交轮胎的帘布层和缓冲层中相邻层帘线交叉,且与中心线呈小于90°角排列,胎面和胎侧的强度大,但舒适性差,不适合高速行驶,如图8-5所示。

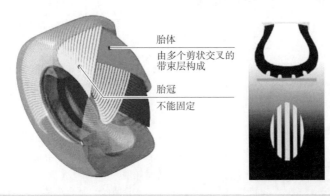

图8-5 斜交轮胎

②子午线轮胎。子午线轮胎的帘布层帘线方向与轮胎子午端面方向一致;帘线在圆周方向上只靠橡胶来联系;使用寿命长,燃油经济性较好;弹性大,缓冲性能好,附着性能高,承载能力大,如图8-6所示。

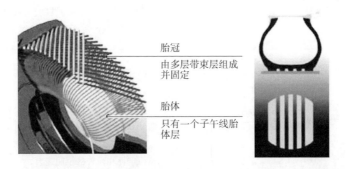

图8-6 子午线轮胎

(3)按轮胎内空气压力的大小,分为高压胎(0.5~0.7 MPa)、低压胎(0.2~0.5MPa)和超低压胎(0.2 MPa以下)。

低压胎弹性好、减振性能强、壁薄散热性好、与地面接触面积大而附着性好。超低压胎在松软路面上具有良好的通过能力,多用于越野汽车及部分高档汽车。

3 轮胎的标识

轮胎的标识见表8-2。

轮 胎 的 标 识　　　　　　表 8-2

项目	图 例	含 义
轮胎规格	225/60R17 99H	225/60 R17 99H ↑轮圈直径(英寸) ↑速度级别 ↑负荷指数 ↑轮圈类型代号 ↑扁平比(%) ↑断面宽度(mm)
轮胎尺寸标记	⑧胎面半径 ⑥轮胎高度 ④轮辋直径 ①轮胎外径 ③适用轮辋宽 ⑦胎面宽 ⑤轮胎断面宽 ②轮胎总宽	①轮胎外径:在相应的轮辋上安装轮胎并按规定气压充气后,无承重时的轮胎直径。 ②轮胎总宽:包括轮胎侧面文字及花纹的最大宽度(用 mm 表示)。 ③适用轮辋宽:适合轮胎性能的轮辋宽度;标准轮辋:最适合的宽度和形状(用 in 表示);适用轮辋:能够适用的轮辋。 ④轮辋直径:适合轮胎的车轮轮辋直径,同轮胎内径相同(用 mm 表示)。 ⑤轮胎端面宽度:用轮胎的总宽减去轮胎侧面文字及花纹厚度后,得到的宽度(用 mm 表示)。 ⑥轮胎高度:用轮胎外径减去轮辋直径后的数值的一半。 ⑦胎面宽:轮胎断面宽度,指两面最突出部分的宽度。 ⑧胎面半径:胎面部分的曲率半径
高宽比	轮胎宽度 轮胎高度	高宽比:轮胎高度与轮胎宽度之比的百分值(%),也称扁平率。 (1)高宽比大的轮胎允许侧壁偏转时有很大的柔韧性,增加了乘坐的舒适性。 (2)高宽比小的轮胎具有较大的接触面积,增加了行车稳定性和行驶的控制能力。 高宽比计算公式: 高宽比(扁平率)(%) = $\frac{H(轮胎的高度)}{W(轮胎的宽度)} \times 100\%$ (8-1)
最大负荷及最大气压	MAX.LOAD 690 Kg (1521 LBS) @ 300 KPa (44 PSI) MAX.PRESS.	MAX. LOAD690KG(1521LBS):轮胎最大能承载690kg(1521LBS) @300KPa(44PSI) MAXPRESS:最大充气压力 300KPa(44PSI)

续上表

项目	图例	含义
性能等级		(1) 磨损标号："TREADWEAR 300"，标号越大，抗磨损的能力就越高。 (2) 牵引力等级："TRACTION A"表示了轮胎在潮湿的硬路面上停止行驶的能力，它分为 AA、A、B 和 C 四个等级，AA 代表牵引力等级最高，C 表示牵引力等级最低。 (3) 温度等级："TEMPERATURE A"，其分级为 A、B 和 C，A、B 级轮胎的耐温能力要比 C 级好
DOT标识		DOT 表示此轮胎符合美国运输部规定的安全标准。在 DOT 代码后面的字母和数字表示了制造厂商和工厂代码以及轮胎的生产日期，轮胎的生产日期以年和周来表示。例如："0401"表示 2001 年第 04 周生产的轮胎
颜色标识		新的轮胎和轮辋上一般标有红色或黄色的圆形标记： (1) 轮胎的红点表示此位置是轮胎纵向刚性最大处，即轮胎 RFV 性能高点（轮胎在转动一圈时振动最大的点），它与轮胎的销售和维修关系不大。 (2) 轮辋的黄点为轮胎轻点记号，表示这个位置是轮胎圆周上最轻的部位，在更换轮胎时，必须把此部位与轮胎轮辋上最重位置的气门嘴对齐进行安装，以使车轮在行驶中保持最佳平衡

引导问题3 轮胎压力监测系统有什么作用？它有哪些类型？

现代汽车设计了轮胎压力监测系统(TPMS)，简称胎压监测系统。胎压监测系统能够检测轮胎的实际压力，当某个轮胎压力异常时，系统能够及时提醒驾驶员，从而提高了车辆行驶中的安全性和燃油经济性。

轮胎压力监测系统可分为间接式和直接式两种。

1 间接式轮胎压力监测系统

间接式轮胎压力监测系统(Wheel-Speed Based TPMS,WSB)是通过汽车防抱死制动系统(ABS)的轮速传感器来比较轮胎之间的转速差别,以达到监测胎压的目的,主要由ABS-ECU、轮胎转速传感器、胎压报警指示灯组成(图8-7)。ABS通过轮速传感器来确定车轮是否抱死,从而决定是否启动防抱死系统。当轮胎压力降低时,车辆的质量会使轮胎直径变小,进而导致车速发生变化,这种变化可用于触发警报系统来向驾驶员发出警告,成本较低,不过不能直接测出具体数值而不够直观。

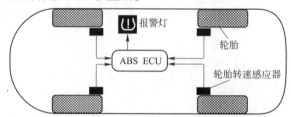

图8-7 间接式轮胎压力监测系统

2 直接式轮胎压力监测系统

直接式轮胎压力监测系统(Pressure Sensor Based TPMS,PSB)是利用安装在每一个轮胎内或者轮胎气嘴上的传感器来直接测量轮胎的压力、温度,利用无线发射器将压力、温度信息从轮胎发送到中央接收器模块上的系统,然后对各轮胎压力、温度数据进行显示。当胎压不足、胎压过高、温度过高或轮胎漏气时,系统会自动报警,例如中鸿胎压监测。直接式轮胎监测系统主要由压力传感器模块、导航显示系统等组成(图8-8)。这种胎压监测比较直观精确,可以很好地保障行车安全,缺点是成本较高。

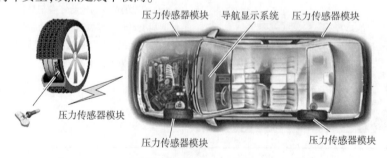

图8-8 直接式轮胎压力监测系统

> **引导问题4** 轮胎异常磨损的类型有哪些?它们分别是什么原因导致的?

轮胎异常磨损主要有:两肩磨损、中央磨损、外侧磨损、内侧磨损、从外向内羽毛状磨损、从内向外羽毛状磨损、波状磨损、碟状磨损、胎冠整周坑状磨损、锯齿状磨损。其原因见表8-3。

轮胎异常磨损及其产生的原因 表 8-3

现　象	原　因	现　象	原　因
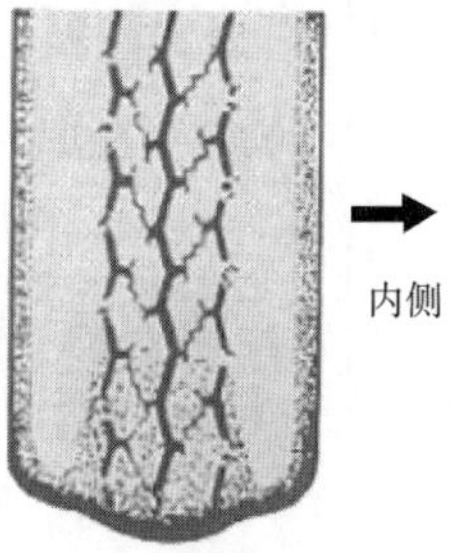 两肩磨损	轮胎气压不足或车辆长期超载	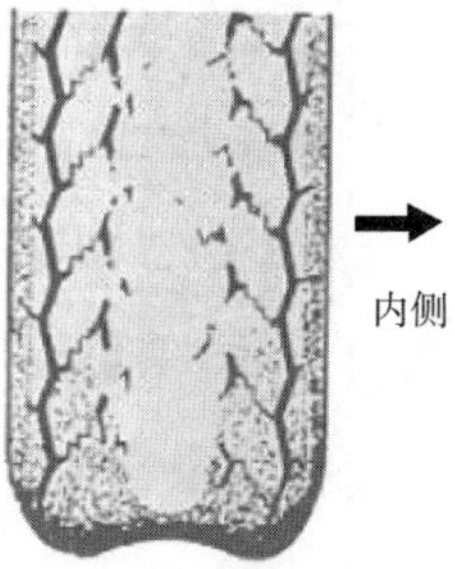 中央磨损	轮胎气压过大
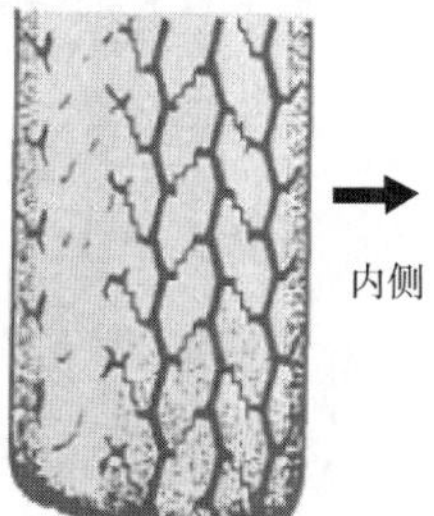 外侧磨损	前束或外倾角过大，转向节臂弯曲等	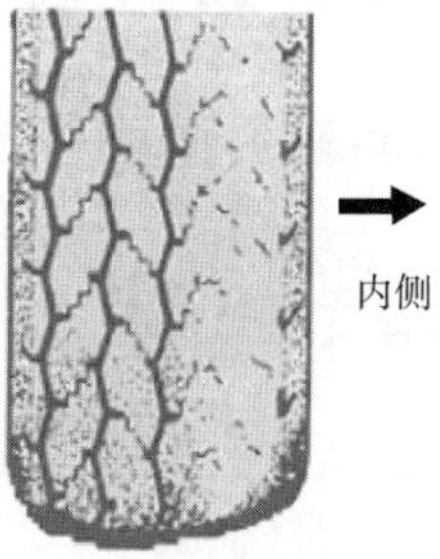 内侧磨损	前束过大；外倾过大；后倾为负；20°转角不良；最大转角过大；轮胎过宽
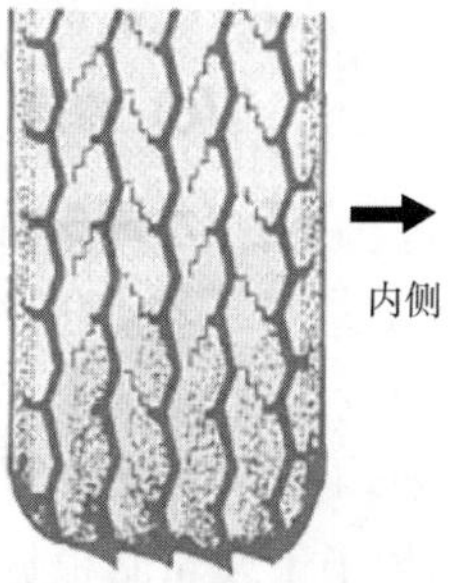 从外向内羽毛状磨损	前束过大、转向节臂弯曲、左右横拉杆长度不相等	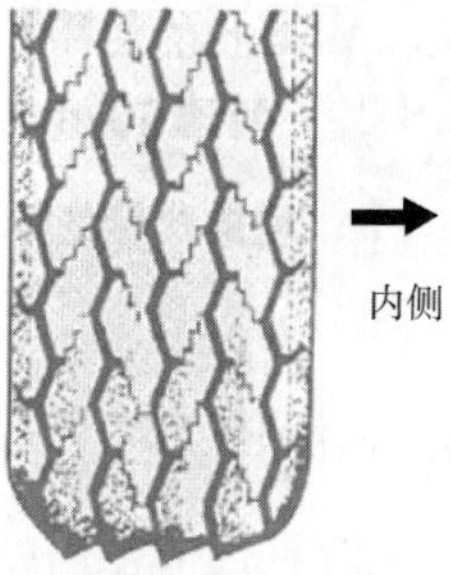 从内向外羽毛状磨损	后束过大、转向节臂弯曲等
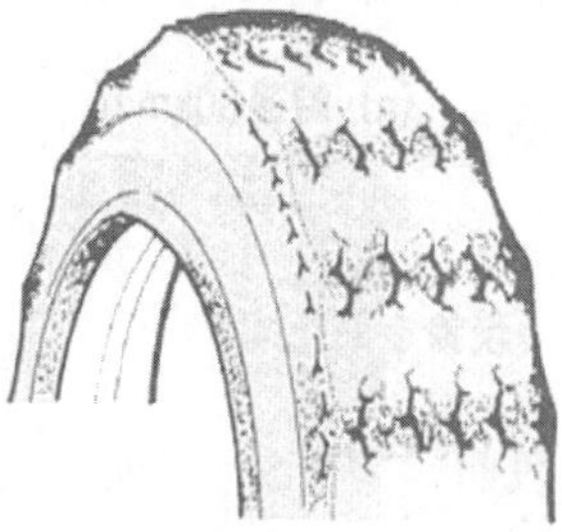 波状磨损	车轮动不平衡量大、车轮轴承有间隙、车轮定位偏差大等	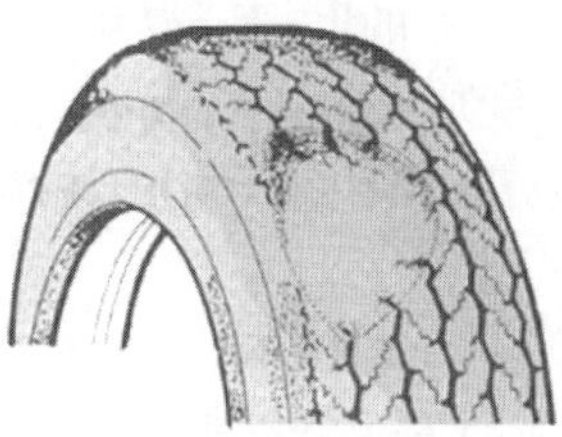 碟状磨损	车轮动不平衡量大、车轮轴承有间隙、车轮定位偏差大、球销有间隙、横拉杆座有间隙、车桥弯曲、制动鼓偏心

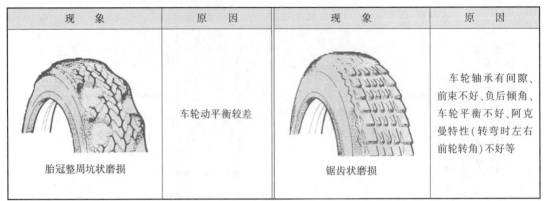

注：1. 对 FF 车，前轮气压比标准值高 10%～15% 较好，但平顺性变差。

2. 速度过大也会造成中央磨损，像保时捷那样的高速旅行车，气压不足反而使胎面中央磨损，所以不要判断错误。

引导问题5 ▶ 轮胎需要做哪些检查？

1 轮胎磨损的检查

轮胎在使用过程中应经常检查其花纹的磨损情况，可以通过磨损指示器进行判断，也可以使用轮胎花纹深度尺来测量。

图8-9 轮胎花纹深度尺（数字式）

轮胎花纹深度尺测量轮胎花纹深度的步骤和注意事项如下：

（1）认识轮胎花纹深度尺，如图8-9所示。使用轮胎花纹深度尺测量时，测量面紧贴在平整平面，将测量杆推到底，按ZERO清零键，显示0.00即可。

（2）将轮胎花纹深度尺的尖端伸入轮胎胎面的同一横截面几个主花纹槽中，测量深度，如图8-10所示，得出一组数值，从中得出平均数；并在轮胎周布

每隔90°测量一组数据，选取平均值作为轮胎花纹深度值。其中，轿车的子午线轮胎根据《汽车维护、检测、诊断技术规范》（GB/T 18344—2016）的规定，轮胎的胎冠、胎壁不得有长度超过 25mm 或深度足以暴露出帘布层的破裂和割伤以及凸起、异物刺入等影响使用的缺陷。具有磨损标志的轮胎，胎冠的磨损不得触及磨损标志；无磨损标志或标志不清的轮胎，乘用车和挂车胎冠花纹深度应不小于 1.6mm；其他车辆的转向轮的胎冠花纹深度应不小于 3.2mm，其余轮胎胎冠花纹深度应不小于 1.6mm。

2 轮胎气压的检查

（1）目测轮胎气压的方法。查看轮胎着地的轮胎齿的数目，一般而言，4～5个齿是正常的，可以按照这个标准去目测胎压，如图8-11所示。但目测检查轮胎气压的方法不绝对可靠，最好的方法是用轮胎气压表检查轮胎气压。

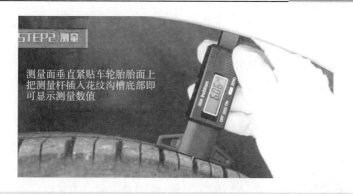

图8-10 测量轮胎花纹深度

（2）轮胎气压表测量轮胎气压的方法。

①将轮胎气压表测量槽口与轮胎气门嘴对正压紧。这时轮胎气压表指针发生偏转，其指示值即为该轮胎的充气压力，如图8-12所示。

图8-11 目测检查轮胎气压　　　　　图8-12 轮胎气压表测量轮胎气压

②测量完毕后仔细检查轮胎气门芯是否有漏气。若有漏气，应予以排除。

轮胎气压表上常见的有 PSI（磅/英寸^2）、Bar（巴）、KPa（千帕）、kg/cm^{2}四个单位。它们之间的换算关系是：

$$1Bar = 1.02 kg/cm^2 = 102 KPa = 14.5 PSI$$

引导问题6　车轮平衡有哪些类型？进行车轮动平衡的步骤有哪些？

车轮的平衡包含静平衡和动平衡。

1 静平衡

静平衡指车轮质量绕转动中心等量均匀分布。

（1）将静不平衡的车轮安装在可以自由旋转的轴上，它会通过旋转使质量较大的部分到下方。

（2）静不平衡车轮旋转时，质量较大的部分会产生不均匀的离心力，使车轮沿径向振动。

2 动平衡

动平衡指车轮的转动质量在轴向均匀分布。动不平衡的车轮转动时会发生轴向力矩不平衡现象，使车轮沿轴向（水平方向）左右摆动，如图 8-13 所示。

图 8-13 车轮动不平衡示意图

当车辆更换轮胎时、反生碰撞后、转向盘抖动时都需要做车轮动平衡。校准车轮动平衡的步骤如下。

(1) 前期准备：清除轮辋上旧平衡块和轮胎上的异物；确保轮胎气压符合标准。

(2) 固定车轮：使用专用固定工具将车轮安装在平衡机上。

(3) 输入参数：根据动平衡机的要求测量轮胎和轮辋的相关参数。

(4) 测量数据：输入相关车轮数据后，按下确认键开始测量。

(5) 确定平衡块安装位置：慢慢转动车轮，根据平衡机显示屏的提示，确定平衡块安装位置。

(6) 安装平衡块：平衡块是车轮动平衡校正所使用的基本材料，其表面有规格（质量）和材质信息。

注意事项：安装平衡块后可能产生新的不平衡，应重新进行动平衡测试，直至达到规定要求。

引导问题 7 为什么要进行车轮换位？具体方法有哪些？

1 车轮换位的目的

车轮换位的目的为了确保轮胎使用寿命和均匀磨损。

2 车轮换位的方法

(1) 交叉换位。交叉换位指将一侧轮胎换到另外一侧且前、后位置变换。根据车辆的驱动方式不同，交叉换位又可分为三种形式，如图 8-14 所示。

(2) 前后换位。前后换位针对单方向花纹轮胎，将前、后轮进行交换换位，如图 8-15 所示。

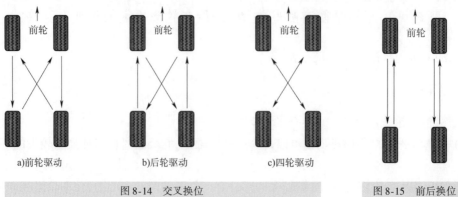

图 8-14 交叉换位   图 8-15 前后换位

引导问题8 ▶ 为什么要进行车轮定位？车轮定位参数有哪些？

车轮定位正确与否将直接影响汽车的操纵稳定性、安全性、燃油经济性、轮胎等有关机件的使用寿命及驾驶员的劳动强度等。因此为了达到增加行驶安全、直行时转向盘正直、转向后转向盘自动回正、减少汽油消耗、减少轮胎磨损、维持直线行车、增加驾驶控制感、降低悬架配件磨损等目的，必须根据需要对车辆做车轮定位。

1 车轮定位参数

（1）前轮定位参数。前轮定位参数包括：主销后倾角、主销内倾角、前轮外倾角、前轮前束、包容角。

（2）后轮定位参数。后轮定位参数包括：后轮外倾角、后轮前束、推力角。

（3）定位参照线。定位参照线包括以下几种。

①车身中心线：纵向平分车身的一条虚拟线，如图8-16所示。

②车轮中心垂直线：胎面宽度中间为基点的垂直线。

③车轮转向轴线：减振器上支承轴承（或上控制臂球节）和下控制臂球节旋转中心之间的直线。

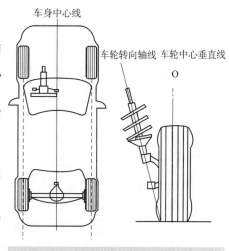

图8-16 定位参照线示意图

2 主销内倾角

（1）定义。主销内倾角是指在车辆的前面观察时，车轮转向轴线与车轮垂直参考线之间的夹角，如图8-17所示。

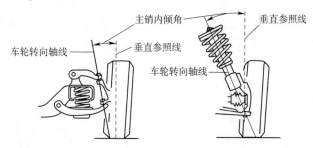

图8-17 主销内倾角

（2）作用。主销内倾角的作用是减少转向操纵力、减少回跳和跑偏现象、改善车辆直线行驶的稳定性、帮助转向轮自动回正。

一般车辆上的主销内倾角是不可以进行调整的。前车轴弯曲，主销内倾角随之发生改变。麦弗逊独立悬架的下摆臂弯曲后主销内倾角也发生变化。

3 主销后倾角

对于两端装有主销的转向桥,汽车转向时,转向车轮会围绕主销轴线偏转,如图8-18a)所示。但在大多数断开式转向桥中没有主销,而是采用上、下球头销代替主销,上、下球头销球头中心的连心线相当于主销轴线,如图8-18b)所示。

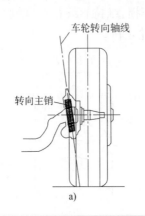
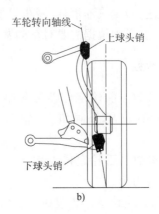

图8-18 主销的不同形式

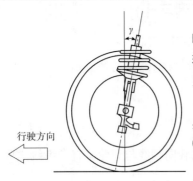

图8-19 正后倾角

(1)定义。主销(即转向轴线)安装在前轴上,其上端略向后倾斜,这种现象称为主销后倾。从汽车的侧面看去,转向轴线与通过前轮中心的垂线之间形成一个夹角 γ,即主销后倾角。

(2)作用。主销后倾角的作用是:①通过前轮使汽车具有直线行驶能力;②使汽车转弯后能自动回到直行位置;③修正使汽车在凹凸不平路面行驶的跑偏。

(3)类型。主销后倾角包含:正后倾角(图8-19);零后倾角(图8-20);负后倾角(图8-21)。车辆载荷接地点和车轮接地点相对位置不同,对车辆直行性影响很大。所以,汽车、摩托车、自行车的前轮后倾角都为正值,即载荷接地点在前轮接地点的前面,以保持车辆的直线行驶能力。

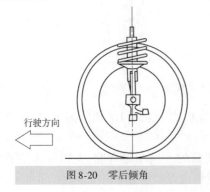

图8-20 零后倾角

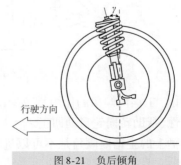

图8-21 负后倾角

4 车轮外倾角

(1)定义。车轮外倾角是指在车辆的前面观察时,车轮几何中心线与垂直参考线的夹角。车轮外倾角可正可负,如图8-22所示。

(2)作用。车轮外倾角控制轮胎磨损和车辆行驶方向控制,防止车轮成"内八字"。

(3)影响。车轮外倾角的影响有:①正外倾角过大,轮胎外侧过早磨损;②负外倾角过大,轮胎内侧过早磨损;③两侧的车轮外倾角相差1°以上,车辆向车轮正外倾角较大的一侧跑偏。

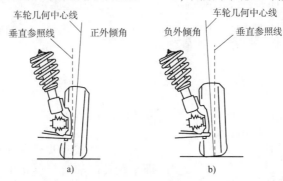

图8-22 车轮外倾角

5 前轮前束

(1)定义。车轮前束是指在车辆的正上方观察时,前轮(或后轮)的正前位置向内或向外的偏转程度。

(2)作用。车轮前束的作用是确保两侧车轮平行滚动,当车轮向前滚动时,前束可以补偿悬架系统引起的少量偏移。

(3)类型。前轮前束的类型如图8-23所示,有:①正前束:车轮向内偏转(图8-23a);②零前束:两侧车轮的中心线平行(图8-23b);③负前束:车轮向外偏(图8-23c)。

(4)影响。车轮前束若调整不当,将会导致轮胎过早磨损以及转向不稳。

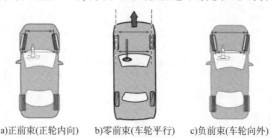

图8-23 前轮前束

6 推力角

(1)定义。后轮总前束的平分线称为推力线,推力线与车辆中心线之间形成的夹角称为推力角,又称推进角,如图8-24所示。

（2）要求。理论上，推力角与车身中心线一致。推力角是车轮定位的基础，在车轮定位时先要检查推力角。

（3）影响。如果推力角不在规定的设计范围，将会导致后轮轨迹与前轮轨迹不同，转向盘可能无法回正。

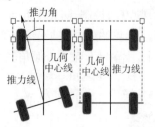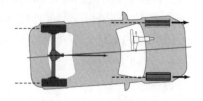

图 8-24　推力角

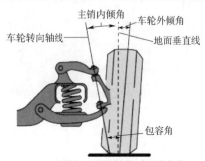

图 8-25　包容角

7 包容角

（1）定义。包容角是指车轮内倾角与车轮外倾角之和，即车轮转向轴线与车轮中心线之间的夹角称为包容角，如图 8-25 所示。

（2）作用。包容角为方向控制角，如果左、右侧不相等，汽车向包容角大的一侧跑偏。包容角可以用来诊断减振器、弹性元件等是否变形或磨损。

8 磨胎半径

（1）定义。磨胎半径是指车轮中心线与路面相交点到转向轴线与路面相交点之间的距离，如图 8-26 所示。

（2）类型。当转向轴线与地面的交点在车轮中心线的外侧为负磨胎半径，反之为正磨胎半径。理论上，磨胎半径应尽可能小，磨胎半径越小，方向稳定性越好，如图 8-27 所示。

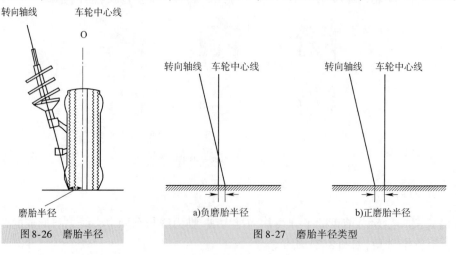

图 8-26　磨胎半径　　　　图 8-27　磨胎半径类型

引导问题9 　如何进行车轮定位的检查与调整？

正确的车轮定位能确保车辆在水平路面上直线行驶,提高转向操控性能。适当的车轮定位不仅可以延长轮胎的使用寿命,还能因减小路面的摩擦而提高车辆燃油经济性。车辆出现下列现象之一就需要进行车辆定位：

(1)直线行驶时转向盘不正；
(2)行驶中转向盘振动、发抖或太重；
(3)转向时不能自动归位；
(4)行驶中左右跑偏、车身颠簸等；
(5)轮胎呈单面、不规则或锯齿状磨损；
(6)碰撞事故维修后；
(7)更换新的悬架或转向有关配件后。

1　车轮定位初始检测

定位检查前,首先要路试车辆,判断车辆是否存在振动、跑偏、噪声或异响等问题,这些问题会影响车轮定位参数。除此以外,还要进行以下检查和调整,确保车轮定位测量值准确无误：

(1)检查每个轮胎的充气压力与轮胎标签上的规格是否一致；
(2)检查轮胎和车轮的尺寸与轮胎标签上的规格是否一致；
(3)检查轮胎和车轮是否损坏；
(4)检查轮胎是否存在不规则磨损或过早磨损；
(5)检查轮胎和车轮是否跳动量过大,必要时测量车轮和轮胎的动平衡；
(6)检查车轮轴承是否存在游隙或间隙过大；
(7)检查相关部件是否松动或磨损,必要时维修部件；
(8)检查车辆车身高度；
(9)检查是否因部件僵硬或锈蚀而导致转向系统拖滞或转向盘回正性差；
(10)检查燃油油位,如果燃油箱不满,向车辆增加重量,以模拟燃油箱加满。

注意事项：必须在测量车轮定位参数前更换车辆任何损伤严重或磨损严重的部件。测量前,还应考虑额外载荷,如工具箱等其他经常随车装的物品,在进行车轮定位检测之前应将它们保留在车上。

2　四轮定位仪的使用

四轮定位仪是精密检测设备,操作人员在使用前需要进行专业培训,并认真研读四轮定位仪的使用说明书。

(1)使用前,检查四轮定位仪所配附件是否与使用说明书上列出的清单相符,设备安装时要遵循使用说明书的各项要求。

（2）对于光学式四轮定位仪中的投影仪（或投光器）应细心维护,传感器是微机式四轮定位仪的重要元件,使用前要进行校正,以保证测试精度。

（3）传感器应正确地安装在传感器支架上,在不使用时应妥善保管,从避免受到损坏,电测类传感器应在连接好线束后再通电。

（4）移动四轮定位仪时,应避免其受到振动,否则可能使传感器及测试主机损坏。

（5）四轮定位仪应半年标定一次,标定时应使用购买四轮定位仪时所带的专用标定器具,并按规定程序进行标定。

（6）在检测四轮定位前,须进行车轮传感器偏摆补偿,否则会引起较大的测量误差。

3 车轮定位调整

车轮定位参数的规格不是统一的,不同型号车辆的车轮定位检测和调整都要参照汽车厂商提供的参数规格进行。调整顺序如下：

（1）先调整后轮定位参数,再调整前轮定位参数；

（2）同一车轮上,先调整主销后倾角,然后调整车轮外倾角,最后调整车轮前束值,其原因是调整主销后倾角时会使车轮前束角度变化,调整车轮前束角时不会影响主销角度和车轮外倾角。

引导问题 10 与车轮定位相关的故障有哪些？产生原因分别是什么？有哪些对策？

1 车辆直线行驶跑偏

车辆直线行驶跑偏的原因和对策见表8-4。

车辆直线行驶跑偏　　　　　　　　　　　　　　　表8-4

序号	原　因	对　策
1	轮胎气压左右不同	1. 调整轮胎气压； 2. 调整车辆定位,左右差控制在15°以内； 3. 如果判断主销内偏距过大,在前轮毂与车轮之间加垫片,如果车轮与主销夹角左右差过大,即便是各车轮定位正确,车辆也会跑偏,但是这个处置是最后一步； 4. 前轮左右胎对调； 5. 将一个轮胎的扒胎后,内外侧翻转对调,比如朝左跑偏左胎,然后装好； 6. 四轮更换新胎； 7. 修正车轴平行度,控制在0°±20°以内； 8. 修正后轮推进角,控制在0°±10°以内,根据情况,向左偏点为好； 9. 调整制动器； 10. 修理动力转向器
2	后倾角左右差大	
3	前轮外倾角左右差大	
4	后轮外倾角左右差大	
5	车轮与主销夹角左右差大	
6	主销内偏距左右差大	
7	前束不良	
8	子午线轮胎侧向力过大	
9	车轴平行度过大	
10	后轮推进角过大	
11	一侧制动力大	
12	动力转向器的感应阀故障	

2 车辆转向抖动

车辆转向抖动的原因和对策见表8-5。

车辆转向抖动　　　　　　　　　表8-5

序号	原因	对策
1	车轮动平衡不良	1. 调整车轮动平衡； 2. 改变车轮和轮胎的安装位置； 3. 分析是否因车轮跳动过大,轮胎跳动或摆动过大。将车轮跳动控制在1mm以内； 4. 对横拉杆接头或各件球销进行精密检测； 5. 对随动臂的间隙进行检测分析,必要时更换衬套； 6. 对车轮轴承进行点检,必要时重新调整； 7. 检测车轮定位,必要时调整； 8. 分析轮胎胎面的凹凸； 9. 更换轮胎,虽然沟深在1.6mm以下为不良,但若低于3mm时应更换； 10. 更换减振器； 11. 更换球销
2	车轮变形	
3	转向器齿轮包有间隙	
4	横拉杆接头有间隙	
5	随动臂有间隙	
6	车轮轴承有间隙	
7	后倾角左右差大	
8	后倾角过小	
9	轮胎胎面不良、圆度差	
10	转向减振器不良	
11	减振器不良	
12	球销有间隙	

3 制动过程中车辆跑偏

制动过程中车辆跑偏的原因和对策见表8-6。

制动过程中车辆跑偏　　　　　　　　　表8-6

序号	原因	对策
1	轮胎气压不准确	1. 调整轮胎气压； 2. 检测制动力； 3. 对减振器及其周围进行大修； 4. 对减振器及其周围锈蚀进行检查； 5. 测量轴距左右差； 6. 测量车轮定位
2	制动力不平衡	
3	制动拖拉	
4	车轴平行度过大	

4 车辆异响

车辆异响的原因和对策见表8-7。

车辆异响　　　　　　　　　　　　　　　　　　　　表 8-7

序号	原因	对策
1	稳定杆衬套磨损	1. 更换减振器衬套； 2. 修理或更换转向器齿轮包； 3. 更换减振器； 4. 对车轮轴承进行重新调整； 5. 对横拉杆接头与球销进行检测分析
2	转向器齿轮包磨损	
3	减振器衬套磨损	
4	减振器不良	
5	车轮轴承有间隙	
6	车轮螺栓松动	
7	制动卡钳周围有间隙	
8	横拉杆接头与球销的间隙	

5 转向盘游隙过大

转向盘游隙过大的原因和现象见表 8-8。

转向盘游隙过大　　　　　　　　　　　　　　　　表 8-8

序号	原因	对策
1	转向器齿轮包磨损	1. 调整或更换转向器齿轮包； 2. 紧固转向器齿轮包； 3. 紧固或更换转向器主轴的球销； 4. 更换随动臂的衬套； 5. 修理车架
2	转向器齿轮包安装部位松动	
3	转向器主轴的球销松动	
4	随动臂衬套磨损	
5	车架龟裂	

6 车辆转向不稳

车辆转向不稳的原因和对策见表 8-9。

车辆转向不稳　　　　　　　　　　　　　　　　　表 8-9

序号	原因	对策
1	车轮螺栓螺母松动	1. 拧紧车轮螺栓； 2. 更换减振器； 3. 更换转向减振器； 4. 调查分析转向器组件的间隙，必要时调整或更换； 5. 紧固轮边轴承； 6. 分析转向齿轮包的安装位置和角度是否有问题； 7. 更换轮胎
2	减振器性能不良	
3	转向减振器性能不良、衬套磨损	
4	转向器有间隙、球销磨损	
5	轮边轴承松动	
6	齿轮齿条转向器齿轮包安装位置不良	
7	轮胎胎面沟深不足	

7 车辆转向沉重

车辆转向沉重的原因和对策见表8-10。

车 辆 转 向 沉 重　　　　　表8-10

序号	原　因	对　策
1	车轮气压不足	1. 调整车轮气压； 2. 给转向器总成供油、加润滑脂； 3. 检测转向齿轮包的动作力矩，必要时调整； 4. 更换齿轮齿条式转向器的齿轮包； 5. 使用力矩扳手对随动臂衬套的拧紧力及拧紧状态进行检查； 6. 对动力转向器的液体和油压进行点检，必要时重新调整； 7. 检测车轮定位，必要时调整（汽车后部降低或后倾角变大，转向沉重）； 8. 车高检测（车高降低后外倾角变为负值，转向沉重）； 9. 测量轮胎沟深（确保在3mm以上）； 10. 更换为指定轮胎
2	各连杆与衬套的供油不足	
3	转向齿轮包拧紧力过大	
4	齿轮齿条式转向器的齿轮包的齿条弯曲	
5	随动臂的衬套过硬或拧得过紧	
6	动力转向性能不良	
7	各零部件的安装关系不良	
8	后倾角过大、外倾角过小	
9	后轮弹簧变形，车高降低	
10	轮胎胎面沟深不足	
11	轮胎尺寸不合适，如胎过宽	
12	车轮尺寸不合适	

二、实 施 作 业

引导问题11 实施离合器检修需要哪些工具、设备和材料？

卡罗拉整车、举升机、轮胎气压表、常用工具一套、深度尺、撬杠。

引导问题12 如何对车轮和轮胎故障进行检修？

1 车轮检修

（1）拆卸车轮。

①取车轮挡块并用力顶向车轮，安装车轮挡块。

注意事项：在安装挡块时要注意安装位置，此时的挡块应该贴住铜丝刷子，并与轮胎侧面对齐。

②按照举升机操作规范举升车辆至合适高度(铜丝刷子可根据人员身高的不同而变化)。

③检查车轮轮毂轴承是否松动、转动是否正常。

④按照维修手册规定选用冲击扳手、铜丝刷子、冲击扳手专用套筒,并按铜丝刷子顺序依次拆卸车轮固定螺栓。

⑤从车上取下车轮,并将其放到轮胎架上。

注意事项:

a. 在搬下车轮时要注意双手只能放在外胎上,不能放在轮辋表面;

b. 轮胎要放在轮胎架上,不能够落地。

(2)检查车轮。

①按照维修手册规定选用一字螺丝刀,检查轮胎内(□是 □否)有石子等异物,目视检查汽车轮胎花纹(□是 □否)存在磨损、异常损坏等现象,目视检查车轮轮辋、轮辐(□是 □否)存在磨损等现象。

②按照维修手册规定,选用轮胎花纹深度尺依次检查前后车轮花纹深度(□是 □否)正常。

注意事项: 在搬下车轮时要注意双手只能放在外胎上,不能放在轮辋表面。

③检测车轮动平衡。

(3)安装车轮。

①车轮临时安装,步骤如下。

步骤1:从轮胎架上搬起车轮,将安装孔对正轮胎螺栓,装到车上。

步骤2:先安装最上面的轮胎螺母,然后按对角线顺序用手旋入其余(□4 □6)个轮胎螺母。

步骤3:选用(□22 □21)mm 轮胎套筒、接杆、棘轮扳手,然后使用工具拧紧车轮固定螺母。

注意事项: 安装时,避免轮胎安装孔与轮胎螺栓碰撞,并防止夹手。

②降下车辆,步骤如下。

步骤1:检查车辆周围(□是 □否)有障碍物。

步骤2:操作举升机控制台,将车辆下降到地面。

注意事项:

a. 在下降过程中要注意车辆是否平稳;

b. 当举升机下降完成后才能操作。

③拧紧车轮固定螺母,步骤如下。

步骤1:将扭力扳手调整到_____,装上短接杆和_____mm 套筒。

步骤2:按照对角线顺序旋紧到规定力矩。

注意事项: 紧固时要注意扭力扳手的套筒不能碰到_____,用力方向为朝向自己身体,且不能用力过猛,以防伤手。

④拆除垫块。拆除车辆左右侧的垫块,然后将其放到工具车上。

2 轮胎检修

(1)检查轮胎。

①检查轮胎、轮辋上(□是　□否)附着有污泥、沙石等异物。

②检查轮胎(□是　□否)磨损和充气压力(□是　□否)正常。

③检查轮胎外观(□是　□否)异常磨损、损伤,测量花纹深度(□是　□否)符合维修手册规定。

注意事项:在使用轮胎花纹深度规测量轮胎花纹深度之前须将轮胎花纹深度规归(□0　□1)。

(2)拆卸轮胎。

①轮胎放气,步骤如下。

步骤1:用气门芯专用工具,拧松气门芯,缓慢放气。

步骤2:当轮胎中气体放完后,取出气门芯,并放到零件盘内。

注意事项:

a.在拧松气门芯时,面部不要正对气门嘴;

b.不要一次性完全拧出气门芯,防止气流和气门芯冲出伤人。

②分离轮辋与轮胎密封面,步骤如下。

步骤1:将车轮直立放在轮胎扒胎机右侧橡胶垫旁。

步骤2:通过手柄把分离轮胎密封面专用工具分离铲扳到距离轮辋边缘_____mm处,并贴靠轮胎_____位置。

步骤3:踩下分离踏板,使轮胎胎缘与_____分离。

步骤4:翻转车轮,重复以上步骤,使轮胎的另一个胎缘与_____彻底分离。

注意事项:专用分离铲不要与轮辋接触,防止刮伤_____。

(3)把车轮固定在转盘上。

①把轮胎密封面与轮辋分离的车轮放在扒胎机的转盘上,并将轮辋有气门嘴的一侧朝(□上　□下)。

注意事项:

a.轮辋必须平放在转盘上,有气门嘴的一侧朝_____;

b.轮辋夹紧后用手晃动,不允许有松动。

②踩下夹紧踏板,将车轮可靠地固定在_____上。

(4)分离轮胎与轮辋。

①移动轮胎拆装头的摆臂,让它往轮辋侧靠近,调整轮胎拆装头摆臂限位螺钉。

②向下按压轮胎拆装头的立柱,使轮胎拆装头靠近轮辋边缘,将轮胎拆装头与轮辋边缘的距离调整为_____mm。

注意事项:应缓慢下压轮胎拆装头立柱,防止用力过猛而损伤轮辋表面。

③当轮胎拆装头与轮辋边缘的距离调整好后,用锁紧手柄将_____锁紧。

④在拆装头上涂抹_____。

⑤在拆装头下方,把撬棒插入轮辋与胎缘之间;把撬棒靠住拆装头,手握撬棒上端,朝轮辋中心用力扳动,使胎缘_____侧向上套在拆装头上。

⑥取出_____。

注意事项:使用撬棒时不要损伤轮辋与轮胎。

⑦踩下转盘的旋转踏板,同时双手用力下压操作者一侧的轮胎,使胎缘不与轮辋接触。

⑧当轮胎从轮辋上脱出后,松开旋转踏板。

注意事项:轮胎在转动过程中,要注意控制转动速度,发现有损伤轮胎的情况产生,即刻松开旋转踏板。

⑨把下面的胎缘往上抬,插入撬棒,用同样的操作方法使轮胎与轮辋分离。

⑩松开轮胎拆装头立柱锁紧手柄。

⑪移开轮胎拆装头摆臂。

⑫取下轮胎。

⑬踩下转盘的夹紧踏板,松开轮辋,并取下轮辋。

注意事项:

a. 轮胎如拆胎受阻,应立即松开旋转踏板,并用脚面抬起旋转踏板,让转盘逆时针转动,消除阻碍;

b. 取下轮辋,将轮辋的气门嘴侧朝上放置在工作台上。

3 安装轮胎

(1)检测轮辋。

①清洁轮辋密封面的残余橡胶,检查轮辋密封面有无腐蚀、损伤。

注意事项:

a. 清洁轮辋密封面时,应在工作台上进行;

b. 清洁应缓慢下压轮胎拆装头立柱,防止用力过猛而冲击轮辋表面。

②将轮辋安装在动平衡机上,检测轮辋径向圆跳动和端面跳动是否小于特定值,否则更换轮辋。表8-11为检测内容和相关数据表。

检测内容和相关数据　　　　　　表8-11

检测内容	标准数据	检测数据
轮辋径向圆跳动和端面跳动		

(2)组装轮胎与轮辋。

①将轮辋固定在转盘上(有气门嘴一面朝上)。

②把轮胎放在轮辋上。

③在轮胎的胎缘侧和轮胎拆装头上涂肥皂水。

④移动摆臂至工作台上方。

⑤将轮胎胎缘外侧放在轮胎拆装头扁平侧上,轮胎胎缘内侧放在轮胎拆装头的圆头侧下。

注意事项:轮胎拆装头与轮辋表面、侧面不能接触,应有_____mm的间隙。

⑥左脚踩下转盘的旋转踏板,把轮胎接近转盘的一面装进轮辋内,然后松开旋转踏板。

⑦把轮胎上面胎缘内侧放在轮胎拆装头扁平侧上,轮胎胎缘外侧放在轮胎拆装头的圆头侧下面。

⑧左脚踩下工作台旋转踏板,把轮胎这一面装进轮辋,然后松开旋转踏板。

⑨移开轮胎拆装头摆臂。

注意事项:

a. 轮胎在安装过程中,发现有损伤轮胎的情况产生,即刻松开左脚;

b. 防止刮伤轮辋。

(3)轮胎充气。

①用轮胎充气枪对准气门嘴对轮胎进行充气,直至轮胎两侧密封层与轮辋边缘完全贴合。

②用轮胎充气枪对准气门嘴对轮胎进行充气,直至气压达到标准值(参照车辆使用手册)。

注意事项:防止损伤气门嘴。

③用肥皂水涂抹气门嘴、气门芯、轮胎与轮辋密封处,检查(□是 □否)漏气。

④装上轮胎气门嘴防尘帽。

注意事项:充气时注意观察压力表指示,防止超过标准压力值。

4 检查

检查车轮安装(□是 □否)到位,车轮螺栓力矩(□是 □否)达到标准值。

引导问题13 如何进行四轮定位?

1 准备工作

(1)举升机检查。检查举升机的转角盘、侧滑板是否转动或者滑动灵活,并锁定转角盘及侧滑板。

①检查转角盘:左转角盘转动灵活→锁定转角盘→右转角盘转动灵活→锁定转角盘。

②检查侧滑板:右侧滑板滑动灵活→锁定侧滑板→左侧滑板滑动灵活→锁定侧滑板。

(2)车辆上举升机。此时,车身要正,转向盘在中立位置,车轮中心平面与转角盘零刻度线尽量相垂直,用力弹压车身前部和后部,使车轮处于自由状态。

①检查车辆:位置正常→挡好车轮。
②检查转向盘:转向盘在中立位置→锁定转向盘。
③检查车轮:确保车轮平面与转角盘零刻度线相垂直。
④弹压车身前部:使汽车前轮处于自由状态。
⑤弹压车身后部:使汽车后轮处于自由状态。

(3)轮胎检查。检查左右车轮轮胎气压是否均衡,气压在标准气压;左右轮胎胎纹是否一致、胎纹的磨损程度是否一致。

检查轮胎气压:左前轮(　　　)kpa:(□正常　□偏大　□偏小);
　　　　　　　右前轮(　　　)kpa:(□正常　□偏大　□偏小);
　　　　　　　左后轮(　　　)kpa:(□正常　□偏大　□偏小);
　　　　　　　右后轮(　　　)kpa:(□正常　□偏大　□偏小)。

检查左右轮胎深度:□正常　□偏大　□偏小。

(4)汽车底盘检查。升起车辆,检查前轮各球头的间隙,检查横拉杆胶套是否磨损,按"目视检测"项目逐项检查(底座及其部件、悬架装置和轮轴、转向系统、车轮和车胎)。
①升起车辆。
②检查前轮各球头间隙:有无磨损、是否正常。
③检查横拉杆胶套:有无磨损、是否正常。
④检查底座及其部件:有无变形、有无松动、是否正常。
⑤检查悬架装置和轮轴:有无损坏、有无松动、是否正常。
⑥检查转向系统:有无损坏、有无松动、是否正常。
⑦检查车轮和车胎:有无变形、有无磨损、是否正常。

(5)安装夹具。安装夹具时要将夹具调整手柄向上,尽量垂直于水平面安装,夹具四个爪定位平面紧贴轮辋外缘,须保证夹具爪定位面与轮辋边紧夹牢。

(6)安装测量头。把测量头装在夹具上时,测量头紧贴夹具(不允许有间隙),测量头要按测量头上所贴的标牌位置准确安装,拧紧夹具上的测量头固定螺钉,开启各测量头电源,使各测量头处于工作状态。

2 调整工作

(1)设置系统。在系统中设有各种不同的物理单位,选择不同的单位时,程序会自动对相关的数据进行单位转换。

(2)选择车辆。选择所要检测车辆的生产地、厂商和型号。

(3)输入客户信息。

(4)调整前检测。调整前检测的主要目的是准确测定被检车辆的各项定位参数,从而决定是否需要维修。步骤如下。
①选择"调整前检测"。
②将测量头调至水平。
③举起前车轮→取下右前轮测量头→做左前车轮偏心补偿(每个车轮偏心补偿的操作

程序:转动车轮90°、转动车轮180°、转动车轮90°)→取下左前轮测量头→装上右前轮测量头→做右前车轮偏心补偿→装上左前轮测量头。

④挡好前轮→举起后车轮→做后车轮偏心补偿→所有车轮偏心补偿操作完毕→放下车辆→取出车轮挡块→拉紧驻车制动器→取下转向盘锁。

(5)主销倾角测量。按屏幕提示分别将转向盘向左和右各转到5°、8°或20°再回正。(注意:转到5°、8°或20°取决于"系统设置"中选择的角度)。

将转向盘向左转到5°→将转向盘向右转到5°→将转向盘回正到0°→调整前检测结束→锁住转向盘→锁住刹车锁。

(6)查看"调整前检测结果",并与车辆标准数据相对比,调整"调整前检测"检测出定位参数不在范围内的项目。

①前轮。

总前束:(　　)°:(□正常　□偏大　□偏小);

各轮前束:左边(　　)°:(□正常　□偏大　□偏小),

　　　　　右边(　　)°:(□正常　□偏大　□偏小);

车轮外倾角:左边(　　)°:(□正常　□偏大　□偏小),

　　　　　　右边(　　)°:(□正常　□偏大　□偏小);

主销后倾角:左边(　　)°:(□正常　□偏大　□偏小),

　　　　　　右边(　　)°:(□正常　□偏大　□偏小)。

②后轮。

总前束:(　　)°:(□正常　□偏大　□偏小);

各轮前束:左边(　　)°:(□正常　□偏大　□偏小),

　　　　　右边(　　)°:(□正常　□偏大　□偏小);

车轮外倾角:左边　　)°:(□正常　□偏大　□偏小),

　　　　　　右边(　　)°:(□正常　□偏大　□偏小)。

(7)进行调整。选择"调整"功能,出现调整画面;将画面切换到前轮调整;进入到总前束调整,点击进入放大调整画面;升起车辆;最后按屏幕显示,把各参数调到最佳值(即把屏幕上的螺母调到三角形正下方);调整完毕,锁紧固定螺母;降下车辆,进行"调整后检测",打印调整结果;取下测量头、测量头夹具,清点工具。

三、评 价 反 馈

对本学习任务进行评价,评价项目和标准见表8-12。

评 分 表　　　　　　　　　　　　　表8-12

考核项目	评分标准	分数	学生自评	小组评价	教师评价	小计
活动参与	是否积极主动	5				
安全生产	有无安全隐患	10				

续上表

考核项目	评分标准	分数	学生自评	小组评价	教师评价	小计
现场5S	是否做到	10				
任务方案	是否合理	15				
操作过程	(1)能否正确查阅信息,并填写信息; (2)能否正确安全地进行车轮及轮胎检修; (3)能否正确安全地进行四轮定位操作及参数调整; (4)是否正确地记录数据	30				
任务完成情况	是否圆满完成	5				
工具和设备使用	是否规范地使用手机(电脑、维修手册)查阅信息	10				
劳动纪律	是否违反	10				
工单填写	是否完整、规范	5				
总分		100				
教师签名:			年 月 日		得分	

四、学习拓展

一辆2017款科鲁兹轿车高速行驶时,转向盘出现剧烈摆振现象,并且随着速度的增加而严重。请你分析该故障现象的可能原因,并写下来与同学一起交流探讨。

学习任务九

悬架的构造与维修

学习目标

完成本学习任务后,你应当能:
1. 熟悉悬架系统的基本组成;
2. 熟悉各种弹性元件的结构特点及工作原理;
3. 了解液压减振器和充气减振器的结构特点及工作原理;
4. 熟悉导向机构的作用及主要组成部件;
5. 了解横向稳定杆的作用;
6. 熟悉独立悬架、半独立悬架、独立悬架的特点;
7. 熟悉常见独立悬架的类型;
8. 了解电控悬架的作用;
9. 熟悉悬架系统检查的内容及方法;
10. 掌握悬架的常见故障及排除方法;
11. 根据工艺标准流程对独立悬架、非独立悬架进行拆装;
12. 快速准确地使用网络查阅所需的资料。

 建议完成本学习任务的时间为 10 课时。

 学习任务描述

小张通过层层面试,拿到了去知名汽车集团的雪佛兰4S店实习的机会。实习的第十天,有一位客户到店反映:其车辆是2017款科鲁兹轿车,在高速行驶时不稳,在不平坦道路上行驶时颠簸并上下跳振。师傅和小张一起分析后,初步确定是悬架系统故障造成的,他们一起对车辆进行检查。

一、资料收集

引导问题 1 ▶ 悬架系统由哪些部件组成？有什么作用？有哪些类型？

1 悬架系统的组成

悬架系统由前悬架和后悬架组成，其位置如图 9-1 所示。

悬架系统主要由弹性元件(螺旋弹簧)、减振器、导向机构(或传力机构：横向稳定杆)组成，如图 9-2 所示。大多数轿车的悬架系统中增加横向稳定杆，以防止车身转弯时反生过大倾斜。

图 9-1 悬架系统位置

图 9-2 悬架系统组成

2 悬架系统的作用

(1) 连接车架(或车身)和车轮，把路面作用到车轮的各种力传递给车架(或车身)。
(2) 缓和冲击、衰减振动，使驾乘人员乘坐舒适，车辆具有良好的平顺性。
(3) 利用悬架的某些传力构件使车轮按一定轨迹相对于车架(或车身)跳动，即起导向作用。
(4) 保证汽车具有良好的操纵稳定性。

3 悬架系统的类型

汽车悬架可分为两大类：非独立悬架和独立悬架，分别如图 9-3、图 9-4 所示。

(1) 非独立悬架。非独立悬架两侧车轮与整体式车桥相连，车桥通过悬架与车架(或车身)相连。非独立悬架系统的结构特点是两侧车轮由一根整体式车架相连，车轮和车桥一起通过弹性悬架系统悬架在车架(或车身)的下面。非独立悬架系统具有结构简单、成本低、强度高、维护容易、行车中前轮定位变化小的优点，但由于其舒适性及操纵稳定性都相对较差，在现代轿车中只有成本控制比较严格的车型才会使用，其更多地用于载货汽车和大型客车上。

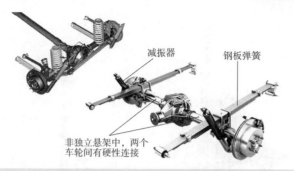

图 9-3 非独立悬架

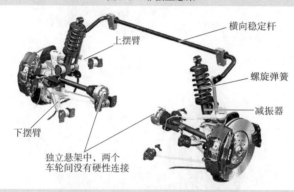

图 9-4 独立悬架

（2）独立悬架。独立悬架两侧车轮与断开式车桥相连，每一侧的车轮都是通过弹性悬架系统单独悬架在车架或车身下。其优点是：质量轻，减少了车身受到的冲击，并提高了车轮的地面附着力；可用刚度小的较软弹簧，改善汽车的舒适性；可以使发动机位置降低，汽车重心也得到降低，从而提高汽车的行驶稳定性；左右车轮单独跳动，能减小车身的倾斜和振动。不过，独立悬架系统存在着结构复杂、成本高、维修不便的缺点，同时因为结构复杂，而占用车内乘坐空间。

现代轿车大都是采用独立式悬架系统，按其结构形式的不同，独立悬架系统又可分为双叉臂式、扭转梁式、多连杆式、烛式、麦弗逊式悬架系统等分别如图 9-5～图 9-9 所示。

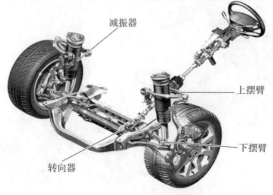

图 9-5 双叉臂式悬架

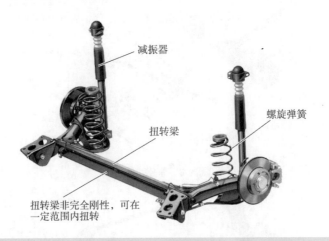

图 9-6　扭转梁式悬架

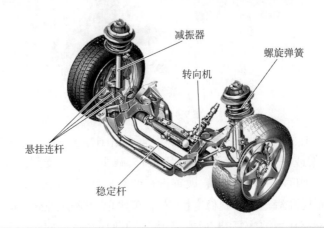

图 9-7　多连杆式悬架

图 9-8　烛式悬架

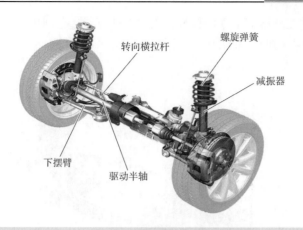

图 9-9 麦弗逊式悬架

引导问题2　　弹性元件的作用是什么？有哪些类型？

1 弹性元件的作用

汽车悬架系统中的弹性元件的作用是确保车身与车轮之间弹性连接，并支撑汽车的绝大部分质量，保证车辆具有正确的车身高度，缓和汽车行驶中来自路面的冲击。

2 弹性元件的类型

弹性元件有钢板弹簧、空气弹簧、螺旋弹簧以及扭杆弹簧等形式，而现代轿车悬架系统多采用螺旋弹簧和扭杆弹簧，少数高级轿车则使用空气弹簧，如图9-10所示。

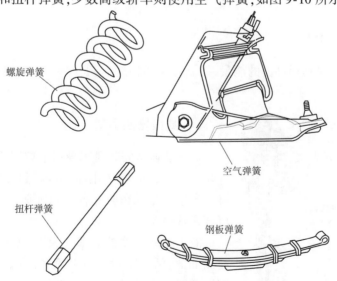

图 9-10 弹性元件类型

空气弹簧是一种充满压缩空气的橡胶圆柱体密封容器,它利用气体的可压缩性实现弹簧作用,可用来代替螺旋弹簧,如图 9-11 所示。

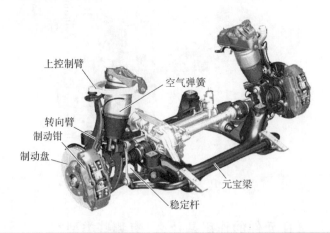

图 9-11 空气弹簧悬架

一辆高品质的 SUV 既要拥有轿车的舒适性,又要兼顾越野车的通过性能,空气悬架系统是实现该目标的最佳选择,根据路况的不同以及距离传感器的信号,行车电脑会判断出车身高度变化,控制空气压缩机和排气阀门,使弹簧自动压缩或拉伸,从而降低或升高底盘离地间隙,增加车辆高速时车身稳定性或复杂路况下车辆的通过性。

弹簧的刚度变化是:载荷增加,气压升高,刚度增加;载荷减小,气压降低,刚度减小。

引导问题3 ▶ 减振器的作用是什么?有哪些类型?

1 减振器的作用

减振器的作用是消耗冲击的能量,抑制弹簧的往复运动,改善汽车行驶的平顺性,提高乘坐的舒适性。

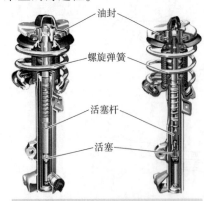

图 9-12 液压式减振器

2 减振器的类型

减振器通常安装在车身和下控制臂之间,且与弹簧并联。大多数车辆使用液压式减振器或充气式减振器,有些豪华轿车或越野车使用可变阻尼式减振器和高度可调式减振器。

液压式减振器被活塞分为上、下腔室,两个腔室中充满油液,活塞上设计有节流孔,活塞的两侧分别设计有压缩阀和伸张阀,其结构如图 9-12 所示。

当车辆行驶在不平路面时,弹簧受到地面冲击后发生形变,而弹簧需要恢复原型会出现来回振动的现象,这会影响汽车的操控性和舒适性。而减振器对弹簧起到阻尼的作用,抑制弹簧来回摆动。这样在汽车通过不平路段时,才不至于不停地颤动。

引导问题 4 导向机构的结构是怎样的?

导向机构又称传力机构,其作用是承受、传递纵向和侧向力矩。导向机构的主要组成部件有控制臂、球节或转向节,如图 9-13 所示。

1 控制臂

控制臂将肘节、车轮凸缘或车桥连接到车身或车架上,它一端采用球节或衬套安装于转向节或车轮凸缘,另一端通过枢轴及轴衬套安装到车身或车架上。

2 球节

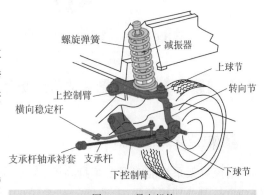

图 9-13 导向机构

球节通常安装在上控制臂或者下控制臂上,当控制臂上下运动或转向盘转动时,球节能随之转动,从而允许转向节的转动和摆动。其中上球节是从动球节,下球节是负荷球节。

引导问题 5 横向稳定杆的作用是什么?具有怎样的结构?它是如何工作的?

1 横向稳定杆的作用

横向稳定杆也称平衡杆,其作用主要是防止车身侧倾,保持车身平衡。稳定杆的两端分别固定在左右悬架上,当汽车转弯时,外侧悬架压向稳定杆,稳定杆发生弯曲,变形产生的弹力可防止车轮抬起,从而使车身尽量保持平衡。

2 横向稳定杆的结构

横向稳定杆是用弹簧钢制成的扭杆弹簧,形状呈"U"形,横置在汽车的前端和后端,如图 9-14 所示。

3 横向稳定杆的工作原理

当悬架的一侧的弹簧被压缩而另一侧的弹簧伸展时,稳定杆就像一根扭力杆弹簧,把作用力传送到对侧相同的零件上,作用在对侧的相反的扭力就会衰减车身的摇摆,如图 9-15 所示。

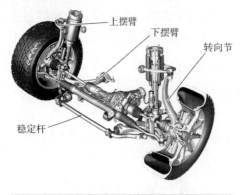
图9-14 横向稳定杆

图9-15 横向稳定杆工作原理示意图

引导问题6　电控悬架的特点是什么？它有哪些类型？

1 电控悬架的特点

电控悬架系统能够根据车身高度、车速、转向角度及速率、制动等信号，由电子控制单元（ECU）控制悬架执行机构，改变悬架系统的刚度、减振器的阻尼力及车身高度等参数，从而使汽车具有良好的乘坐舒适性、操纵稳定性以及通过性。电控悬架系统的最大优点是它能使悬架随不同的路况和行驶状态做出不同的反应。其具有以下几个特点：

（1）减振阻尼可以随着行驶路况的变化而变化；

（2）在汽车制动和转弯时，实现四个减振器的不同阻尼调节；

（3）自动调节车身高度。

2 电控悬架的类型

按传力介质的不同，电控悬架系统可分为空气式电控悬架（图9-16、图9-17）和油气式电控悬架两种。这两种悬架都属于主动悬架，悬架的刚度和阻尼都可调。

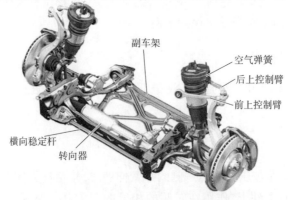
图9-16 奥迪A6空气前电控悬架系统

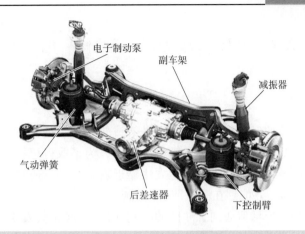

图9-17 奥迪A6空气后电控悬架系统

(1)空气式电控悬架系统的组成。空气悬架系统包括空气减振器、空气泵控制单元、空气管道、控制线路、动态底盘控制单元等,如图9-18所示。

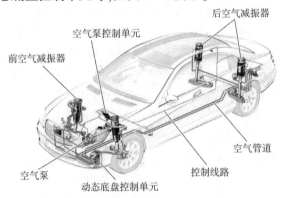

图9-18 空气电控悬架组成

(2)油气式电控悬架系统的组成。电子控制主动式油气弹簧悬架系统由油气弹簧、各相关传感器以及电控单元等组成,如图9-19所示。油气弹簧一般是惰性气体——氮气作为弹性介质,而用油液作为传力介质。它一般是由气体弹簧和相当于液力减振器的液压缸组成。通过油液压缩气室中的空气实现刚度特性,电磁阀控制油液管路中的小孔节流实现变阻尼特性。

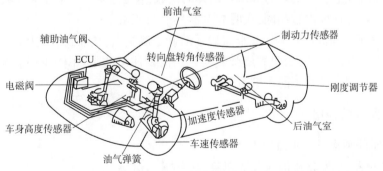

图9-19 油气电控悬架组成

引导问题7　怎样对悬架系统的故障进行检修？

1　道路测试诊断

（1）在静止车辆或墙的旁边行驶。由车辆悬架或轮胎产生的任何噪声都可以在物体上发生反射，如一排沿着街道放置的静止车辆或一堵墙。为了取得更好的效果，打开车窗，并在静止车辆或左侧挡墙旁行驶，再按照上述方法靠近右边行驶。通常产生噪声的是有缺陷的车轮轴承或动力转向泵，并能够在测试期间被听到。

（2）在车道上行驶。当悬架遇到了冲撞的瞬间转向时，经常会发生故障。此时，慢慢地驾驶汽车到带有路缘石的车道上，再重复一遍，反应会更加明显。当车轮转动时，路缘石引起悬架压缩。在这个测试期间，有缺陷的横向稳定杆衬套、控制臂衬套和球节通常会产生噪声。

（3）当转弯时倒车行驶。转弯时倒车行驶的道路测试诊断通常用于发现前轮驱动车辆的驱动桥轴上外部等速万向节的缺陷。它推动悬架系统向与正常方向相反的方向工作，从而引起悬架系统中的任何过度间隙逆转，同时经常在测试期间产生噪声或振动。除了有缺陷的等速万向节以外，这个测试还经常能够发现控制臂衬套、球节、稳定杆衬套或连接件的磨损；也能够发现有缺陷的或磨损的零部件，如随动转向臂、横拉杆球接头或中间拉杆。

（4）在崎岖不平的道路上行驶。当车辆在有凹陷或凸起的道路上行驶时，磨损或有缺陷的悬架（和转向）零部件能够引起车辆颠簸或使车辆从一侧快速地冲向另一侧。磨损或有缺陷的球节、控制臂衬套、横向稳定杆衬套、横向稳定杆铰接头或减振器可能出现这种现象。

确认故障后就可以在修理间进行进一步检查。做任何维修工作之前，应进行道路测试来确认故障，并设法确定它的原因；完成维修工作之后，应进行道路测试来确认客户反映的故障已解决。

2　基本检查维修

（1）测试减振器状况。首先进行悬架就车测试，将车辆反复摇动3~4次，每次推力尽量相同。回弹时，应注意支柱的阻力和车身回弹的次数，若松手后，车身回弹1~2次后立即停止回弹，且左右两侧回弹次数相同，表明减振器（支柱）正常。

（2）确认汽车底盘高度正确。按照维修手册确定测量点，从前到后或从左到右测量汽车离地高度，如果存在高度差，表明螺旋弹簧变软。需要注意的是，不同车型的测量点是不同的，即使是同一公司生产的不同车型也不同。

3　悬架元件的检修

（1）前悬架外观检查。步骤如下。

①检查减振器，如发现渗油或漏油现象，则更换。

②检查减振器和滑柱的所有固定处。

③检查所有悬架是否存在松旷、开裂、破裂、错位和异响。
④检查固定装置、联动杆件和所有的连接部位是否松动、卡滞和损坏。
注意事项：减振器和滑柱总是成对更换。

(2)球节的检修。步骤如下。

①检查球节是否设有磨损指示器。在检查球节时，首先检查球节是否设有磨损指示器。如果设有磨损指示器，检查润滑脂嘴的位移量。如果润滑脂嘴已回缩，表明球节已磨损，应当更换。对于部分汽车，检查润滑脂嘴是否能在球节中摇动，如果能够摇动，则表明应当更换球节。检查球节时一定要查阅维修手册。

②仔细检查球节防尘罩。防尘罩或球节油封损坏将会使润滑脂漏出，并且让灰尘和杂质进入润滑脂中。如果防尘罩已经损坏，就应更换球节。如果防尘罩未损坏，慢慢地挤压防尘罩；如果防尘罩中充有润滑脂，将会有坚硬感；如果球节上设有润滑脂嘴，而且表现出缺少润滑脂现象，用润滑脂枪填充润滑脂，直到有新润滑脂从防尘罩通气孔中流出为止。如果充入球节的润滑脂过多或充入速度过快，可能会使防尘罩脱离安装位置或发生破裂。

4 螺旋弹簧的检修

如果车辆行驶高度低于规定值，应该成对更换螺旋弹簧。

5 控制臂衬套的检修

如果控制臂与车架之间的衬套处于不良状态，车辆就不能保持精确的车轮定位。

目视检查各个橡胶衬套，检查是否存在变形、移动、偏心和严重龟裂，检查金属衬套是否会产生异响，密封是否松动。为了拆卸控制臂衬套，将汽车举升起来，并用安全支架支承车架，拆卸车轮总成，将弹簧压缩器安装到螺旋弹簧上。

按照前述方法将球节螺柱与转向节拆开，拆卸将控制臂固定到车架上的螺栓，拆卸控制臂。衬套是用专用工具压入或压出座孔的，在选好合适尺寸的适配器后，将专用工具安装到衬套上，拧紧专用工具，将衬套从控制臂压出。用同样的方法可以将新衬套压入控制臂，随着专用工具的拧紧，衬套被压入控制臂的孔中。安装新衬套时，要保证衬套被垂直压入。

6 减振器的检修

在工作台上对减振器进行检测。首先将减振器按照在汽车上的安装方向固定；然后使减振器完全伸张；接下来将减振器上下颠倒，使其完全压缩。多次重复这些过程，如果减振器中间部位发生卡滞或弹跳，或者在行程中的任何位置发生卡死，就应换用新的减振器。如果减振器存在异响或压缩与伸张速度差异较大的情况时，也应进行更换。如果减振器存在泄漏或排除空气后工作仍不稳定的现象，也要更换减振器。

7 悬架其他部件的检修

(1)检查前减振器悬架轴承的磨损与损坏情况，如磨损严重或损坏应更换，更换时只能整体更换。

（2）橡胶件、缓冲块如果有损伤、龟裂、老化等现象，也要更换新件。金属橡胶支承不能进行修理，如果有松动、裂纹、损伤、破裂等现象，均需要更换新件。

（3）检查托架。检查稳定杆和梯形臂有无变形或裂纹。若存在变形或裂纹，不允许在前悬架支撑位置和导向装置部件上进行焊接和矫直，只能更换。还应检查横向稳定杆的橡胶支座和橡胶衬套、臂或下摆臂的前衬套和后衬套的损坏和老化情况，并及时更换。

（4）若车架和摇臂发生变形或脱焊，也必须更换，不允许对车架和下摇臂进行焊接或整形处理。

二、实施作业

引导问题 8 实施悬架系统检修需要哪些工具、设备和材料？

卡罗拉整车、举升机、常用工具一套、独立悬架专用工具、非独立悬架专用工具、虎台钳、螺旋弹簧压缩工具。

引导问题 9 该怎样检修悬架系统故障？

1 拆卸独立悬架

（1）分离2号转向中间轴总成。

①车轮（□是 □否）处于直线行驶位置。

②用安全带固定转向盘，转向盘（□是 □否）固定不动。

③转向柱孔盖消音板由_____个固定夹子固定，旋松固定夹子后取下转向柱孔盖消音板。

④用工具拧松并取下2号转向中间轴总成与_____的固定螺栓，分离2号转向中间轴总成之前需要用记号笔在转向中间轴总成与_____上做装配标记。

⑤脱开转向柱1号孔盖分总成_____个固定卡子，使转向柱1号孔盖分总成与_____脱离。

（2）拆卸前轮。

①举升车辆，检查左前轮轮毂轴承（□是 □否）松旷，转动（□是 □否）正常。

②使用冲击扳手按顺序拆卸前车轮固定螺栓，用同样的方法拆卸右前轮。

（3）排净自动传动桥油。

①举升车辆，将_____放于油底壳下方，使用扳手拧松并用旋出放油螺栓，排尽油液。

注意事项：取下放油螺塞时，不能戴手套，如有油液流到手上应及时清洗。

②检查放油螺栓(□是　□否)损坏和变形,检查衬垫(□是　□否)有变形和损坏;将衬垫安装在放油螺塞上。

③ATF油液排完后,将_____与_____安装到油底壳上,并用_____力矩的扭力紧固放油螺塞。

(4)拆卸前半轴总成。

①拆卸前桥轮毂螺母。

步骤1:一只手将_____平直放到左前半轴的_____,另一只手用_____敲击_____顶部将左前桥轮毂固定螺母凹入部分敲起,确保螺母锁紧部位完全解锁。

步骤2:使用_____,从制动钳总成上插入制动盘边缘内将_____固定。

步骤3:用指针式扭力扳手松开_____,再用棘轮扳手松开并取下_____,再取出_____。用同样的方法,拆卸右前桥轮毂螺母。

注意事项:确保完全松开前桥轮毂螺母的锁紧部分后才进行操作,否则会损坏驱动轴的螺纹。

②分离稳定杆连杆总成。松开左前稳定杆连杆总成固定螺母并取下,将左前稳定杆连杆总成从_____上分离;用同样的方法分离右前稳定杆连杆总成。

③分离轮转速传感器。

步骤1:从左前减振器(□左　□右)侧旋松左前轮转速传感器线束支架固定螺母,完全旋出后并取下;将左前轮转速传感器线束支架从_____上分离。

步骤2:选择一字螺丝刀,将_____线束固定卡夹脱开,并分离线束。

步骤3:从左前转向节(□左　□右)侧拧松左前轮转速传感器固定螺栓,完全旋出后并取下,将左前轮转速传感器从_____上分离。

步骤4:用同样的方法,分离右前轮转速传感器。

注意事项:

a.防止异物粘在传感器端部,不要损坏前轮转速传感器;

b.每次拆下转速传感器时,清洁转速传感器的安装孔和表面。

④分离前挠性软管。从左前转向节(□左　□右)侧上拧松左前挠性软管固定螺栓,完全旋出后并取下;用同样的方法分离右前挠性软管。

⑤分离前盘式制动器制动钳总成。从左前转向节(□内　□外)侧上拧松左前制动钳总成_____个固定螺栓并取下,将左前制动钳总成用_____悬挂在_____上;用同样的方法分离右前盘式制动器制动钳总成。

⑥拆卸前制动盘。使用记号笔在_____和_____上做好装配标记,取下左前制动盘;用同样的方法拆卸右前制动盘。

⑦分离转向拉杆球头。

步骤1:选择_____工具取下左侧横拉杆接球头分总成上端的开口销。

步骤2:拧松_____固定螺母,并用手取下。

步骤3:将转向球节专用工具安装到_____上,用手紧固转向球节拆卸专用工具,通过一根安全绳将转向球节拆卸专用工具连接到_____上。

步骤4：使用工具旋转专用工具上的紧固螺栓，使_____和_____分离。分离后取下安全绳和专用工具。

步骤5：用同样的方法分离右侧横拉杆接头分总成。

⑧分离悬架下臂。拧松并取下左前悬架下臂2个固定螺母及1个固定螺栓，将左前悬架下臂与_____分离；用同样的方法分离右前悬架下臂。

⑨拆卸前桥总成。

步骤1：拧松并取下左前减振器（□上　□下）侧2个固定螺母。

步骤2：将_____与前桥总成分离。

步骤3：用记号笔在_____和_____做好装配标记。

步骤4：两人同时操作，使用塑料锤敲击左前半轴外侧，将_____与_____分离，取下左前桥轮毂分总成。

步骤5：用同样的方法拆卸右前桥轮毂分总成。

⑩拆卸前桥左半轴。

步骤1：两人配合操作，一人双手扶住左前半轴，一人使_____前端卡爪与左前半轴内侧_____上的凹槽结合，并用力向外拉动半轴拉拔器滑锤。

步骤2：将左半轴从传动桥上分离，取下左半轴。

注意事项：

a. 不要损坏传动桥壳油封、内侧万向节防尘套及驱动轴防尘罩；

b. 不要掉落驱动轴。

（5）拆卸前减振器。

①使用_____将螺丝刀头部包好的一字螺丝刀拆卸左前、右前刮水器臂端盖。

②拆卸左前、右前刮水臂和刮水片总成。

③拆卸发动机舱盖至前围上侧密封。

注意事项： 拆卸时防止密封条上的卡扣掉落。

④拆卸右前、左前围板上通风栅板。

注意事项： 在拆卸时不要碰到前风窗玻璃，以免造成不必要的损伤。

⑤松开_____固定卡夹，按下线束连接器锁舌，断开_____。

⑥拆下2个固定螺栓，然后拆下风窗玻璃刮水器电动机及连杆总成。

⑦拆卸前围上外板的10个螺栓，然后取下前围上外板。

注意事项： 在拆卸时不要碰到前风窗玻璃，以免造成不必要的损伤。

⑧两人配合操作，一人从左前减振器下端扶住左前减振器，另一人分别拧松左前减振器（□上　□下）端3个固定螺母；然后将左前减振器上支架从左前减振器上支座取下；再取下左前减振器；用同样的方法，拆卸右前减振器。

（6）拆卸前悬架横梁分总成。

①使用一字螺丝刀松开固定卡子后拆卸发动机后部底舱盖。

②拆卸发动机1号后底舱盖和2号底舱盖。

③拧松发动机前悬置支架下加强件2个固定螺栓,旋出并取下固定螺栓,取下发动机前悬置支架下加强件。

④拧松左前悬架横梁加强件4个固定螺栓,旋出并取下固定螺栓,取下左前悬架横梁加强件;用同样方法拆卸右前悬架横梁加强件。

⑤拧松左前悬架横梁后支架3个固定螺栓,旋出并取下固定螺栓,取下左前悬架横梁后支架;用同样的方法拆卸右前悬架横梁后支架。

⑥旋出并取下_____前端固定支架螺栓;分离驻车制动拉锁支架;将_____线束固定卡夹和卡爪从前悬架横梁分总成上分离。

⑦拧松_____与_____2个固定螺栓与2个固定螺母;旋出并取下2个固定螺栓与2个固定螺母;缓慢踩变速器千斤顶踏板以举升变速器千斤顶,直到变速器千斤顶上端托住_____。

⑧拧松前悬架横梁分总成与车身左侧固定螺栓,旋出并取下固定螺栓;用同样的方法,拆卸前悬架横梁分总成与车身右侧固定螺栓。

⑨逆时针缓慢旋扭变速器千斤顶压力释放杆,使变速器千斤顶与_____一起下降。

注意事项:在变速器千斤顶下降过程中检查是否有其他零部件卡住或连接至前悬架横梁分总成,若有,则排除障碍后再下降变速器千斤顶。

(7)拆卸前下悬架臂。

①拧松左前下悬架臂(□前 □后)侧固定螺栓并取下。

②选用梅花扳手固定左前下悬架臂(□前 □后)侧(□上 □下)端固定螺母,然后使用指针式扭力扳手拧松左前下悬架臂(□前 □后)侧(□上 □下)端固定螺栓;旋松并取下固定螺母。

③取下左前下悬架臂(□前 □后)侧固定螺栓。

④将左前下悬架臂轻轻(□上下 □左右)摇动并从_____上分离。

⑤用同样的方法拆卸右前下悬架臂。

(8)拆卸前稳定杆总成。

①拧松前悬架横梁左前支架4个固定螺栓并取下;从_____取下前悬架横梁左前支架;用同样的方法,拆卸前悬架横梁右前支架。

②从前_____上取下前稳定杆总成。

2 检查独立悬架

(1)分解前减振器。

①使用_____固定带螺旋弹簧的前减振器后,使用_____压缩前减振器螺旋弹簧,检查并确保其被完全压缩;拆下前支架至前减振器螺母。

注意事项:勿使用冲击扳手以防止损坏螺旋弹簧压缩工具。

②依次拆卸前悬架支座分总成、前悬架支座防尘密封圈、_____、前螺旋弹簧上隔振垫、_____、前弹簧缓冲块、前螺旋弹簧下隔振垫。

(2)检查前减振器。压缩并伸长减振器杆_____次或更多次,无异常_____或

_____且操作阻力正常。

(3)组装前减振器。

①将螺栓和螺母安装至前减振器,并用台钳固定前减振器。

②依次安装前螺旋弹簧下隔振垫、前弹簧缓冲块、_____、前螺旋弹簧上隔振垫、_____、前悬架支座防尘密封圈、前悬架支座分总成,暂时拧紧前支座至前减振器螺母。

注意事项:

a. 确保前螺旋弹簧下隔振垫的定位销插入前减振器的孔中;

b. 确保前螺旋弹簧的底端定位于弹簧下座的压缩下;

c. 确保油漆标记面朝下安装螺旋弹簧。

(4)检查前下球节。

①用_____将前稳定杆连杆总成固定在_____上。

②将螺母安装至前稳定杆连杆总成球头销;用力矩扳手以3~5s(□1 □2 □3 □4)圈的速度连续转动螺母。

③力矩扳手转到第5圈时读取力矩读数为_____。

④如果转矩不在规定范围(□0.05~1.96N·m □1.96~2.05N·m □2.05~2.96N·m □2.96~3.05N·m)内,则更换新的前下球节。

⑤检查并确认防尘罩(□有 □无)裂纹且其上(□有 □无)润滑脂。

(5)检查前稳定杆连杆总成。

①将螺母安装至前稳定杆连杆总成球头销;用力矩扳手以3~5s(□1 □2 □3 □4)圈的速度连续转动螺母。

②使用力矩扳手转到第5圈时读取力矩读数为_____。

③如果转矩不在规定范围(□0.5~0.98N·m □0.98~3.40N·m □3.40~4.30N·m □4.30~5.40N·m)内,则更换新的前稳定杆连杆总成。

④检查并确认防尘罩(□有 □无)裂纹且其上(□有 □无)润滑脂。

3 安装独立悬架

按照维修手册步骤规范地安装独立悬架。

4 检查车辆

起动车辆,检查车辆运行(□是 □否)正常,进行汽车路试,检查车辆在各种路况下行驶时悬架部分(□是 □否)存在不良现象。

起动车辆,检查车辆运行(□是 □否)正常、离合器踏板操作(□是 □否)正常。

三、评价反馈

对本学习任务进行评价,考核项目和评分标准见表9-1。

评 分 表　　　　　　　　　　　　　　　　表 9-1

考核项目	评分标准	分数	学生自评	小组评价	教师评价	小计
活动参与	是否积极主动	5				
安全生产	有无安全隐患	10				
现场5S	是否做到	10				
任务方案	是否合理	15				
操作过程	(1)能否正确查阅信息,并填写信息; (2)能否正确安全地检修独立悬架故障; (3)是否排除故障	30				
任务完成情况	是否圆满完成	5				
工具和设备使用	是否规范地使用手机(电脑、维修手册)查阅信息	10				
劳动纪律	是否违反	10				
工单填写	是否完整、规范	5				
	总分	100				
教师签名:			年　　月　　日		得分	

四、学习拓展

一辆 2017 款科鲁兹轿车在行车过程中,转弯时出现侧倾的现象;制动时出现栽头的现象;加速时出现后挫的现象。请你分析该车故障现象出现的可能原因,并写下来与同学一起交流探讨。

项目三
转向系统构造与维修

学习任务十

转向系统认识

学习目标

完成本学习任务后,你应当能:
1. 了解转向系统的作用、组成和类型;
2. 熟悉汽车转向理论;
3. 了解四轮转向系统。

 建议完成本学习任务的时间为 **6 课时**。

 学习任务描述

小张在雪佛兰4S店实习,他非常喜欢汽车维修这个行业,很想在汽车维修行业中做得更好,于是,他利用休息的时间进一步熟悉汽车转向系统。

一、资料收集

引导问题1 转向系统的作用是什么？有哪些类型？

1 转向系统的作用

当汽车需要改变行驶方向时，必须使转向轮绕主销轴线偏转一定角度，直到新的行驶方向符合驾驶员的要求时，再将转向轮恢复到直线行驶位置。这种由驾驶员操纵转向轮偏转和回位的一套机构，称为汽车转向系统。

转向系统的作用是保证汽车在行驶中能按驾驶员的操纵要求，适时改变汽车的行驶方向和保持汽车稳定的直线行驶。

2 转向系统的要求

转向系统要求工作可靠、操纵轻便，能减轻地面传到转向盘上的冲击，并倒条适当的"路感"，当汽车发生碰撞时，应能减轻或避免对驾驶员的伤害。

3 转向系统的类型

转向系统分为机械转向系统和动力转向系统。机械转向系统以驾驶员的体力为转向能源，所有传递力的构件都是机械的，主要由转向操纵机构、转向器和转向传动机构三大部分组成。

动力转向系统又可以分为机械式液压助力转向系统、电子液压助力转向系统、电动助力转向系统（EPS）、进化的机械式液压助力（增加电子控制单元和电磁阀的线性控制转向系统）。

引导问题2 转向系统转向的基础理论是什么？

1 两侧转向轮偏转角之间的理想关系

汽车转向行驶时，为了避免车轮相对地面滑动而产生附加阻力、减轻轮胎磨损，要求转向系统能保证所有车轮均作纯滚动，即所有车轮轴线的延长线都要相交于一点，如图10-1所示。两轮的偏转角的关系如下：

$$\cot\alpha = \cot\beta + \frac{B}{L} \tag{10-1}$$

式中：α、β——内、外侧转向轮的偏转角；

B——两侧主销轴线与地面相交点之间的距离；

L——汽车轴距。

从转向中心 O 到外侧转向轮与地面接触点的距离 R 称为汽车转弯半径。转弯半径 R 越小,则汽车转向所需要场地就越小,汽车的机动性也越好。当外侧转向轮偏转角达到最大值 α_{max} 时,转弯半径 R 最小。

2 转向特性

驾驶员将转向盘转过一定角度后固定,保持汽车以某一稳定车速转向,可能出现以下四种转向特性,如图 10-2 所示。

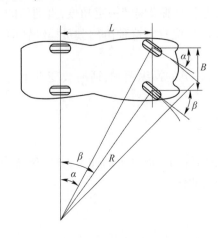

图 10-1　汽车转向示意图　　　图 10-2　汽车转向特性

(1)不足转向:汽车偏离圆周轨迹向外运动,且转弯半径越来越大。

(2)过多转向:汽车偏离圆周轨迹向内运动,且转弯半径越来越小。

(3)中性转向:汽车沿着圆周轨迹运动。

(4)交变转向:汽车最初偏离轨迹向外运动,过一段时间后突然开始向内运动。

对于不足转向,汽车转弯半径越来越大,这种运动状态和人的运动感觉一致。对于过多转向,转弯半径越来越小,这和人的运动感觉不一致,转弯时驾驶员重心向内倾斜,使其难以往回转动转向盘。因此除了特殊的赛车,一般都将汽车设计具有轻微的不足转向特性。交变转向特性只极少地应用于后置发动机的汽车。

3 转向系统传动比

(1)转向器角传动比。转向盘转角增量与相应的转向摇臂转角增量之比 $i_{\omega 1}$ 为转向器角传动比。

(2)转向传动机构角传动比。转向摇臂转角增量与转向盘一侧转向节的相应转角增量之比 $i_{\omega 2}$ 为转向传动机构角传动比。

(3)转向系统角传动比。转向盘转角增量与同侧转向节相应转角增量之比 i_{ω} 为转向系统角传动比。

$$i_\omega = i_{\omega 1} \cdot i_{\omega 2} \qquad (10\text{-}2)$$

(4)转向系统的力传动比。

两个转向轮受到的转向阻力与驾驶员作用在转向盘上的手力之比i_p为转向系统的力传动比,它与角传动比i_ω呈正比。

转向系的角传动比如图10-3所示。

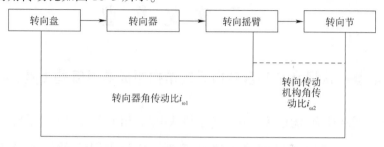

图10-3 转向系的角传动比

i_ω较大,载货汽车为16~32,轿车为12~20;$i_{\omega 2}$较小,一般为1。

引导问题3　什么是四轮转向系统?它有什么特点?

1 四轮转向系统的定义

四轮转向系统简称4WS,即前、后轮都是转向轮的系统。四轮转向汽车如图10-4所示。

2 四轮转向系统的目的

四轮转向的目的在于低速行驶时依靠逆向转向(前轮与后轮转角方向相反)来改善汽车的操作性,从而获得较小的转向半径;在中高速行驶时依靠同向转向(前轮与后轮的转角方向相同),减小汽车的横摆运动,提高车道变更和曲线行驶的操纵稳定性。

3 四轮转向系统的优点

图10-4 四轮驱动汽车

四轮驱动转向汽车具有如下优点。

(1)转向能力强:汽车在高速行驶时及在湿滑路面上行驶时转向更加稳定、可靠。

(2)转向响应快:汽车在转向时反应快。

(3)直线行驶稳定性好:汽车在高速行驶时,路面及侧风降低其行驶稳定性。

(4)换车道时稳定性好。

(5)低速机动性好:低速行驶时,前后轮转向相反,转弯半径减小。

项目三 转向系统构造与维修

4 四轮转向系统的特性

四轮转向系统具有以下特性:汽车低速转向时,前后转向轮反向旋转;汽车高速行驶时,前后转向轮同向旋转。

二、实 施 作 业

引导问题 4 认识汽车底盘转向系统结构组成需要哪些工具、设备和材料?

安全流畅的网络环境、能连接互联网的手机或电脑、相关车辆的维修手册。

引导问题 5 请你通过网络或维修手册,查阅实训室的汽车底盘转向系统的基本情况。

1 车辆一:雪佛兰科鲁兹

转向系统由哪些部件组成?请查阅资料并写下来,然后在车辆上找找这些部件。

2 车辆二:丰田卡罗拉

转向系统由哪些部件组成?请查阅资料并写下来,然后在车辆上找找这些部件。

三、评价反馈

对本学习任务进行评价,考核项目和评分标准见表10-1。

评 分 表　　　　　　　　　　表10-1

考核项目	评分标准	分数	学生自评	小组评价	教师评价	小计
活动参与	是否积极主动	5				
安全生产	有无安全隐患	10				
现场5S	是否做到	10				
任务方案	是否合理	15				
操作过程	(1)能否正确查阅信息,并填写信息; (2)能否在课堂上正确阐述所查阅的信息; (3)能否正确在车辆上指出转向系统各部件	30				
任务完成情况	是否圆满完成	5				
工具和设备使用	是否规范地使用手机(电脑、维修手册)查阅信息	10				
劳动纪律	是否违反	10				
工单填写	是否完整、规范	5				
总分		100				
教师签名:			年　　月　　日		得分	

四、学习拓展

通过查阅资料或网络,了解四轮转向的车辆有哪些,并说明它们的特点,写下来与同学一起交流探讨。

项目三 转向系统构造与维修

学习任务十一

机械转向系统的构造与维修

学习目标

完成本学习任务后,你应当能:
1. 熟悉转向盘的结构及自由行程的作用;
2. 熟悉转向柱的结构组成;
3. 掌握转向柱检修注意事项及检修项目;
4. 熟悉齿轮齿条式转向器和循环球式转向器的结构、工作原理及调整方法;
5. 了解转向梯形的作用;
6. 熟悉转向传动机构的类型及组成;
7. 掌握转向传动机构的检修方法;
8. 快速准确地使用网络查阅所需的资料。

建议完成本学习任务的时间为 10 课时。

学习任务描述

小张假期回老家时,隔壁王叔叔的一辆东风 EQ1090E 型汽车,在行驶 15000km 后出现车辆行驶时转向困难,同时前轮向左右跑偏的现象。小张分析后,初步确定是转向器故障造成的,经专业维修人员拆卸并换上新的转向器后,汽车行驶恢复正常,小张很开心。

一、资料收集

引导问题 1 机械转向系统由哪些部件组成?

机械转向系统通常由转向操纵机构、转向器和转向传动机构组成。图 11-1 所示为机械转向系统的各组成部件。

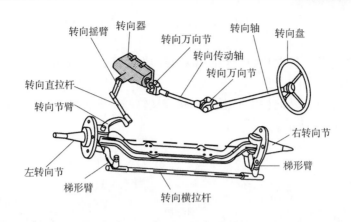

图 11-1　机械转向系统的组成

引导问题 2　**转向操纵机构由哪些部件组成?**

转向盘到转向器之间的所有零部件总称为转向操纵机构。其主要由转向盘、转向柱、转向万向节等组成。

1 转向盘

(1) 转向盘的组成。转向盘由轮缘、轮辐和轮毂组成,如图 11-2 所示。

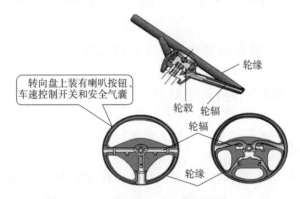

图 11-2　转向盘组成

(2) 转向盘的自由行程。在转向盘转动过程的初始阶段,只需要很小的力就能够转动转向盘,该力矩只是用来克服转向系统内部的摩擦,使各传动部件的间隙完全消除,这一空转阶段的角行程称为转向盘的自由行程,是指从转向盘对应于汽车直线行驶的中间位置向任意方向的自由行程。

转向盘的自由行程有利于缓和路面冲击,避免驾驶员过度紧张。但自由行程不宜过大,以避免转向灵敏性能下降。一般转向盘自由行程不大于 10°或转向盘圆周弧长 0～15mm,如图 11-3 所示。

2 转向柱

（1）转向柱的作用。转向柱位于转向盘和转向器之间，其主要作用是将来自转向盘的转向力矩传递给转向器。

（2）转向柱的组成。转向柱主要由转向柱管、转向轴、转向传动轴、万向节、转向柱调整机构等组成，如图 11-4 所示。

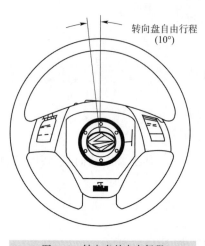

图 11-3　转向盘的自由行程

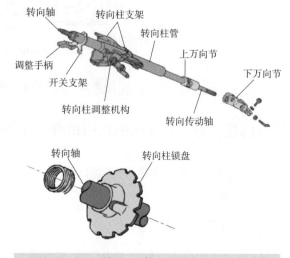

图 11-4　转向柱组成

引导问题 3　转向器有哪些类型？各有什么特点？

转向器是转向系统的减速传动装置，目前汽车上广泛使用的转向器有齿轮齿条式和循环球式。

1 齿轮齿条式转向器

齿轮齿条式转向器主要由转向齿轮、转向齿条和转向器壳体等组成，如图 11-5 所示。

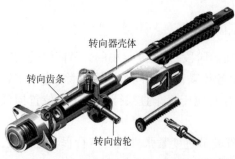

图 11-5　齿轮齿条式转向器组成

齿轮齿条式转向器结构简单紧凑、啮合紧密、反应灵敏、转向轻便，采用密封结构，不需要维护转向器。在进行转向系统检查时，只需检查转向盘、传动管、转向传动臂几个部件。

转向时转向柱上的齿轮从转向轴获得旋转力矩，驱动与之啮合的齿条做横向移动，与齿条直接连接的横拉杆也随之横向移动，从而驱动转向传动机构中的其他部件工作，使转向轮偏转相应的角度，实现汽车转向，如图 11-6 所示。

2 循环球式转向器

转向盘通过转向轴等部件带动转向器输入轴及转向螺杆转动,转向螺母在转向螺杆上做轴向移动,但不能转动。转向螺母齿条驱动与之啮合的齿扇(齿扇轴)转动,从而带动转向摇臂摆动,转向摇臂带动转向传动机构上的其他部件运动,使转向轮偏转相应的角度,实现汽车转向,如图11-7所示。

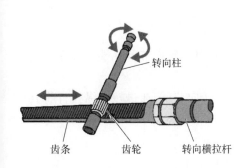

图11-6 齿轮齿条式转向器工作原理

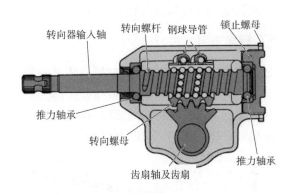

图11-7 循环球式转向器

> **引导问题4** 转向传动机构由哪些部件组成?机械转向系统中动力是如何传递的?

转向传动机构按照由转向器传递的扭力使左右车轮按照一定的规律偏转。这就要求转向传动机构有较大的刚度和强度,以吸收振动、缓冲振动。

转向传动机构主要由转向摇臂、转向直拉杆、转向横拉杆、转向节臂、梯形臂、转向减振器组成。

1 转向摇臂

转向摇臂的作用是把转向器输出的力和运动传给直拉杆或横拉杆,进而推动转向轮偏转,如图11-8所示。

2 转向直拉杆

转向直拉杆和转向横拉杆是汽车转向系统的两个主要零件,转向直拉杆用来连接方向机拉臂和转向节左臂,把来自方向机的动力传给转向节后即可控制车轮,如图11-9所示。

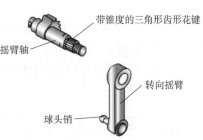

图11-8 转向摇臂

图11-9 转向直拉杆

3 转向横拉杆

转向横拉杆是指轿车的转向器横拉杆与前减振器固定在一起的一种装置。

转向横拉杆用来连接左右转向臂,不仅可以使两个车轮同步,而且可以调正前束。转向拉杆末端通过球节与转向节相连,由于直接转动车轮用力较大,故现大部分车都是用的液压转向,不仅减轻驾驶员的用力,还使转向灵活、易操作。横拉杆的特点是长度可调,通过调整横拉杆的长度,可以调整前轮前束。转向横拉杆如图 11-10 所示。

4 转向节臂

转向节臂又叫梯形臂,是转向传动装置的最后一级传力部件,转向节臂一端安装在左右转向节上,另一端用球销和转向横拉杆接连。

转向节是最终实现转向的部件,在左侧的转向节上加装转向节臂,通过转向纵拉杆将其与转向摇臂连接起来,并实现转向功能,转向节臂如图 11-11 所示。

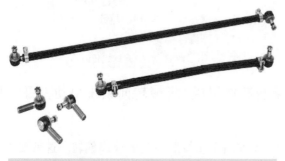

图 11-10 转向横拉杆

图 11-11 转向节臂

5 转向梯形

汽车转向时,各车轮的轴线应当相交于一点,以实现车轮的纯滚动,避免轮胎发生打滑。因此,内转向轮的偏转角应大于外转向轮的偏转角。

通过由横拉杆和左右转向梯形臂组成的转向梯形杆系,可以满足上述内外转向轮偏转角的要求。不过,这只是近似地满足。现有的汽车转向梯形杆系都不可能完全满足理论的要求。

非独立悬架的整体前桥上可以采用整体转向梯形杆系;而独立悬架的非整体前桥上则必须采用分段式梯形杆系。

两个车轮转动的角度不同,因为前轴、转向横拉杆、左右梯形臂及所形成的四边形不是矩形而是梯形。汽车的前轮转向,是通过等腰梯形机构 ABCD 驱使前轮转动来实现的。其中,两前轮分别与两摇杆 AB、CD 相连,如图 11-12 所示。当汽车沿直线行驶时(转弯半

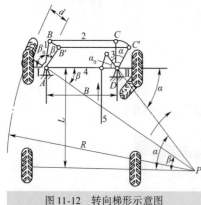

图 11-12 转向梯形示意图

径 $R = \infty$),左右两轮轴线与机架 AD 成一条直线;当汽车转弯时,要求左右两轮(或摇杆 AB 和 CD)转过不同的角度 α、β。理论上希望前轮两轴延长线的交点 P 始终能落在后轮轴的延长线上,这样整个车身就能绕 P 点转动,使四个车轮都能与地面形成纯滚动,减少轮胎的磨损。

6 转向减振器

随着车速的提高,现代汽车的转向轮会产生摆振(转向轮绕主销轴线往复摆动,甚至引起整车车身的振动),这不仅影响汽车的稳定性,而且还影响汽车的舒适性,加剧前轮轮胎的磨损。在转向传动机构中设置转向减振器是克服转向轮摆振的有效措施。转向减振器的一端与车身(或前桥)铰接,另一端与转向直拉杆(或转向器)铰接,其结构如图11-13所示。

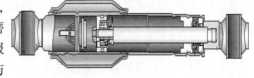

图11-13 转向减振器

7 动力传递路线

机械转向系统的动力传递路线是:转向盘→转向轴→机械转向器→转向摇臂→转向直拉杆→转向节臂→左转向节→左转向梯形臂→转向横拉杆→右转向臂→右转向节。

引导问题5 机械转向系统有哪些故障?怎么排除?

机械转向系统常见的故障有:转向盘自由行程偏大、转向沉重、行驶跑偏、转向不灵、摆头等。

1 转向盘自由行程偏大

(1)故障现象。汽车保持直线行驶位置静止不动时,轻轻地来回晃动转向盘,游动角度较大。

(2)故障原因。
①转向器内主、从动啮合部位松旷或主、从动部位的轴承松旷。
②转向盘与转向轴的连接部位松旷。
③转向器垂臂轴与垂臂连接部位松旷。
④纵、横拉杆球头连接部位松旷。
⑤纵、横拉杆臂与转向节的连接部位松旷。
⑥转向节与主销松旷。
⑦轮毂轴承松旷。

(3)故障诊断与排除方法。
①应先检查转向盘与转向轴是否松旷。
②检查转向器内主、从动部分的轴承或衬套是否松旷。

③检查转向器内主、从动部分的啮合是否松旷。

④若故障不在以上部位,则应检查垂臂与垂臂轴、纵、横拉杆球头连接、转向节与主销是否松旷。

⑤若以上部位均无故障,则故障是由轮毂轴承或拉杆臂松旷造成。

2 转向沉重

(1) 故障现象。汽车行驶中驾驶员向左、右转动转向盘时,感到沉重费力,无回正感;当汽车以低速转弯行驶或掉头时,转动转向盘非常吃力,甚至转不动。

(2) 故障原因。

①轮胎气压不足。

②转向节与主销配合过紧或缺油。

③纵、横拉杆球头连接调整过紧或缺油。

④转向器主动部分轴承预紧力太大或从动部分与衬套配合太紧。

⑤转向器主、从动部分的啮合调整得太紧。

⑥转向器缺油或无油。

⑦转向节推力轴承缺油或损坏。

⑧转向器转向轴弯曲或其套管凹瘪等造成刮碰。

⑨主销后倾过大、主销内倾过大或前轮负外倾。

⑩前梁、车架变形造成前轮定位失准。

(3) 故障诊断与排除方法。

①检查轮胎气压、轮毂轴承松紧程度、前轮定位等。

②顶起前桥,使前轮悬空,转动转向盘。若转向轻便省力,则故障在前轮、前桥或车架;若转向仍沉重费力,应将转向垂臂拆下,继续转动转向盘,若转向轻便省力,则故障在转向传动机构;若仍沉重费力,则故障在转向器。

③对转向器进行检查。先检查外部转向轴有无变形凹陷等;再检查啮合间隙是否过小,轴承间隙是否过小,是否缺油,有无异响等。

④对转向传动机构进行检查。检查各部连接处是否过紧而使运动发卡;检查各拉杆及转向节有无变形;检查转向节主销轴向间隙是否过小。

⑤必要时,还应检查前轮及车架是否变形。

3 行驶跑偏

(1) 故障现象。汽车行驶中自动跑向一侧,必须用力握住转向盘才能使其保持直线行驶。

(2) 故障原因。

①两前轮轮胎气压不等、直径不同或车厢装载不均。

②左右车架前钢板弹簧挠度不等或弹性不同。

③前梁、后轿轴管或车架发生水平平面内的弯曲。

④车架两侧的轴距不等。
⑤两前轮轮毂轴承或轮毂油封的松紧度不同。
⑥前、后桥两端的车轮有单边制动或单边拖滞现象。
⑦两前轮外倾角、主销后倾角或主销内倾角不等。
⑧前束较大或负前束。
⑨路面拱度较大或有侧向风。
（3）故障诊断与排除方法。
①应先检查跑偏一侧的车轮毂和制动器温度是否过高，若温度过高，则为轮毂轴承过紧和制动拖滞。
②检查轮胎气压和轮毂轴承松紧程度。
③若为新换轮胎，则多为轮胎规格不等。
④检查钢板弹簧有无松动、断裂；车桥有无歪斜移位；车架有无变形等。
⑤检查前轮定位情况。

4 转向不灵

（1）故障现象。在汽车转向操纵转向盘时旷量较大，需较大幅度才能转动转向盘；汽车在直线行驶时又感到行驶不稳。
（2）故障原因。根本原因是磨损和松动导致各部位间隙过大，主要有以下原因。
①转向器啮合间隙过大，安装松旷。
②转向轴与转向盘配合松旷。
③主销与转向节衬套孔间隙过大。
④主销与转向节轴向间隙过大。
⑤转向传动机构各球头销处配合松旷。
⑥前轮毂轴承间隙过大。
⑦汽车前轮前束过大。
（3）故障诊断与排除方法。
①先检查转向盘的自由转动量，若过大，说明转向系内存在间隙过大的故障。
②若转向盘的自由转动量正常，故障原因可能是前轮毂轴承间隙过大、主销与转向节衬套孔间隙过大、主销与转向节轴向间隙过大及前束过大等。
③检查前轮毂轴承、主销等处，找出松旷部位。
④由一人原地转动转向盘，另一人观察垂臂摆动，当垂臂开始摆动时转向盘自由转动量不大，说明是转向传动机构松旷；否则为转向器松旷。
⑤必要时应检查前束，前束值过大时会伴随有轮胎异常磨损。

5 转向沉重

（1）故障现象。汽车在某低速范围内或某高速范围内行驶时，出现两前轮各自围绕主销进行角振动的现象。尤其是高速摆头时，两前轮左右摆振严重，握转向盘的手有麻木感，甚至在驾驶室内可看到整个车头晃动。

(2)故障原因。

①前轮轮胎、轮辋、制动鼓或盘、轮毂等旋转质量不平衡。

②前轮径向圆或端面圆跳动过大。

③前轮使用翻新胎。

④前轮外倾角过小、前束过大、主销负后倾或主销后倾角过大。

⑤两前轮的主销后倾角或主销内倾角不一致。

⑥前梁或车架弯、扭变形。

⑦转向系与前悬架的运动互相干涉。

⑧转向系部件刚度过低。

⑨转向器主、从动部分啮合间隙或轴承间隙过大。

⑩转向器垂臂与其轴配合松旷。

⑪纵、横拉杆球头连接松旷。

⑫转向节与主销配合松旷或转向节与前梁拳形部沿主销轴线方向配合松旷。

⑬前轮轮毂轴承松旷。

⑭转向器在车架上的连接松旷。

⑮前悬架减振器失效或左、右两边减振器效能不一。

⑯左、右车架前悬架高度或刚度不一。

(3)故障诊断与排除方法。

①若摆振随车速提高而增大,多为车轮动不平衡和轮辋变形所致,应检查轮胎平衡和轮辋变形情况。

②若在某一转速时摆振出现,则情况比较复杂,应对转向系、前桥及悬架等进行全面检查,以发现造成摆振的原因。

二、实 施 作 业

引导问题6 实施转阀式齿轮齿条式转向器检修需要哪些工具、设备和材料?

转阀式齿轮齿条式转向器、常用工具、虎台钳。

引导问题7 怎样拆装转阀式齿轮齿条式转向器?

1 转向器的分解

(1)清洗转向器外部,并用台钳将转向器夹紧,然后拆下转向器上的油管组件。

(2)拆卸橡胶防尘套。

(3)拆卸转向横拉杆。

(4)拧下转向器底部堵塞,并转动齿轮将螺母拆下。

(5)松开转向器侧面的锁紧螺母,然后将调整螺塞、压力密封垫挡板、弹簧及压力密封垫依次拆下。

(6)拆下齿轮轴输入端的卡环,用冲头和锤子拆卸控制阀组件,并把控制阀组件的密封圈拆下。

(7)拆卸支座组件和齿条组件,将齿条上的密封环和O形密封圈拆下。

(8)将齿条油封和保护垫圈拆下。

2 转向器的组装及调整

(1)在单列向心球轴承上涂一层润滑油,用于将轴承压入转向器壳体。

(2)把新的O形环、密封圈装到齿条活塞上,再将油封和保护垫圈从齿条另一端装入,压装单列向心球轴承。

(3)将齿条组件装入转向器壳体。

(4)安装支座组件。

(5)装入油封。

(6)在控制阀组件上安装新的密封圈,再将控制阀组件装入转向器壳体,并装好堵塞组件。

(7)安装转向器底部轴承。

(8)安装转向器侧面的压力密封垫、弹簧、压力密封垫挡板和调整螺塞。

(9)安装转向横拉杆。

(10)安装转向器底部螺母和堵塞,按规定力矩拧紧螺母和堵塞。

(11)调整转向器侧面的调整塞,使转向齿轮转动力矩符合标准,一般为 0.7~1.2 N·m。

(12)安装橡胶防尘套(注意换用新的防尘套固定夹和卡箍)。

(13)安装油管组件,按规定力矩拧紧油管接头。

实际工作中对动力转向器的维修,基本上是整体更换。

三、评价反馈

对本学习任务进行评价,考核项目和评分标准见表11-1。

评 分 表　　　　　　　　　　表11-1

考核项目	评分标准	分数	学生自评	小组评价	教师评价	小计
活动参与	是否积极主动	5				
安全生产	有无安全隐患	10				

续上表

考核项目	评分标准	分数	学生自评	小组评价	教师评价	小计
现场5S	是否做到	10				
任务方案	是否合理	15				
操作过程	(1)能否正确查阅信息，并填写信息； (2)能否正确安全规范地拆装转向器； (3)是否排除故障	30				
任务完成情况	是否圆满完成	5				
工具和设备使用	是否规范地使用手机(电脑、维修手册)查阅信息	10				
劳动纪律	是否违反	10				
工单填写	是否完整、规范	5				
	总分	100				
教师签名：			年　　月　　日		得分	

四、学习拓展

一辆汽车在某低速范围内或某高速范围内行驶时，出现两前轮各自围绕主销进行角振动的现象，尤其在其高速摆头时，两前轮左右摆振严重，驾驶员握转向盘的手有麻木感，甚至在驾驶室内可看到整个车头晃动。请你分析该故障的可能原因，并写下来与同学一起交流探讨。

学习任务十二

液压助力转向系统的构造与维修

学习目标

完成本学习任务后,你应当能:
1. 了解液压传动的基本原理;
2. 掌握液压助力转向系统的组成;
3. 熟悉动力转向泵、流量控制阀、整体式转向器的工作原理;
4. 掌握液压助力转向系统冲洗、排气、油管检查、油压测试的方法;
5. 对转向沉重故障进行检修;
6. 快速准确地使用网络查阅所需的资料。

建议完成本学习任务的时间为 **6 课时**。

学习任务描述

小张通过层层面试,拿到了去知名汽车集团的雪佛兰4S店实习的机会。实习的第十二天,有一位客户到店反映:其车辆是2017款科鲁兹轿车,在转弯行驶时,感觉转向盘特别沉重。师傅和小张一起分析后,初步确定是转向系统故障造成的,他们一起对车辆转向系统进行检查。

一、资料收集

引导问题 1 什么是助力转向系统,它有哪些类型?

助力转向系统是在机械转向系统的基础上增加一套助力装置设计而成,这样可以使转向操纵更加轻便,并且不影响转向系统的响应性。助力转向系统包括液压助力转向系统和电动助力转向系统两种类型。本学习任务重点讲解液压助力转向系统。

引导问题2 ▶ 什么是液压助力转向系统？它有哪些类型？

1 液压助力转向系统的助力原理

液压助力转向系统将发动机输出的部分机械能转换为液压能，并在驾驶员的控制下，对转向器或转向传动机构的某一传动部件施加不同方向的液压作用力，以帮助完成转向。

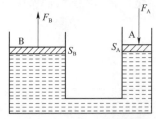

图12-1 帕斯卡定律示意图

17世纪，法国科学家帕斯卡发现，加在密闭液体上的压强能够大小不变地被液体向各个方向传递，这个规律被称为帕斯卡定律。如图12-1所示，一盛满液体的容器，A、B为质量忽略不计的活塞，在活塞A上施加一个向下的力F_A，如果活塞A的面积为S_A，那么活塞A对液体的压强$P_A = F_A/S_A$，液体把这个压强向容器中的各个方向传递，因此液体对活塞B的压强$P_B = P_A = F_A/S_A$，作用到活塞B上的力$F_B = P_B S_B = S_B/S_A F_A$，由于$S_B > S_A$，所以$F_B > F_A$，也就是说，在右侧较小的活塞A上施加一个较小的力，在左侧面积较大的活塞B上的作用力较大。如果在大活塞B上放置一个较大的重物，只需要在小活塞A上施加较小的力就可以把它举起，这个装置就像一个力的"放大器"，利用这个"放大器"就可以实现"四两拨千斤"。

2 液压助力转向系统的类型

液压助力转向系统包括机械式液压助力转向系统(HPS)和电控液压助力转向系统(EHPS)。

(1)机械式液压助力转向系统。

①概述。机械式液压助力转向系统不设置传感器及控制电脑，主要靠转向控制阀进行转向助力的控制。机械液压助力系统的主要组成部分有液压泵、油管、压力流体控制阀、V型传动皮带、储油罐等。这种助力方式是将一部分发动机输出动力转化成液压泵压力，对转向系统施加辅助作用力，从而使轮胎转向。

②特点。机械式液压助力转向系统的优点：技术成熟稳定、可靠性高（即使车辆液压系统出现故障而失去助力，还能依靠传统的齿轮齿条机构进行转向），转向助力大，各类车型都可以使用，制造成本相对较低，路感更加清晰，手感柔滑。机械式液压助力转向系统的缺点：只要发动机工作，转向泵就会由发动机带动旋转，因此即使在转向机不工作的时候，转向泵也要消耗整车的部分动力，能耗比较高；液压系统的管路结构非常复杂，各种控制油液的阀门数量繁多，占用空间大，后期的维护成本较高。

③代表车型。使用机械液压助力转向系统的代表车型有：2015款宝来、2015款索纳塔8 2.0L、2015款1.6L福克斯、2015款凯越等。

其实机械液压助力转向系统最主要的缺点是助力特性无法兼顾全车速。正常的助力转向特性要求是车速越低,助力越大;车速越高,助力越小。但是液压助力转向正好相反,车速越高,发动机转速越高,助力越大,转向盘越轻;而在停车挪车时需要驾驶员最大助力,发动机却工作在怠速,转向泵的输出功率也最小,助力最小,转向盘沉重。为了弥补这一缺点,电子液压助力转向应运而生。

(2)电控液压助力转向系统。

①概述。电控液压助力转向系统在机械式液压助力转向系统(HPS)上增设控制液体流量的电磁阀、传感器及ECU。这套系统的转向油泵不再由发动机直接驱动,而是由电动机驱动,并且在此基础上加装了电控系统,使得转向辅助力的大小不仅与转向角度有关,还与车速相关。车速传感器监控车速,电控单元获取数据后通过控制转向控制阀的开启程度改变油液压力,从而实现转向助力力度的大小调节。机械结构上增加了液压反应装置和液流分配阀,新增的电控系统包括车速传感器、电磁阀、转向ECU等。

②特点。电子液压助力转向系统的优点:电子液压助力转向系统拥有机械液压助力转向系统的大部分优点,同时还降低了能耗,反应也更加灵敏,转向助力大小也能根据转角、车速等参数自行调节,更加人性化。电子液压助力转向系统的缺点:由于引入了很多电子单元,其制造、维修成本也会相应增加,使用稳定性也不如机械液压式的牢靠,后期仍需进行维护。

③代表车型。使用电子液压助力转向系统的代表车型有:雪铁龙C4L、标致308、马自达3星骋、三菱君阁等。

引导问题3 机械式液压助力转向系统由什么组成?是怎样工作的?

1 机械式液压助力转向系统的组成

机械式液压助力转向系统在机械转向系统的基础上增加了一套液压系统。大多数车辆使用机械液压助力转向系统,它的液压系统完全由机械装置控制。除了机械装置,还由储油罐、转向助力泵、动力缸、回油管等组成,如图12-2所示。

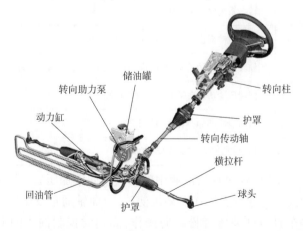

图12-2 液压助力转向系统的组成

机械式液压助力转向系统主要由转向液压泵、储液罐、转向控制阀、机械转向器等组成，如图12-3所示。该系统以液压油为动力，通过液压泵产生的动力来推动机械转向器工作。

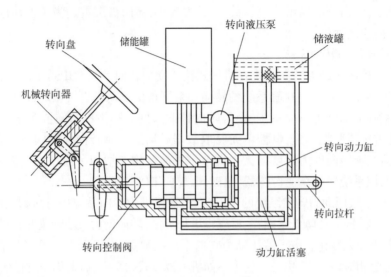

图12-3 液压系统的组成

这类动力转向系统是靠转向盘转动时带动扭杆，直接改变液压系统油路的通道面积来提供可变的助力，即助力大小与车速高低没有关系，只与转向角度有关。转向盘转过的角度越大，液压系统提供的助力也越大（即转向助力特性不可调）。

2 机械式液压助力转向系统的部件说明

机械式液压助力转向系统部件功能见表12-1。

机械式液压助力转向系统部件功能　　　　　　表12-1

名　称	功　能
转向助力泵	转向系统内产生油压
高压油管	把高压油提供给转向器并减少脉动
转向器	使转向回转运动变为直线运动传递给转向节并控制方向
回流管	使液压油从转向器到储油管的回路
冷却销	增加液压油的冷却性（适用于部分机种）
储油罐	储存和提供转向泵必要的油

（1）转向助力泵。动力转向泵将储液罐中的动力转向液加压后输送给转向器，为液压系统提供高压动力转向液。它通常安装在发动机前端，由曲轴通过皮带驱动，如图12-4所示。它使车辆在低速或停车时得到油压轻松转向操作；高速时控制油压的上升，确保转向的安全性。

图 12-4 转向助力泵

(2)储液罐。

①作用。储存、滤清、冷却动力转向系统工作油液。储液罐上有以不同方式表示的液面高度要求。如果液面高度过低,将使动力转向系统渗入空气,造成汽车转向操作不稳,忽轻忽重或有噪声。

②检查。步骤如下。

步骤 1:将车辆停放在平坦的地面上,使前轮处于直行位置。

步骤 2:起动发动机,并使其达到正常的工作温度。

步骤 3:使发动机怠速运转大约 2min,左、右打几次转向盘,使油温达到 40~80℃,关闭发动机。

步骤 4:观察储油罐的液面,此时液面应处于"MAX"(上限)与"MIN"(下限)之间,液面低于"MIN"时,应加至"MAX"。

(3)流量控制阀。现代汽车在动力转向泵的输出口安装集成减压阀的流量控制阀,其主要作用如下。

①防止动力转向泵工作温度过高和消耗功率过大。

②高速转向沉稳、低速转向轻便。

③限制系统最高压力。

流量控制阀三种典型的工作模式如下。

①低速运转工作模式。发动机怠速运行,动力转向泵流量较小,A、B 腔室压力差小,柱塞保持在中间位置,流量完全进入转向器,如图 12-5 所示。

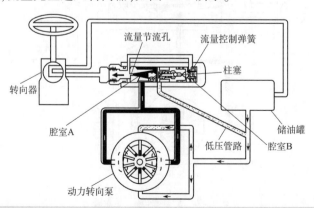

图 12-5 低速运转工作模式

②高速运转工作模式。发动机转速较高,动力转向泵流量急剧增加,A、B腔室压力差大,弹簧被压缩,柱塞右移,腔室A与低压油路导通,流量控制阀总成出口处的流量减小,如图12-6所示。

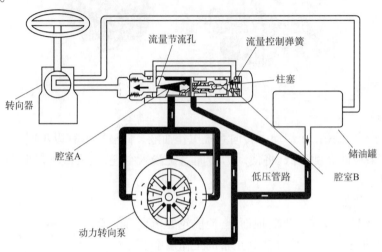

图12-6 高速运转工作模式

③减压工作模式。当驾驶员转动并保持转向盘在左或右的极限位置时,流量控制阀将会进入减压工作模式。当车轮转到极限位置时,转向器内部的动力转向液流动将受到限制,几乎停止流动,而动力转向泵仍然泵油,腔室A和腔室B的压力都会急剧上升,最终导致腔室B中的高压动力转向液顶开减压球阀,并返回到低压油路,如图12-7所示。同时,减压节流孔对进入腔室B的动力转向液进行节流降压,腔室A和腔室B之间产生较大的压差,柱塞右移,腔室A与低压油路导通,动力转向液快速流回到低压油路,整个液压系统的压力迅速降低。

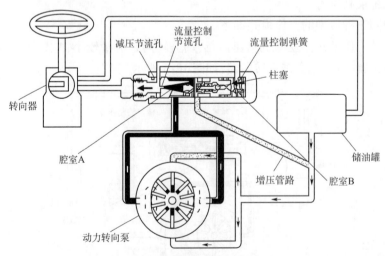

图12-7 减压工作模式示意图

3 机械式液压助力转向系统(HPS)的工作原理

根据系统内液流方式的不同,机械式液压助力转向系统可以分为常压式液压助力和常流式液压助力。

(1)常流式是指汽车在行驶中,不转动转向盘时,流量控制阀在中间位置,油路保持畅通。

(2)常压式是指汽车在行驶中,无论转向盘是否转动,整个液压系统总是一直保持高压。

在这里只讲常流式液压转向助力系统的工作原理。

常流式动力转向装置如图12-8所示。在不转向时,转向控制阀保持在开启状态。转向动力缸活塞两端经转向控制阀与转向油罐相通,转向液压泵输出的油液也经转向控制阀与转向油罐相通,转向液压泵运转,液压系统油液只是不停流动,油压很小。此时,转向液压泵处于空转状态。当驾驶员转动转向盘时,机械转向器通过转向摇臂使转向轮偏转的同时又使转向控制阀移动,使转向动力缸的一个工作腔经转向控制阀与转向液压泵相通,另一个工作腔则经转向控制阀与转向油罐相通。由于这时转向液压输出管道经转向控制阀不再与转向油罐相通,因而油压升高,推动转向动力缸活塞移动,从而帮助驾驶员使转向轮偏转。当转向盘停止转动后,转向控制阀即恢复中立位置,转向动力缸便不再工作。

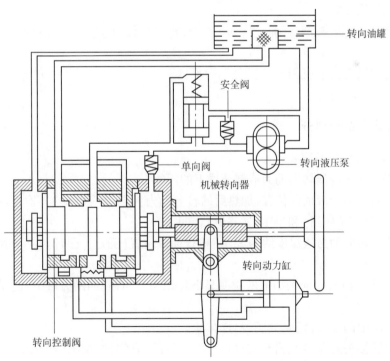

图12-8 常流式液压转向助力系统

二、实 施 作 业

引导问题 4 实施机械式液压助力转向系统检修需要哪些工具、设备和材料？

科鲁兹轿车、举升机、常用工具。

引导问题 5 应该怎样检修机械式液压助力转向系统故障呢？

1 检查机械部分

支起前桥,悬空车轮,转动转向盘,检查转向(□是 □否)灵活,判断故障在(□前桥与车轮等部件 □转向器或转向传动机构)。

(1)检查车轮。

①选用轮胎气压表工具,测量轮胎气压值为_____MPa,标准气压为 0.22MPa。根据气压表读数,判断轮胎压力(□是 □否)充足。

②进行前轮定位检测。

(2)检查前桥总成。

①检查转向拉杆球头销(□是 □否)卡滞,转向拉杆(□是 □否)变形,必要时更换转向拉杆。

②检查转向轴万向节(□是 □否)润滑不良。

(3)检查转向器。

2 检查助力系统部分

(1)检查转向助力液液位。

①使用干净的布清洁转向助力液储液罐上的污物。

②检查转向助力液液面的位置,加热后的转向助力液温度约为 66℃,检查油液(□是 □否)在标记"MAX"(最高)和"MIN"(最低)之间。

③冷却后的转向助力液温度约为 21℃,检查油液位置(□是 □否)在"MIN"(最低)标记处。

④(□是 □否)有转向助力液液位明显下降现象,检查转向助力液中(□是 □否)有空气。

⑤检查系统中的空气(□是 □否)已排除。

⑥检查软管接头处和 O 形密封圈处(□是 □否)有渗油、漏油,若存在以上问题应修复,进行⑦~⑩的加注转向助力液操作。

⑦安装储液罐上的出油软管,正确使用(□鲤鱼钳 □老虎钳)将出油管固定卡箍移至

阻挡位置。

⑧按维修手册规定加注规定型号的转向助力液,使液面至(□"MIN" □"MAX")标记位置;进入驾驶室,起动发动机并让其怠速运转,重新检查液面(□是 □否)在标记位置。

⑨排出系统中的空气,检查出油软管内的油液(□是 □否)有泡沫。

⑩重新检查转向助力液,检查起动发动机后转向(□是 □否)正常,(□是 □否)有噪声。重新检查液面,检查系统达到正常工作温度并稳定后,液面(□是 □否)达到"MAX(最高)"和"MIN"(最低)之间。再次检查出油软管与储液罐连接处(□是 □否)有泄漏。

(2)检查转向器。

①检查转向器外部(□是 □否)有助力转向液泄漏,判断(□是 □否)需要更换转向器。

②更换转向器首先要断开蓄电池负极,选择合适的组合工具(螺栓型号:17号,接杆:短接杆,扳手:扭力),拧松(□左前车轮 □右前车轮)的螺栓。

③举升车辆,拆卸掉(□左前车轮 □右前车轮)的螺栓,拿掉(□左前车轮 □右前车轮)。

④断开转向器出液管和进液管,用容器接收动力转向油液。

⑤转动转向盘直到转向盘辐条处于(□垂直 □水平)位置并指向左侧,检查动力转向器(□是 □否)处于正前位置。

⑥拆卸中间轴夹紧螺栓,断开外转向横拉杆,拆下转向器装配架上螺母和螺栓,从横梁卡夹上拆下回油管螺栓,移开变速驱动桥中心托架,更换齿条和小齿轮总成,调整齿条和小齿轮总成的齿条轴承预紧度。

(3)检查转向油泵。

①检查皮带,在皮带连接中心位置,以_____的力按压皮带,测量皮带张紧度为_____,标准值:新皮带_____mm,用过的皮带_____mm。

②检查油泵接口处(□是 □否)泄漏。

③检查转向油泵(□是 □否)泄漏,有泄漏时,应更换转向油泵。

④拆卸转向助力泵进、出油管。

⑤拆卸转向助力泵。

⑥检查新的转向助力泵零件号(□是 □否)正确,外观(□是 □否)有损伤,皮带轮转动(□是 □否)卡滞。

⑦安装转向助力泵。

⑧安装转向助力泵进、出油管,检查新的密封圈零件号(□是 □否)正确;_____(□有 □无)损伤或变形;连接转向助力泵进油管,检查进油管(□是 □否)老化现象。

(4)检查液压管路。检查液压管路(□是 □否)扭曲、折皱或破裂漏油。

三、评价反馈

对本学习任务进行评价,评分项目和评分标准见表12-2。

评 分 表　　　　　　　表 12-2

考核项目	评分标准	分数	学生自评	小组评价	教师评价	小计
活动参与	是否积极主动	5				
安全生产	有无安全隐患	10				
现场5S	是否做到	10				
任务方案	是否合理	15				
操作过程	(1)能否正确查阅信息,并填写信息; (2)能否正确安全规范地检修转向沉重故障; (3)是否排除故障	30				
任务完成情况	是否圆满完成	5				
工具和设备使用	是否规范地使用手机(电脑、维修手册)查阅信息	10				
劳动纪律	是否违反	10				
工单填写	是否完整、规范	5				
总分		100				
教师签名:			年　月　日		得分	

四、学习拓展

一辆2017款科鲁兹轿车,驾驶员在驾驶时要较大幅度地转动转向盘,才能控制汽车的行驶方向,并且汽车直线行驶时不稳定。这是典型的转向不灵、操纵不稳的转向系统故障。请你分析该车故障的可能原因,并写下来与同学一起交流探讨。

项目四
制动系统构造与维修

学习任务十三
制动系统认识

学习目标

完成本学习任务后，你应当能：
1. 掌握制动系统的结构组成；
2. 了解汽车制动的基本原理；
3. 掌握盘式制动器的结构原理；
4. 明确盘式制动器的常见故障和检修方法；
5. 掌握鼓式制动器的结构原理；
6. 明确鼓式制动器的常见故障和检修方法；
7. 正确规范地对制动跑偏故障进行检修；
8. 快速准确地使用网络查阅所需的资料。

 建议完成本学习任务的时间为 12 课时。

 学习任务描述

小张通过层层面试，拿到了去知名汽车集团的雪佛兰4S店实习的机会。实习的第一

项目四　制动系统构造与维修

天,有一位客户到店反映:其车辆是2017款科鲁兹轿车,制动时汽车有跑偏的现象。师傅和小张一起分析后,初步确定是制动系统故障造成的,然后一起对车辆制动系统进行检查。

一、资料收集

引导问题1 制动系统的作用是什么?有哪些类型?由哪些部件组成?又是怎样工作的?

1 汽车制动系统的作用

(1)保证车辆在行驶中能按驾驶员的要求减速制动。
(2)保证车辆的可靠停放。

2 制动系统的类型

(1)按制动功能的不同,制动系统可分为行车制动系、驻车制动系和辅助制动系统。

①行车制动系统:行车制动系统是在车辆行驶中使用,使正在行驶中的汽车减速,保证汽车能在最短的距离内制动的系统,该系统由驾驶员通过脚进行操作,如图13-1所示。

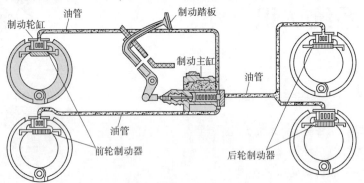

图13-1　行车制动系统

②驻车制动系统:驻车制动系统是在汽车制动后,使其在地面不滑动的系统,该系统由驾驶员通过手进行操作,如图13-2所示,部分车辆也通过脚来操作。

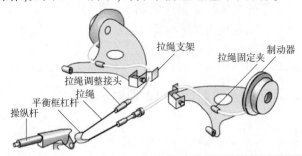

图13-2　驻车制动系统

③辅助制动系统:制动辅助系统能够监控驾驶员踩制动踏板的频率和力量,在紧急时刻辅助驾驶员对车辆施加更大的制动力,从而缩短制动距离,确保安全,制动效果如图13-3所示。

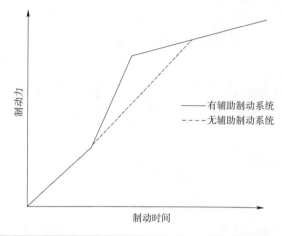

图 13-3　辅助制动系统

目前,汽车厂家多采用双回路制动系统,即当一个回路的制动系统失效时,另一个回路的制动系统还能提供最低限度的制动性能,以实现第二制动系统的功能。双回路制动系统布置也分很多种,有X型、H型、工型,如图13-4所示。

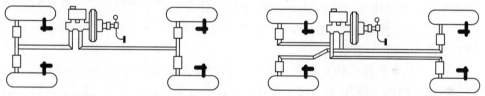

图 13-4　双回路制动系统

(2)按制动能源的不同,制动系统可分为人力制动系统、动力制动系统、伺服制动系统。

①人力制动系统以人力为唯一能源。

②动力制动系统以发动机动力转化为液压或气压制动。

③伺服制动系统兼用人力和发动机动力制动。

(3)按制动能源传输方式的不同,制动系统可分为机械制动系统、液压制动系统、气压制动系统、电磁制动系统、组合制动系统。

①机械制动系统以机械传输制动能量。

②液压制动系统以液压传输制动能量。

③气压制动系统以气压传输制动能量。

④电磁制动系统以电磁力传输制动能量。

⑤组合制动系统是多种传输制动能量综合。

(4)按回路数的不同,制动系统可分为单回路制动系统和双回路制动系统。

项目四　制动系统构造与维修

3 制动系统的组成

液压制动系统的基本组成如图13-5所示。

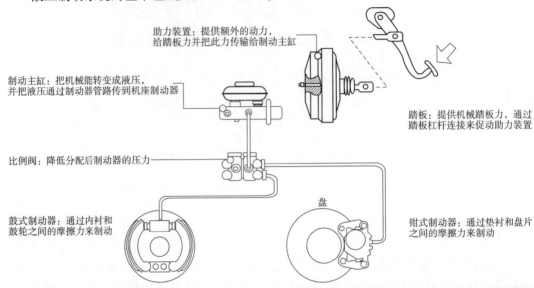

图13-5　液压制动系统结构

现代车辆大多采用的是液压制动系统,本学习任务也将重点讲解。以液压制动系统为例,制动系统主要由操纵机构、助力系统、液压系统、制动器、平衡控制器、制动指示灯、电子制动控制系统等几部分组成。

(1)操纵机构。操纵机构是将驾驶员施加在制动踏板上的力传递给制动主缸的装置。操纵机构由制动踏板、推杆或具有传力作用的联动装置等组成。当驾驶员脚踩制动踏板时,制动踏板推动推杆,将作用力传递给制动主缸的活塞。其组成如图13-6所示。

图13-6　操纵机构

制动踏板是驾驶员最常接触的一个部件,它把驾驶员踩踏板的力转化为推动制动主缸活塞的力。制动踏板的行程调整是制动系统调整的重要内容。

制动踏板行程的三个主要评价指标为:制动踏板的自由行程、常规制动的踏板行程及紧急制动的踏板行程。制动踏板行程过长,驾驶员会明显感觉制动性能差,对整车制动能力没有信心,同时会增加驾驶员的疲劳感且不符合人机工程的设计要求;制动踏板行程过短,整车制动粗暴,制动时乘客的前倾感严重,舒适感下降。

(2)助力系统。制动助力系统是一种制动加力装置,其作用力与制动踏板的作用力一起施加在制动主缸上,使车辆更容易制动,同时减轻驾驶员的疲劳强度,如图13-7所示。分析如下:

①制动踏板(杠杆原理):对 A 点取力矩 $P \cdot 4x - F \cdot x = 0$,可得 $F = 4P$。

②油压管路[帕斯卡定律(液压系统原理)]:在液压油管中,液体的压力可以被看作处处相等。故横截面的压力大小只与半径的平方有关,即 $F_1 = 9F$,既而 $F_1 = 36P$。即只需要在踏板上施加 $1N$ 的力就能将其放大36倍。

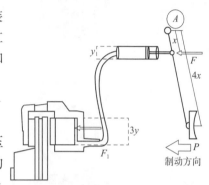

图13-7 助力系统制动力放大模型简化图

(3)液压系统。液压系统如图13-8所示。本内容在学习任务十四中有详细讲解。

(4)制动器。制动器是制动车轮转动的装置,按照结构可分为鼓式制动器和盘式制动器,如图13-9所示。

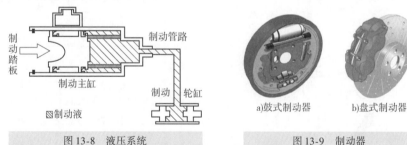

图13-8 液压系统　　　图13-9 制动器

(5)平衡控制器。平衡控制器的目的是保证车辆在制动时能达到制动动平衡。

(6)制动指示灯。常见的制动指示灯包括制动报警指示灯、制动片磨损指示灯、电子驻车故障指示灯、ABS故障指示灯、电子稳定控制指示灯等(表13-1)。

制动指示灯　　　　　　　　　　　　　　　表13-1

序号	指示灯	名称	说明
1		制动报警指示灯	拉起驻车制动手柄时,制动报警指示灯点亮。驻车制动手柄被放下时,该指示灯自动熄灭。制动系统出现异常(表现在制动不良或失灵、制动单边跑偏、制动噪声等)会导致亮起。在部分车型上,制动液不足时此灯会亮

续上表

序号	指示灯	名称	说明
2	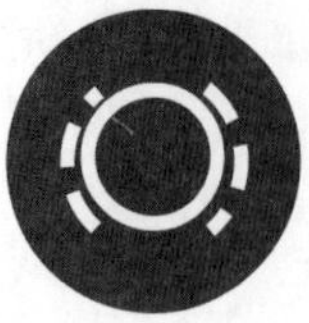	制动片磨损指示灯	制动片磨损指示灯是显示制动盘片磨损情况的指示灯。正常情况下此灯熄灭,点亮时提示驾驶员应及时更换故障或磨损过度制动片,修复后熄灭
3		电子驻车故障指示灯	电子驻车 EPB(Electrical Parking Brake)是指由电子控制方式实现制动的技术
4		ABS故障指示灯	接通电源后 ABS 故障指示灯点亮,约 3~4s 后熄灭,表示系统正常;不亮或长亮则表示系统故障,此时可以继续低速行驶,但应避免急制动
5		电子稳定控制指示灯	电子稳定控制指示灯是用来显示车辆电子稳定控制系统(TCS)的工作状态,多出现在日系车上。当该指示灯点亮时,说明 TCS 系统已被关闭
6		制动灯	一般在车尾的左右各有一个制动灯,配合一个长一点的高位制车灯,来达到醒目的提示作用,有些车在车尾中间部位还有一个制车灯

(7)电子制动控制系统。电子制动控制系统一般由传感器、电子制动控制模块和制动压力调节器等组成,如图 13-10 所示。

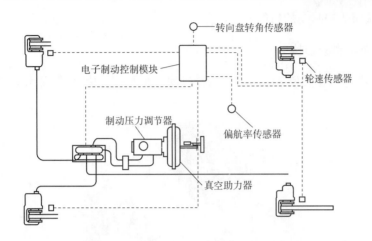

图 13-10　电子制动控制系统

4 制动系统的工作原理

制动系统的工作原理是将汽车的动能通过摩擦转换成热能，并释放到大气中。制动时，驾驶员踩下制动踏板，制动主缸向各制动轮缸供油，在油压的作用下，活塞把摩擦材料压向制动盘/鼓实现制动，如图 13-11 所示。

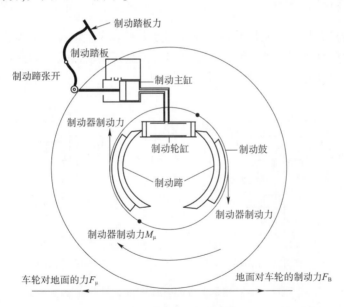

图 13-11　制动系统的工作原理

引导问题 2　盘式制动器的结构是怎样的？有哪些类型？是怎样工作的？如何对其进行检修？

盘式制动器通过液压系统把压力施加到制动钳上，使制动摩擦片与转动的车轮的制动盘发生摩擦,从而达到制动的目的。

1 盘式制动器的结构

盘式制动器也叫碟式制动器,主要由制动盘、制动钳、摩擦片等部分构成,如图13-12所示。

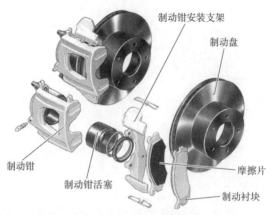

图13-12 盘式制动器的结构

2 盘式制动器的类型

盘式制动器根据其固定元件的结构形式可分为钳盘式制动器和全盘式制动器。现代汽车前后轮都采用钳盘式制动器的结构日渐增多。钳盘式制动器按制动钳固定在支架上的结构形式可分为定钳盘式和浮钳盘式,如图13-13所示。

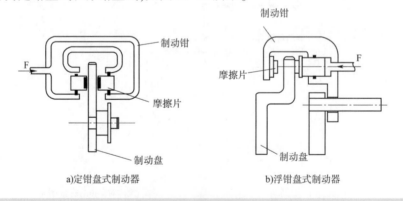

a) 定钳盘式制动器　　b) 浮钳盘式制动器

图13-13 钳盘式制动器

(1) 定钳盘式制动器。定钳盘式制动器的结构原理如图13-14所示,其旋转元件是制动盘,它和车轮固装在一起并可旋转,端面为摩擦工作表面。跨置在制动盘上的制动钳体固定安装在车桥上,它不能旋转也不能沿制动盘轴线方向移动,内部的两个活塞分别位于制动盘的两侧。制动时,制动油液由制动主缸(制动主缸)经进油管进入钳体两个相通的液压腔中,将两侧的摩擦块压向与车轮固定连接的制动盘,从而产生制动。

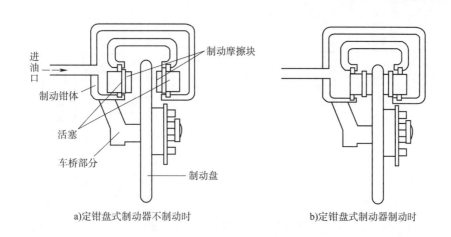

图 13-14　定钳盘式制动器的结构和原理

（2）浮钳盘式制动器。图 13-15 所示为别克凯越轿车的前轮浮钳盘式制动器。它由制动盘、摩擦衬块、制动钳壳体、制动钳支架等组成。

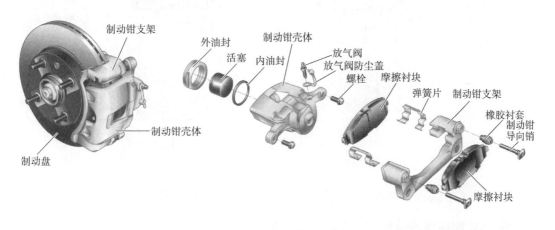

图 13-15　浮盘式制动器

制动钳通过导向销与车桥相连，可以相对于制动盘轴向移动。制动钳体只在制动盘的内侧设置油缸，而外侧的制动块则附装在钳体上。制动时，液压油通过进油管进入制动轮缸，推动活塞及其上的摩擦块向右移动，并压在制动盘上，使得油缸连同制动钳整体沿导向销向左移动，直到制动盘右侧的摩擦块也压在制动盘上，夹住制动盘并使其制动，如图 13-16 所示。

如图 13-17 所示，制动缸体内壁槽内安装有活塞密封圈，可防止制动液从活塞与制动缸体间的间隙中流出，对活塞起密封作用。液压使活塞运动，靠近活塞端的密封圈也随活塞一起变形，但槽内的密封圈不变形。当液压消失后，密封圈在橡胶恢复力的作用下往回运动，同时带动活塞往回运动。当制动摩擦块磨损时，活塞会自动从密封圈上滑移相应的距离，因此制动摩擦块和制动盘之间的间隙一般为定值。

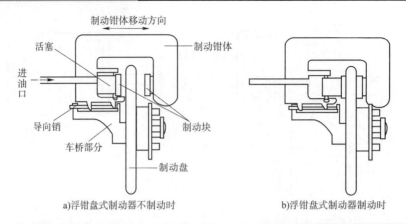

图 13-16　浮钳盘式制动器的结构和原理

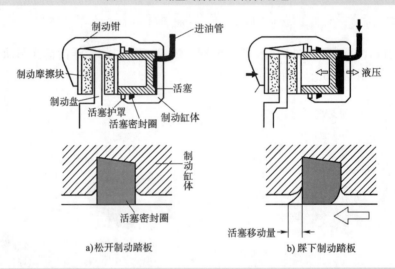

图 13-17　盘式制动器制动间隙自调的原理

3　盘式制动器的特点

盘式制动器的优点如下。

（1）热稳定性较好。因为制动摩擦衬块的尺寸不长，其工作表面的面积仅为制动盘面积的 12%～16%，故散热性较好。

（2）水稳定性较好。因为制动衬块对盘的单位压力高，易将水挤出，同时在离心力的作用下，沾水后也易甩掉，再加上衬块对盘的擦拭作用，因而出水后只需经 1～2 次制动即能恢复正常，而鼓式制动器则需经过十余次制动才能恢复正常制动效能。

（3）制动力矩与汽车前进、后退行驶无关。

（4）输出同样大小制动力矩的条件下，盘式制动器的质量和尺寸比鼓式要小。

（5）盘式的摩擦衬块比鼓式的摩擦衬片在磨损后更易更换，结构也较简单，维修容易。

（6）制动盘与摩擦衬块间的间隙小（0.05～0.15mm），这就缩短了油缸活塞的操作时间，并使制动驱动机构的力传动比有增大的可能。

(7)制动盘的热膨胀不会像制动鼓热膨胀那样引起制动踏板行程损失,这也可以简化间隙自动调整装置的设计。

盘式制动器的缺点如下。

(1)盘式制动器自身缺陷。对制动器和制动管路的制造要求较高,摩擦片的耗损量较大,成本较高,而且由于摩擦片的面积小,相对摩擦的工作面也较小,需要的制动液压高,必须要有助力装置的车辆才能使用,使效能较低,故用于液压制动系统时所需制动促动管路压力较高,一般要用伺服装置。

(2)制动比较粗暴。两个黏有摩擦衬面的摩擦盘能在花键轴上来回滑动,是制动器的旋转部分,制动时能在极短时间使车辆停止。再加上压盘上球槽的倾斜角不可能无限大,所以制动不平顺。

4 盘式制动器常见故障的分析

盘式制动器常见故障分析见表13-2。

盘式制动器常见故障分析　　　　　　　　　　　　　表13-2

序号	故障现象	故障原因	排除方法
1	制动跑偏	制动钳或制动钳活塞黏着或卡滞	更换制动钳
		摩擦片上有润滑脂或制动液;摩擦片变形	擦拭污染物或更换制动片
		制动钳或悬架与制动盘连接部件松动	按规定力矩紧固连接螺栓
2	制动踏板抖动	制动盘端面圆跳动过大	进行表面修整或更换
		车轮轴承间隙过大或过小	调整车轮轴承间隙
		摩擦片磨损超过极限	更换摩擦片
3	踩制动踏板时费力	制动钳与支架卡滞	检修或更换导向销
		摩擦片过度磨损	更换摩擦片
		制动钳活塞黏着或反应慢	更换密封圈或活塞
4	制动踏板行程变大	摩擦片严重变形	更换摩擦片
5	制动拖滞	制动钳导向销润滑不正确	重新润滑
		制动钳和支撑面的间隙不恰当	进行调整

5 盘式制动器检修

(1)目视检查项目。

①检查制动钳和制动钳支架是否损坏或松动。

②检查制动钳排气螺栓是否松动。

③检查制动盘表面是否有划痕或污物。

④检查制动片表面颜色是否正常

⑤检查制动器是否存在漏油现象。

（2）制动钳的检查。

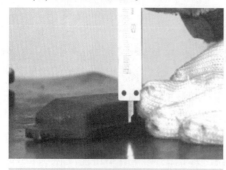

图13-18　摩擦片的检查

①检查制动钳体是否有锈蚀和损伤现象，制动轮缸橡胶防尘套是否完好且有良好的弹性。

②检查制动钳内分泵活塞在制动钳孔中是否能平滑移动。

③若是浮动式制动钳，还应检查制动钳导向销是否磨损或变形，弹性夹的弹性是否正常。

（3）摩擦片的检查。检查制动摩擦片的厚度，若制动摩擦片厚度小于使用限度或磨损不均，应更换，如图13-18所示。

（4）制动盘的检查。

①检查制动盘是否有深度擦伤、翘曲变形。检查时在制动盘与制动片的接触面上沿圆周方向距离制动盘外端面13mm处检测六个点的厚度，可用千分尺进行测量。如果厚度的最大偏差值超过规定值，则此制动盘需重新加工，如图13-19所示。

②检查制动盘端面圆跳动量是否超过规定值。修理时应将车轮螺栓加至规定力矩，并且百分表的探针也应距离制动盘外端面13mm处，如图13-20所示。检查测量制动盘端面圆跳动量若误差大于0.06mm，应予以更换。

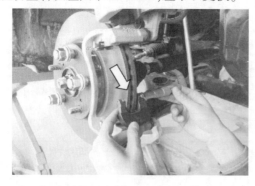

图13-19　制动盘厚度偏差的测量

图13-20　制动盘断面圆跳动的测量

> **引导问题3**　鼓式制动器的结构是怎样的？有哪些类型？又是怎样工作的？如何对其进行检修？

1 鼓式制动器的结构

简单的鼓式车轮制动器由旋转部分、固定部分、促动装置和间隙调整装置组成，其结构如图13-21所示。旋转部分为制动鼓；固定部分是制动底板和制动蹄，制动底板固装在车桥的凸缘盘上，通过支承销与制动蹄相连；促动装置的作用是对制动蹄施加力使其向外张开，常用的促动装置有凸轮或车轮分泵（制动轮缸）；间隙调整装置的作用是保持、调整制动蹄和制动鼓间正确的相对位置。

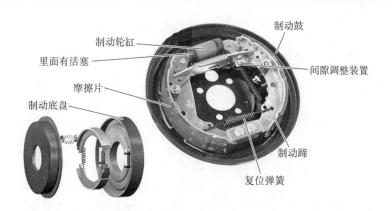

图 13-21 鼓式制动器的结构

制动时,制动蹄在促动装置作用下向外旋转,外表面的摩擦片压靠到制动鼓的内圆柱面上,对鼓产生制动摩擦力矩;解除制动时,制动液压力消失,制动蹄在复位弹簧的作用下复位。

制动器在使用过程中,随着摩擦片的磨损,制动器间隙会变大,制动器反应时间过长,直接威胁行车安全,因而要求制动器必须有检查和调整间隙的功能,调整的方法分为人工调整法和自动调整法。

现在很多汽车的制动器都装有制动器间隙自动调整装置,它可以保证制动器间隙始终处于最佳状态,而不必经常人工检查和调整。

2 鼓式制动器的工作原理

鼓式制动器的工作原理如图 13-22 所示。当施加制动时,制动踏板作用力经助力器助力后传递到制动主缸。制动主缸将制动液压力通过制动管和制动软管输入轮缸。轮缸活塞推动制动蹄外张,使之与制动鼓接触,从而降低车速。当解除制动时,液压系统的液压力下降,在复位弹簧的作用下,轮缸活塞复位,制动蹄与制动鼓分离,两者间的摩擦力消失。

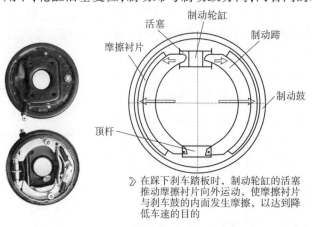

» 在踩下刹车踏板时,制动轮缸的活塞推动摩擦衬片向外运动,使摩擦衬片与刹车鼓的内面发生摩擦,以达到降低车速的目的

图 13-22 鼓式制动器工作原理示意图

3 摩擦限位式间隙自调装置

用以限定不制动时制动蹄内极限位置的限位摩擦环装在轮缸活塞内,限位摩擦环是一个有切口的弹性金属环,压装入轮缸后与缸壁之间的摩擦力可达 400～550N。如果制动器间隙过大,活塞向外移动靠在限位环上仍不能正常制动,活塞将在油压作用下克服制动环与缸壁间的摩擦力继续向外移动,摩擦环也被带动外移,解除制动时,制动器复位弹簧不可能带动摩擦环复位,也即活塞的回位受到限制,制动器间隙减小。如图 13-23 所示。

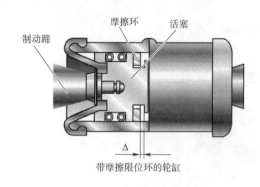

图 13-23　摩擦限位式间隙自调装置结构

4 鼓式制动器的分类

按促动装置不同,鼓式车轮制动器多为内张双蹄式。按促动装置形式的不同,鼓式车轮制动器可分为轮缸式、凸轮式和楔块式,如图 13-24 所示。

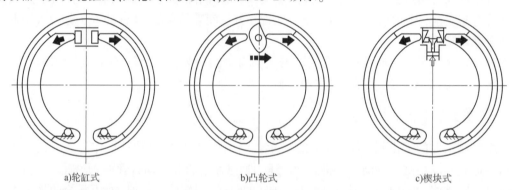

图 13-24　鼓式车轮制动器的类型

按产生制动力矩的不同,鼓式制动器多为领从蹄式,如图 13-25 所示,汽车前进时制动鼓的旋转方向如图箭头所示。在制动过程中,两制动蹄在相等的促动力 F_s 作用下,分别绕各自的支撑点向外偏转,紧压在制动鼓上。同时旋转的制动鼓对两蹄分别作用着法向反力 N_1 和 N_2,以及相应的切向反力 T_1 和 T_2,T_1 作用的结果使得制动蹄在制动鼓上压得更紧,则 N_1 变得更大,这种情况称为助势作用,相应的制动蹄被称为领蹄;与此相反,T_2 作用的结果则使得制动蹄有放松制动鼓的趋势,即 N_2 和 T_2 均减小,这种情况称为减势作用,相应的制动蹄被称为从蹄。

根据制动过程中两制动蹄产生制动力矩的不同,鼓式制动器可分为领从蹄式、双领蹄式、双向双领蹄式、双向从蹄式、单向自增力式和双向自增力式等(图 13-26);

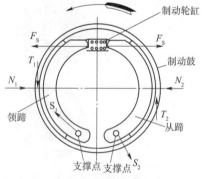

图 13-25　领从蹄制动器

根据制动时两制动蹄对制动鼓作用的径向力是否平衡,鼓式制动器又可分为简单非平衡式、平衡式和自动增力式。其中,双领蹄式、双向双领蹄式、双向从蹄式制动器由于结构是中心对称的,两蹄对制动鼓单位压力的分布呈中心对称,因此制动鼓所受到的法向力相互平衡,属于平衡式制动器;领从蹄式、单向自增力式、双向自增力式制动器均属于非平衡式制动器。

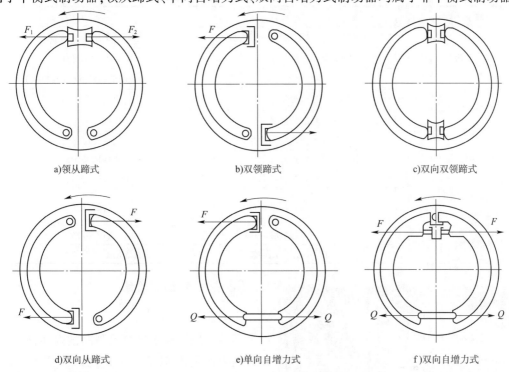

图 13-26 鼓式制动器的类型

5 鼓式制动器特点

鼓式制动器优点如下。

(1)有自动刹紧作用,使制动系统可以使用较低的油压,或使用直径比制动盘小很多的制动鼓。

(2)驻车制动装置的安装容易,部分后轮装有盘式制动器的车型,会在制动盘中心部位安装鼓式制动器的驻车制动装置。

(3)零件的加工与组成较简单,而有较低的制造成本。

鼓式制动器缺点如下。

(1)鼓式制动器的制动鼓在受热后直径会增大,而造成踩下制动踏板的行程加大,容易发生制动反应不如预期的情况。因此,在驾驶采用鼓式制动器的车辆时,要尽量避免连续制动造成制动器因高温而产生热衰退现象。

(2)制动系统反应较慢,踏板的踩踏力度较不易控制,不利于做高频率的制动动作。

(3)构造复杂,零件多,制动间隙需做调整,增加维修难度。

6 鼓式制动器常见故障的检修

鼓式制动器常见故障分析见表 13-3。

鼓式制动器常见故障分析　　　　　　　　　　　表 13-3

故障现象	故障原因	排除方法
所需的制动踏板力过大	制动蹄可能粘有润滑脂或制动液	检修或更换制动器部件
	制动轮缸的活塞卡滞	更换制动轮缸
	制动蹄不配套	更换正确的制动蹄(成对更换)
制动踏板行程减少	制动蹄复位弹簧弹性减弱	更换复位弹簧
	制动轮缸的活塞卡滞	更换制动轮缸
车辆一侧车轮易打滑	复位弹簧弹性变弱或断裂	更换复位弹簧
	制动轮缸活塞皮碗膨胀或变形	更换制动轮缸
	限位弹簧组松动	更换限位弹簧组
制动踏板发抖(驻车制动也抖动)	制动鼓圆度误差超标	更换制动鼓
制动器异响	制动鼓破裂或制动鼓有硬点	更换制动鼓
	制动蹄敲击制动鼓	检查起动器部件及安装位置

图 13-27　制动鼓内径测量

7 鼓式制动器检修

（1）制动鼓检查。

①用专用游标卡尺测量制动鼓内径，检查制动鼓内表面的磨损量是否在允许值范围内，如图 13-27 所示。

②检查制动鼓内表面磨损状况，沟槽深度不大于 1mm。

（2）制动蹄检查。

①目视制动蹄的外观检查，如果摩擦材料破损，则必须进行更换。

②检测制动蹄摩擦材料的最小厚度值。

二、实施作业

引导问题 4　实施制动跑偏检修需要哪些工具、设备和材料？

外径千分尺、游标卡尺、百分表、磁性表座、制动轮缸活塞压缩钳、组合工具一套、制动零件专用清洁剂、防松胶、磁力护裙、转向盘防尘罩、变速器操纵杆防尘罩、驻车制动器防尘罩、脚垫和座椅防尘罩、举升机、2017 款科鲁兹轿车维修手册。

引导问题 5 ▶ 该怎样实施制动跑偏检修？

1 检查轮胎

（1）轮胎外观检查。

①检查轮胎型号、规格（□是 □否）正确。

②检查轮胎（□是 □否）已明显磨损。

（2）轮胎气压检测。

①清洁气门嘴。

②选用_____工具检查轮胎气压，判断该工具指针（□是 □否）指向零位。

③依次检查各轮胎气压，测量轮胎气压分别如下。左后：_____KPa，右后：_____KPa，左前：_____KPa，右前：_____KPa，轮胎气压标准值为_____kPa，如不符合标准，应调整轮胎气压。

2 检查车轮定位

（1）检查前准备。

①举升车辆至合适高度。

②使用钢直尺测量后轮中心的离地间隙为_____mm，悬架下臂衬套固定螺栓中心的离地间隙为_____mm，前轮中心的离地间隙为_____mm，后牵引臂衬套固定螺栓中心的离地间隙为_____mm。

③检查轮胎的外观（□是 □否）完好，气压（□是 □否）正常。

④检查转向盘自由行程为_____mm，判断（□是 □否）小于100mm。

（2）车轮摆动检查。

①选用百分表、磁性表座，然后进行组装。

②将百分表测量轴抵靠在胎冠中心，并使其有_____mm的压缩量，旋转轮胎一圈，读取径向跳动度为_____mm，轮胎径向跳动应为1.4mm或更小。

③将百分表测量轴抵靠在轮辋外缘处，并使其有_____mm的压缩量，读取轮辋的端面缘跳动值为_____mm，轮辋的端面缘跳动应为0.75mm或更小。

（3）四轮定位仪操作。

（4）底盘连接件检查。

①将车轮举升至合适位置并锁上安全锁。

②检查横拉杆球头（□是 □否）松动，横拉杆（□是 □否）弯曲、损坏或松旷，转向节（□是 □否）损坏或松旷，转向节与减振器固定螺栓（□是 □否）牢固，滑杆上部（□是 □否）损坏或松旷。

③前稳定杆（□是 □否）变形或松旷，稳定杆连杆（□是 □否）弯曲或损坏，下悬架臂（□是 □否）损坏，后梁支架（□是 □否）弯曲或损坏，后悬架臂（□是 □否）变形或

损坏,托臂后桥(□是　□否)变形或损坏。

(5)安装四轮定位仪夹具、传感器和连接电缆。

①将举升机下降至最低锁止位置,进入定位仪夹具安装界面。

②安装车轮夹具,检查四轮夹具安装(□是　□否)正常,取下四个夹具的加力杆。

③安装四个传感器。

④调水平,使水平气泡至(□中央　□边缘)处并锁紧。

⑤起动传感器。

(6)偏位补偿。

①放置两侧车轮挡块,将换挡杆置于(□空挡　□倒挡),释放驻车制动器。

②举升车轮至车轮离开转角盘＿＿＿＿cm左右。

③按设备要求进行车轮偏位补偿。

④将举升机下降至最低锁止位置。

(7)车轮定位监测。

①检查两后轮(□是　□否)落在后滑板上正确位置。

②检查两前轮中心(□是　□否)落在转角盘中心。

③插入刹车锁。

(8)检查检测报告。

①分析检查数据,判断数据(□是　□否)合格。

②如数据显示不合格,则进入定位调整操作。

3 检查制动器

(1)检查前准备。

①检查车轮制动器的安装(□是　□否)正确。

②检查制动轮缸柱塞回位(□是　□否)有卡滞现象。

③检查复位弹簧(□是　□否)有效。

④检查制动蹄(□是　□否)回位。

(2)拆卸车轮。

①举升车辆至合适高度。

②检查前轮轮毂轴承(□是　□否)松旷,转动(□是　□否)正常。

③正确组合工具,拆卸轮胎固定螺栓,取下车轮。

(3)拆卸制动缸总成。

①选用＿＿＿＿mm开口扳手、＿＿＿＿mm开口梅花扳手,将制动缸总成与制动卡钳连接的上下两个螺栓拧松,用手取下。

②用一个S型的钩子,将制动缸总成挂在螺旋弹簧上。

(4)拆卸检查制动块。

①双手轻轻向外摇制动块,将其从制动卡钳上分离。

②检查制动块(□是　□否)裂纹、破损、脱胶,两个制动块(□是　□否)有磨损不均匀

的情况。
③清除硬化层。
④用直尺垂直测量制动块摩擦材料处内外两侧各两个点的厚度,内厚度为_____mm,外厚度为_____mm,若厚度限值小于1mm,内外磨损偏差大于1mm,则成对更换摩擦块。
⑤检查限值指示器(□是 □否)有变形或损坏。
⑥分别拆卸两摩擦块1号和2号消音垫块,检查(□是 □否)有变形或损坏,(□是 □否)缺少润滑脂。

(5)拆卸检查制动盘。
①用手取下螺栓和固定架,使用记号笔在制动盘和车桥轮毂上做好装配标记,然后用手轻轻取下制动盘。
②清洁制动盘内外表面,检查制动盘(□是 □否)有不正常磨损情况或损坏。
③选用_____mm量程千分尺测量,使用前要清洁千分尺并调零。
④在制动盘上选三个测量点,各测量点之间相隔120°,用千分尺测量制动盘厚度为_____mm,测得的厚度必须大于19mm,若小于19mm,则更换制动盘。

(6)安装制动盘。
①固定螺栓旋紧,固定力矩紧固对角线的两个螺母。
②用百分表检测制动盘的径向跳动为_____mm,要求小于0.05mm。

(7)安装前制动器。
①清除摩擦块支撑板上的锈迹和污垢,检查支撑板(□是 □否)有足够的弹性,(□是 □否)有裂纹或变形。
②将固定架安装到制动盘中,用手旋紧两个固定螺栓,以_____力矩紧固螺栓。
③检查制动轮缸(□是 □否)制动液泄漏,防尘套有无损坏,制动软管及接头(□是 □否)制动液泄漏。
④将两个摩擦块安装到制动卡钳支架槽内。
⑤从S型钩子上取下制动缸总成并安装到固定架上,用手旋紧两个固定螺栓,以_____力矩紧固两个固定螺栓。
⑥安装车轮。

4 检查悬架系统

①检查横向稳定杆衬套(□是 □否)有损坏。
②检查上、下摆臂衬套(□是 □否)有损坏。
③检查下摆臂球头(□是 □否)有损坏。
④检查悬架弹簧的尺寸、性能(□是 □否)对跑偏有影响。

三、评价反馈

对本学习任务进行评价,评分项目和评分标准见表13-4。

评 分 表　　　　　　　　　　　　　　表 13-4

考核项目	评分标准	分数	学生自评	小组评价	教师评价	小计
活动参与	是否积极主动	5				
安全生产	有无安全隐患	10				
现场5S	是否做到	10				
任务方案	是否合理	15				
操作过程	(1)能否正确查阅信息,并填写信息; (2)能否正确安全地进行制动跑偏故障检修	30				
任务完成情况	是否圆满完成	5				
工具和设备使用	是否规范地使用手机(电脑、维修手册)查阅信息	10				
劳动纪律	是否违反	10				
工单填写	是否完整、规范	5				
总分		100				
教师签名:			年　　月　　日		得分	

四、学习拓展

一辆2017款科鲁兹轿车,驾驶员在驾驶时踩压制动踏板感觉位置很低,再踏时位置不能升高,感觉发硬。请你分析该车故障的可能原因,并写下来与同学一起交流探讨。

学习任务十四

液压制动系统的构造与维修

学习目标

完成本学习任务后,你应当能:
1. 掌握制动液压系统的结构组成;
2. 掌握制动主缸的工作原理;
3. 熟悉计量阀、比例阀、组合阀的作用;
4. 熟悉制动液的注意事项;
5. 熟悉液压系统常见的故障现象;
6. 知道液压系统常见的检查和测试方法;
7. 快速准确地使用网络查阅所需的资料。

 建议完成本学习任务的时间为 8 课时。

 学习任务描述

小张通过层层面试,拿到了去知名汽车集团的雪佛兰4S店实习的机会。实习的第一天,有一位客户到店反映:其车辆是2017款科鲁兹轿车,驾驶员在制动时感到减速不足;紧急制动时,汽车制动距离太长。师傅和小张一起分析后,初步确定这是典型的制动效能不良,然后一起对车辆制动系统进行检查。

一、资料收集

引导问题1 液压制动系统由哪些部件组成?它们是怎么工作的?

液压制动系统如图 14-1 所示。

项目四 制动系统构造与维修

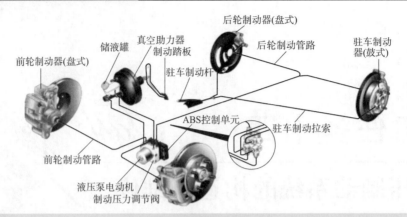

图 14-1 液压制动系统组成

液压制动系统主要包括以下几部分。

1 制动主缸

(1) 作用与组成。制动主缸的作用是产生高压油液通过油管传到各个轮缸,使制动轮缸张开推动制动蹄摩擦片/摩擦片产生制动力。其结构如图 14-2 和图 14-3 所示,各部件作用如下:

①推杆:移动受驾驶员的控制;
②活塞:用于产生制动压力;
③第一、第二活塞皮碗:起制动压力密封作用;
④复位弹簧:制动后使踏板恢复到原来的位置;
⑤补偿油孔和旁通油孔:增大液体流动的速度。

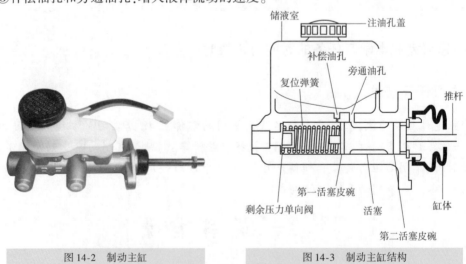

图 14-2 制动主缸   图 14-3 制动主缸结构

(2) 工作原理。主缸的工作可分为三个阶段,即静止阶段、制动力施加阶段和释放阶段。

①静止阶段。当制动踏板未被踩压时,主缸活塞及皮碗处于静止状态,且各个活塞的前皮碗位于旁通孔与进液孔之间,储液罐通过这两个孔与主缸连通,制动液可以自由进出

主缸。

②施加制动力阶段。驾驶员踩下制动踏板,后腔活塞及皮碗前移,旁通孔被关闭后,后腔高压区压力升高,高压制动液进入轮缸,建立制动压力。但低压区的压力降低,制动液经进液孔进入该区域防止产生真空。

在后腔液压和弹簧的作用下,前腔活塞及皮碗前移,前腔高压区的压力随之升高。若继续踩下制动踏板,前、后腔的压力继续升高,使前、后制动器制动。

③释放阶段。制动踏板释放后,主缸前、后活塞及皮碗、轮缸活塞在各自复位弹簧的作用下复位。由于制动液的黏性和制动管路阻力的影响,制动液不能及时流回到主缸并填充因活塞后移而产生的空间,因此在旁通孔开启之前,主缸前、后腔高压区中都将产生一定的真空度。而此时低压区的压力大于高压区的压力。于是,低压区的制动液便从皮碗与缸壁间的间隙进入高压区以填补真空。与此同时,储液罐中的制动液经进液孔进入低压区,当活塞完全复位后,旁通孔已经开启,由制动管路中回流,而多余的制动液便经旁通孔进入储液罐。

2 真空助力器

真空助力器是真空助力伺服制动系统的核心部件,其利用发动机进气管的真空和大气之间的压差起助力作用,如图 14-4 所示。

3 制动液

制动液是液压制动系统中传递制动压力的液态介质,有合成型和矿物油型两种,分为 DOT3、DOT4、DOT5、DOT5.1 四个级别。轿车常用 DOT3、DOT4 制动液,如图 14-5 所示,赛车一般使用 DOT5 制动液;重载或高性能汽车一般使用 DOT5.1 制动液。

图 14-4 真空助力器

图 14-5 制动液

制动液使用注意事项主要有:
(1)按厂商的要求使用规定型号的制动液,并定期更换;
(2)制动液应存储在原装储存瓶中并密封好,禁止使用其他容器存放制动液;
(3)开启制动液储存瓶瓶盖或主缸储液罐前,应该清理其周围的灰尘、水等污染物;
(4)如果制动液储液罐干涸了,就需要清洗或更换储液罐;

项目四　制动系统构造与维修

（5）禁止使制动液储液罐存放制动液以外的任何物品；

（6）禁止使用回收的制动液（包括液压系统排空气时回收的制动液）或从其他车辆储液罐中吸取的制动液。

4 制动管路

制动管路的作用是传递制动系统中的制动油液，如图 14-6 所示。

制动管路布置有三种型式（图 14-7），轿车常用交叉布置式，如图 14-7b）所示，这样当一条管路发生泄漏时，另一条管路仍起制动作用，并且制动力也较为均衡，可有效避免制动跑偏。

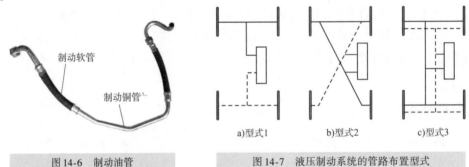

图 14-6　制动油管　　　　图 14-7　液压制动系统的管路布置型式

5 制动轮缸

驾驶员踩下制动踏板后将制动主缸产生推力将液压油压到制动轮缸，轮缸内部的活塞受到液压力开始移动顶动摩擦片，摩擦片摩擦制动盘，使汽车减速和静止。制动轮缸如图 14-8 所示。

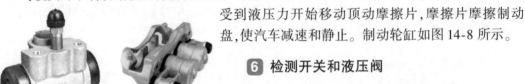

图 14-8　制动轮缸

6 检测开关和液压阀

（1）制动液液位开关。制动液液位开关用于监测制动液面高度，当制动液液位低于规定值时，该开关闭合，点亮组合仪表上的制动报警灯。

（2）压差开关。双回路液压系统中安装有差压开关，用于监测两条液压回路的压力是否平衡，若不平衡，则该开关导通，并点亮组合仪表上的制动报警灯。

（3）计量阀。计量阀应用在后轮驱动且使用前盘后鼓式制动系统的汽车上，它位于前轮制动器（盘式）管路内，作用是防止前轮制动器先于后轮制动器（鼓式）动作，保证前、后车轮同时制动。

（4）比例阀。比例阀安装在后轮制动器管路内，其作用是限制后轮制动轮缸的制动压力增量。

（5）感载比例阀。感载比例阀的作用是满足各种载荷下的前、后制动力比例要求。当汽车空载时，杠杆将阀部分关闭，降低后轮轮缸的制动压力；当汽车装载后，横梁被下压，它与后桥之间的距离缩小，此时杠杆动作，增大阀的开度，从而增大后轮轮缸的制动压力。

（6）组合阀。组合阀至少具备比例阀、计量阀、差压开关三个功能中的两个,它的形式多样。有些组合阀具备比例阀、计量阀和差压开关的功能,有些组合阀仅具有比例阀和差压开关的功能。现代汽车大多使用组合阀。

引导问题2 电子液压制动系统（EHB）是怎样工作的？

电子液压制动系统的工作原理是:制动踏板连接到踏板模拟器上,通过采集踏板位移传感器、摆角传感器的信号,把驾驶员的操作信息作为控制意图,通过电控信号的形式发送给电机、液压泵、液压缸等,以达到使车辆减速或者制动的目的,如图14-9所示。

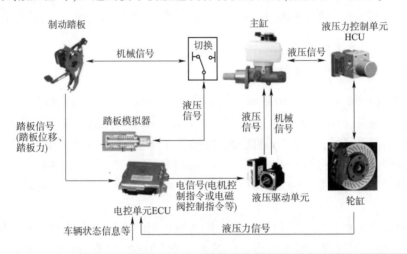

图14-9 电子液压制动系统（EHB）工作原理示意图

引导问题3 液压制动系统有哪些故障？怎样排除呢？

1 液压系统常见的故障现象

液压系统常见的故障现象有:制动报警灯点亮、制动跑偏、制动拖滞、制动液泄漏、制动距离变长、制动踏板疲软、制动踏板行程过大等。

2 液压系统检测

（1）制动液检查。
①观察制动液液面高度是否在最高刻（MAX）线和最低刻（MIN）线之间。
②如果制动液液面低于最低刻度线,添加制动液使液面高度至正常位置。
③踩压制动踏板5~10次。
④检查制动主缸缸体是否存在渗漏或表面潮湿。
⑤如果制动主缸没有损坏,则在10min后再检查制动液的液面高度。

⑥如果液面高度已经降得很低了,检查液压系统是否存在外部泄漏。

(2)目视检查。

①检查制动主缸与真空助力器及储液罐之间是否出现渗漏。

②检查制动管及管接头是否存在裂纹、弯折、扭曲、泄漏等情况。

③检查制动软管能否弯曲自如,是否有碎屑杂物、裂纹、渗漏、切痕、鼓包、挠性软点等。

④检查制动轮缸和卡钳是否有腐蚀痕迹、渗漏和损坏等。

(3)液压系统渗漏检查。

①使发动机运行,变速器处于空挡位置,踩下制动踏板并保持至少15s。

②测量制动踏板与地板之间的距离。制动踏板与地板之间的距离应该为2.5~5cm左右。同时不应该感觉到踏板跌落,如果踏板跌落了,说明液压系统存在外部或内部的渗漏。

3 液压系统排空气的方法

制动系统内若有空气侵入,则制动时将造成制动踏板无力,踏板行程过长,致使制动力不足,甚至制动失灵,汽车的制动性能变差。因此需要对有空气渗入的制动系统进行排气。一般说来,制动系维修后,或者清洗制动系、更换制动液后,或者制动液中渗入空气时,都需对制动系统进行排气。在进行排气之前,应先排除制动系统中存在的故障,并检查制动液压系统中的管路及其接头,如发现管路破裂或接头松动,应进行修理,以免制动系统排气完毕后重新渗入空气。

(1)普通制动系的排气。普通制动系的排气是指制动主缸至制动轮缸管路的排气。其常用的排气方法是利用脚踩制动踏板提供的制动管路压力,按右后轮制动轮缸→左前轮制动轮缸→左后轮制动轮缸→右前轮制动轮缸的排气顺序对其他的制动轮缸进行排气。在开始进行排气时,制动主缸储液罐液面必须处于最高液位标记处,在排气过程中,要经常检查液位,至少使储液罐制动液不低于MIN线,以免液位过低时空气重新渗入制动系统。给每个分泵排气之后都应检查液面,按要求补足制动液。其排气过程如下:

①不需要使用专用工具,但需要两位维修技师共同操作;

②操作时,一位维修技师踩压制动踏板若干次后踩住不放;

③另一位维修技师拧开排气螺栓,排出系统中混有的空气;

④拧紧排气螺栓,并不断重复这个操作,直到排气口中不再有气泡冒出。

(2)装有防抱死制动系统(ABS)的制动系统排气。对于装有ABS的轿车,其排气操作不同于普通制动系,它需要依照特定的程序并借助专用仪器才能将渗入ABS的空气完全排除。装有该系统的轿车可分为两级排气:其一级管路排气是指制动主缸至轮缸管路的排气,排气的操作方法完全与普通制动系统的排气相同,但在排气过程中,应确保ABS系统不工作;其二级管路排气是指对ABS执行器(即液压单元)的排气,这种排气要求使用专用工具进行。

在一般情况下,进行制动主缸、轮缸管路维修时,只需要进行一级管路排气即可,而只有在更换ABS执行器(液压单元)时,才需要进行二级管路排气。

二、实施作业

引导问题4 实施液压制动系统检修需要哪些工具、设备和材料？

外径千分尺、游标卡尺、百分表、磁性表座、制动轮缸活塞压缩钳、组合工具一套、制动零件专用清洁剂、防松胶、磁力护裙、转向盘防尘罩、变速器操纵杆防尘罩、驻车制动器防尘罩、脚垫和座椅防尘罩、举升机、2017 款科鲁兹轿车维修手册。

引导问题5 该怎样检修液压制动系统故障？

1 检查制动液

(1) 检查制动液及制动管路。
①检查制动液(□有　□无)变色、异味或沉淀物。
②检查制动管路(□有　□无)有破损、泄漏，如果有破损或泄漏需立即更换。
(2) 检查制动液液位。
①拆卸中间前围板上通风栅板。
②检查制动液液位(□是　□否)在高位 MAX 与低位 MIN 之间，如果制动液液位低于 MIN 线，检查制动液(□有　□无)泄漏或制动器衬块磨损过甚。
(3) 排放与添加制动液。
①清洁油污，取出过滤网，连接手动真空泵，将储液罐中的制动液抽干净。
②检查新制动液牌号(□是　□否)正确。
③将滤网装到加液口中。
④将制动液加到储液罐中，检查液位(□是　□否)已至 MAX 处。
⑤盖上加液口盖，举升车辆至合适位置。
⑥选用_____mm 轮胎专用套筒、风动扳手，拆卸车轮。
⑦清洁油污，取下螺栓帽。
⑧将手动真空泵连接到放气螺栓，选用_____mm 梅花扳手，拧松放气螺栓，用手动真空泵抽取制动液，直至新制动液流出，拧紧放气螺栓。
⑨按上述方法，依次按(□右后→左后→右前→左前　□右前→左前→右后→左后)的顺序排放制动液。
(4) 制动系统排放空气。
①一人进入车内，检查换挡杆(□是　□否)处于 P 挡位置，驻车制动器(□是　□否)拉紧，起动发动机保持怠速运转。
②另一人将_____mm 梅花扳手放入放气螺栓处，将塑料管一段连接到放气螺塞上，

另一段放到制动液回收容器中；

③车内人员踩制动器踏板数次，踩住不放；

④车外人员旋松放气螺栓，观察制动液的流出情况，检查制动液中(□是 □否)有气泡；

⑤清洁放气螺栓周围，然后选用_____mm套筒、扭力扳手，按规定力矩紧固放气螺栓；

⑥检查制动液液位，判断(□是 □否)还需要添加；

⑦按上述方法，依次按(□右后→左后→右前→左前 □右前→左前→右后→左后)前的顺序排放制动液中的空气。

2 检查制动踏板自由行程

(1) 检查制动踏板自由行程。检查制动踏板自由行程(□是 □否)在规定范围内。

(2) 测量制动踏板高度。

①翻起地毯。

②选用钢直尺，沿制动踏板一侧向下移至与地板完全抵靠，读出并记录踏板高度值为_____mm，标准高度为_____mm。

(3) 调整制动踏板高度。

①拔下制动灯开关线束连接器，逆时针转动制动灯开关总成将其拆下。

②选用_____mm开口扳手，松开推杆锁紧螺母。

③选用(□鲤鱼钳 □老虎钳)转动推杆以调整制动踏板高度。

④选用钢直尺，沿制动踏板一侧向下移至与地板完全抵靠，记录踏板高度值为_____mm，调整踏板高度到规定范围内。

⑤用_____mm开口扳手，拧紧推杆锁紧螺母。

⑥连接线束连接器。

⑦选用(□塞尺 □钢直尺)检查制动灯开关推杆突出部分与缓冲垫之间的距离为_____mm，(□是 □否)在1.5~2.5mm之间，否则应重新安装制动灯开关总成。

(4) 测量制动踏板自由行程。

①确认点火开关(□是 □否)已处于关闭位置，多次(三次以上)踩下制动踏板，检查制动助力器内(□是 □否)无真空。

②选用钢直尺，沿制动踏板一侧向下移至与地板完全抵靠，用大拇指按下制动踏板直至感到轻微的阻力，读出并记录此时的高度值为_____mm。

③松开大拇指，记录此时的高度值为_____mm，两次测量的高度差为_____mm，此值为制动踏板的自由行程，标准值应为_____mm。

3 检查制动主缸

①检查制动主缸(□是 □否)破损或有泄漏。

②检查制动主缸中皮碗(□是 □否)完好无损。

③检查活塞运行(□是 □否)良好，(□是 □否)卡滞或损坏。

4 检查制动轮缸

①检查制动轮缸(□是 □否)破损或有泄漏。
②检查制动轮缸中皮碗(□是 □否)完好无损。
③检查活塞运行(□是 □否)良好,(□是 □否)卡滞或损坏。

5 检查制动器

(1)检查摩擦片从其与制动鼓间隙。
①检查摩擦片(□是 □否)有裂纹、破损。
②检查摩擦片与制动鼓间隙(□是 □否)符合标准。
(2)检查与更换前制动器。
①检查前轮轮毂轴承(□是 □否)松旷,转动(□是 □否)正常;选用冲击扳手、21mm 冲击扳手专用套筒拆卸轮胎固定螺栓,取下车轮。
②选用_____mm 开口扳手、_____mm 开口梅花扳手,正确拆卸制动缸总成。
③拆卸检查制动块。
④检查制动块(□是 □否)裂纹、破损、脱胶,两个制动块(□是 □否)有磨损不均匀的情况。
⑤清除硬化层,用直尺垂直测量制动块摩擦材料处内外两侧各两个点的厚度,记录数据内厚度_____mm,外厚度_____mm,若厚度限值小于1mm,内外磨损偏差大于1mm,则成对更换摩擦块。
⑥检查限值指示器(□是 □否)有变形或损坏;拆卸两摩擦块1号和2号消音垫块,检查(□是 □否)有变形或损坏,(□是 □否)缺少润滑脂。
⑦拆卸检查制动盘,检查制动盘(□是 □否)有不正常磨损情况或损坏。
⑧在制动盘上选三个测量点,各测量点之间相隔120°,用(□300mm 游标卡尺 □0~25mm 量程千分尺)测量制动盘厚度,三个点的值分别为:A 为_____mm,B 为_____mm,C 为_____mm,测得的厚度必须大于_____mm,若小于_____mm,则更换制动盘。
⑨安装制动盘,用百分表检测制动盘的径向跳动值为_____mm,要求小于0.05mm。
⑩安装前制动器,检查支撑板(□是 □否)有足够的弹性,(□有 □无)有裂纹或变形;检查制动轮缸(□有 □无)制动液泄漏,防尘套(□是 □否)损坏,制动软管及接头(□有 □无)制动液泄漏。
⑪安装车轮。
(3)检查与更换后制动器。
①拆卸后轮轮胎。
②拆卸后轮盘式制动钳与摩擦片。
③清洁制动鼓外部,用(□梅花螺丝刀 □一字螺丝刀),旋出制动鼓的锁止螺钉,取下制动鼓。
④拆卸轮毂总成。

⑤拆卸驻车制动蹄摩擦片。

⑥检查驻车制动鼓,清洁制动鼓表面,检查表面(□有　□无)有裂纹、损伤、断裂。

⑦在制动鼓内部选三个点进行测量,每个点之间间隔120°,用(□300mm 游标卡尺 □0~25mm 量程千分尺)测量,测得的值分别为:A 为_____,B 为_____,C 为_____,当制动鼓内径大于200mm时,必须更换制动鼓。

⑧安装驻车制动蹄摩擦片及制动鼓。

6 检查

故障排除后,进行如下检查:在车辆行驶的过程中,实施紧急制动,检看制动距离(□是　□否)正常。

三、评价反馈

对本学习任务进行评价,评分项目和评分标准见表14-1。

评　分　表　　　　表14-1

考核项目	评分标准	分数	学生自评	小组评价	教师评价	小计
活动参与	是否积极主动	5				
安全生产	有无安全隐患	10				
现场5S	是否做到	10				
任务方案	是否合理	15				
操作过程	(1)能否正确查阅信息,并填写信息; (2)能否正确安全地进行制动效能不良故障检修	30				
任务完成情况	是否圆满完成	5				
工具和设备使用	是否规范地使用手机(电脑、维修手册)查阅信息	10				
劳动纪律	是否违反	10				
工单填写	是否完整、规范	5				
总分		100				
教师签名:				年　　月　　日		得分

四、学习拓展

驾驶员驾驶一辆2017款科鲁兹轿车,踩压制动踏板时,虽然踏板高度正常,不软不下沉,但制动效果不好。请你分析该车故障的可能原因,并写下来与同学一起交流探讨。

项目五 底盘电控系统认识

学习任务十五 自动变速器电子控制系统认识

学习目标

完成本学习任务后,你应当能:
1. 熟悉自动变速器电子控制系统的组成和各部件的作用;
2. 掌握自动变速器电子控制系统的控制原理;
3. 明确电控自动变速器的正确使用方法;
4. 正确地对自动变速器做目测检查;
5. 正确地对自动变速器做失速试验、时滞试验和油压试验;
6. 快速准确地使用网络查阅所需的资料。

 建议完成本学习任务的时间为 6 课时。

 学习任务描述

  小张通过层层面试,拿到了去知名汽车集团的雪佛兰 4S 店实习的机会。实习的第十五天,有一位客户到店反映:其车辆是 2017 款科鲁兹轿车,配备的是自动变速器,汽车起步和行驶中踩下加速踏板,发动机转速很快增高,但车速升高缓慢;汽车在水平路面行驶基本正常,但上坡无力,且发动机转速异常高,小张跟着师傅进一步地学习自动变速器电子控制系统。

一、资料收集

引导问题1 自动变速器的电子控制系统由哪些部件组成?其控制原理是怎样的?

电控自动变速器由液力变矩器、变速齿轮机构、液压控制系统、电子控制系统等四部分组成。其结构组成如图15-1所示。

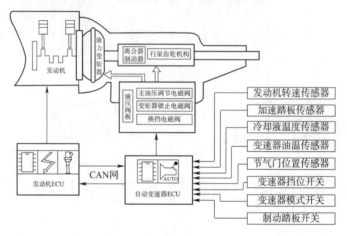

图15-1 自动变速器的组成

1 电子控制系统的组成

自动变速器的电子控制系统由传感器(发动机转速传感器、空气流量传感器等)、电控单元(ECU)和执行机构(电磁阀、压力调节阀等)三部分组成,如图15-2所示。

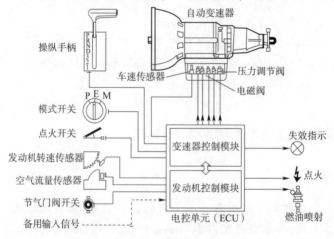

图15-2 电子控制系统组成

2 电子控制系统的控制原理

电子控制系统的控制原理是:工作时,车速传感器和节气门位置传感器把信号输入电控单元(ECU),电控单元根据预先编制并存入存储器中的换挡程序,进行比较计算,确定换挡点和变矩器闭锁离合器的闭所时间,然后向电磁阀发出控制指令以控制电磁阀线圈电流的通断,再由电磁阀控制液压换挡阀的移动,切换换挡执行机构(换挡离合器和制动器)的油路,实现行星齿轮机构的自动换挡。其控制原理如图15-3所示。

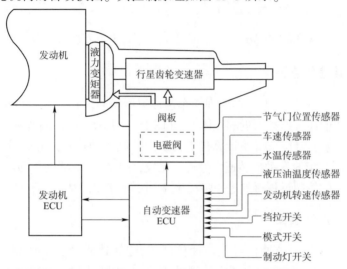

图 15-3 电子控制系统控制原理

> **引导问题2** 自动变速器的电子控制系统中有哪些传感器?

电子控制装置中常用的传感器有车速传感器、输入轴转速传感器、发动机转速传感器、节气门位置传感器、水温传感器和变速器油温传感器等。

1 车速传感器

车速传感器用于测量汽车的行驶速度,车速传感器的类型有电磁感应式、霍尔式、光电式、舌簧开关式等,常见的为电磁感应式车速传感器。

电磁感应式车速传感器一般安装在自动变速器输出轴附近,如图15-4所示,其用于检测自动变速器输出轴的转速。计算机根据车速传感器的信号计算出车速,作为其换挡控制的依据。

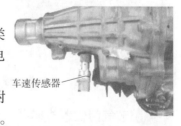

图 15-4 车速传感器

车速传感器由永久磁铁和电磁感应线圈组成,如图15-5所示。它固定在自动变速器输出轴附近的壳体上,安装在输出轴上停车锁止齿轮或感应转子旁边。当输出轴转动时,停车锁止齿轮或感应转子的凸齿不断地靠近或离开车速传感器，使感应线圈的磁通量发生变化，从而产生交流感应电压，如图 15-6 所示。车速越高，输出轴的转速越高，感应电压的脉冲频率越大。计算机根据感应电压脉冲频率的大小计算出车速。

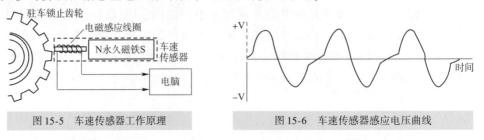

图 15-5　车速传感器工作原理　　　　　图 15-6　车速传感器感应电压曲线

2 输入轴转速传感器

输入轴转速传感器的结构、工作原理与车速传感器相同。它安装在行星齿轮变速器输入轴或与输入轴连接的离合器毂附近的壳体上，如图 15-7 所示。输入轴转速传感器用于检测输入轴转速，并将信号送入计算机，使计算机更精确地控制换挡过程。此外，计算机还将该信号和来自发动机控制系统的发动机转速信号进行比较，计算出变矩器的传动比，使油路压力控制过程和锁止离合器的控制过程得到进一步优化，减小换挡冲击，提高汽车的行驶性能。

3 发动机转速传感器

测量发动机转速常用脉冲信号式转速传感器，除转速外，它还可以测量发动机曲轴位置，如图 15-8 所示，其由装在分电器内的信号转子、永久磁铁和信号线圈组成。信号转子上带有凸起，当转子旋转时，它与线圈铁芯之间的气隙是变化的，于是通过信号线圈的磁通也发生变化。在信号线圈的两端产生出感应电压，感应电压的频率与发动机的转速成正比。将此感应交流电压作为输入信号输至转速表内，经 IC 电路放大、整形后可使转速表指示出发动机转速。

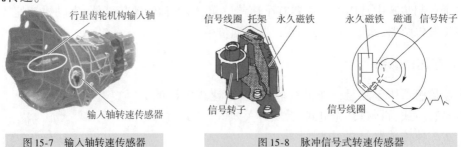

图 15-7　输入轴转速传感器　　　　　图 15-8　脉冲信号式转速传感器

4 节气门位置传感器

驾驶员通过加速踏板来操纵节气门，以根据不同行驶条件控制发动机负荷。例如：汽车上坡或加速时节气门开度要大，而下坡或等速行驶时节气门开度要小。不同的工况对汽车自动变速器换挡规律的要求也不同。电子控制自动变速器是利用安装在发动机节气门体上的节气门位置传感器测得节气门开度。计算机依据节气门开度大小控制自动变速器的挡位变换，从而使自动变速器的换挡规律在任何行驶条件下都能满足汽车的实际行驶要求。

节气门位置传感器有很多类型，自动变速器电子控制系统通常采用线性可变电阻型节气门位置传感器。这种节气门位置传感器由一个线性电位计和一个怠速信号用动触点组成，如图15-9所示。节气门轴带动线性电位计及怠速信号用动触点。节气门关闭时，怠速开关接通；节气门开启时，怠速开关断开。当节气门处于不同位置时，电位计的电阻也不同。这样节气门开度的变化被转变为电阻或电压信号输送给计算机。计算机通过节气门位置传感器，获得节气门由全闭到全开连续变化的模拟信号以及节气门开度的变化速率，以其作为其控制不同行驶条件下挡位变换的主要依据之一，如图15-10所示。

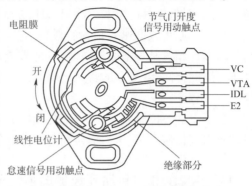

图15-9 节气门位置传感器

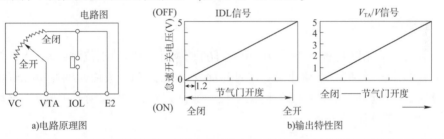

图15-10 节气门位置传感器电路原理和输出特性

5 自动变速器油(ATF)温度传感器

自动变速器油温度传感器安装在自动变速器油底壳内的阀板上，用于检测ATF的温度，以此作为计算机进行换挡控制、油压控制和锁止离合器控制的依据，如图15-11所示。

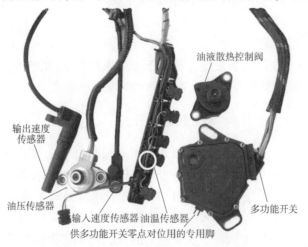

图15-11 自动变速器油温度传感器

ATF温度传感器内部是一个半导体热敏电阻,它具有负温度电阻系数。温度越高,电阻越低,计算机根据其电阻变化测出ATF温度。

在汽车起步或低速大负荷行驶时,液力变矩器转速比小、效率低、发热严重,造成油温高。因而在超过某一温度界限时,变速器要在较高的发动机转速状况下才开始换挡。随着汽车车速的提高,变矩器的转速比增大,发热减小,油温下降,自动变速器又重新开始正常的换挡行驶程序。

除了上述各传感器之外,自动变速器的控制系统还将发动机控制系统中的一些信号(如发动机水温信号、大气压力信号和进气温度信号等)作为控制自动变速器的参考信号。

引导问题3 自动变速器的控制开关有哪些?

电子控制装置中的控制开关有:空挡起动开关、强制降挡开关、制动灯开关、超速挡开关、模式开关和挡位开关等。

1 空挡起动开关

空挡起动开关用以判断选挡手柄的位置,防止发动机在驱动挡位时起动,当选挡手柄位于空挡或驻车位置时,接通起动开关。这时起动发动机,起动开关便向电控单元输出起动信号,使发动机得以起动。如果选挡手柄位于任一驱动挡位置,则起动开关断开,发动机不能起动,从而保证车辆使用安全。

2 强制降挡开关

强制降挡开关用来检测加速踏板是否超过节气门全开位置。当加速踏板超过节气门全开位置时,强制降挡开关便接通,并向电控单元输送信号。这时电控单元即按其内存设置的程序控制换挡,并使变速器自动下降一个挡位以提高汽车的加速性能。如果强制降挡开关短路,则电控单元不计其信号,按选挡手柄位置控制换挡。

3 制动灯开关

制动灯开关用来判断制动踏板是否被踩下。如果被踩下,则该开关便将信号输送给电控单元,以解除锁止离合器的结合,防止突然制动时发动机熄火。

4 超速挡开关

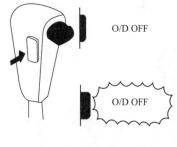

图15-12 超速挡开关

超速挡开关用来控制自动变速器的超速挡,如图15-12所示。当这个开关打开后,超速挡控制电路接通,此时若操纵手柄位于D位,自动变速器随着车速的升高而升挡时,最高可升入四挡(即超速挡)。该开关关闭后,超速挡控制电路被断开。仪表板上的"O/D OFF"指示灯随之亮起(表示限制超速挡的使用),自动变速器随着车速的提高而升挡时,最高只能升入三挡,不能升入超速挡。

5 模式开关

大部分电子控制变速器都有一个模式开关,如图15-13所示,用来选择自动变速器的控制模式,以满足不同的使用要求。控制模式主要是指自动变速器的换挡规律。常见的自动变速器的控制模式有以下几种。

(1)经济模式(Economy,E)。这种控制模式是以汽车获得最佳的燃油经济性为目标来设计换挡规律的,使发动机转速相对较低时就换入高挡,即提前升挡,延迟降挡。

(2)动力/运动模式(Power/sport,P/S)。动力/运动模式是以汽车获得最大的动力性为目的来设计换挡规律的。在这种控制模式下,自动变速器的换挡规律能使发动机在汽车行驶过程中经常处在大功率范围内运转,即以比较大的发动机负荷来控制汽车行驶换挡,从而提高了汽车的动力性能和爬坡能力。如图15-14所示,动力模式比经济模式的换挡车速高。

图15-13 模式开关　　　　图15-14 动力模式、经济模式对照

(3)标准模式(Normal,N)。标准模式是指换挡规律介于经济模式和动力模式之间的一种换挡模式。它兼顾了动力性和经济性,使汽车既保证一定的动力性,又有较佳的燃油经济性。

(4)手动模式(Manual,M)。手动模式让驾驶员可在一至四挡之间以手动方式选择合适的挡位,使汽车像装用了手动变速器一样行驶,又不必向手动变速器那样换挡时必须踩离合器踏板。

(5)雪地模式(Snow,W)。雪地模式是适用在雨雪地上行驶的模式。当选用该模式时,若选挡手柄置于"2"位,自动变速器保持在二挡工作;若选挡手柄置于"1"位,自动变速器保持在一挡工作;如初始位置在二挡,当车速降至一挡后,将不再升挡;当选挡手柄置于"D"位时,自动变速器以(高速挡)三挡起步,这样,即使起步时驾驶员将加速踏板踩到底,也能保证驱动轮不会出现打滑。

上述控制模式并不是每一种电控式自动变速器必备的,通常自动变速器只具备这些模式中的若干项,有些甚至只有一种模式固化于计算机程序中,因而没有模式开关。

6 挡位开关

挡位开关位于自动变速器手动阀摇臂轴上或操纵手柄下方,用于检测操纵手柄的位置,如图15-15所示,它由几个触点组成。当操纵手柄位于不同位置时,相应的触点被接通。计算机根据被接通的触点,测得操纵手柄的位置,从而按照不同的程序控制自动变速器的工作。

挡位开关的位置是利用开关的几条编码线路将信息传给变速器控制系统。图15-16所示为挡位开关电路,其上的开关触点2、3和4分别与变速器控制单元的插头50、14和33相连。三个触点通过多种组合(开和关)将换挡位置P、R、N、D、3、2和1传给自动变速器数字控制单元。

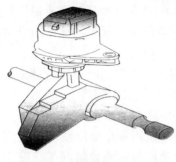

图15-15 挡位开关

7 变速器油温开关

变速器油温开关的作用是为装有电子制动/牵引控制模块的自动变速器提供输入信号。如图15-17所示,当变速器油温过热时,油温开关断开,使制动/牵引控制系统暂时中止工作,此时仪表"牵引停止(TRACTION OFF)"指示灯点亮,让制动器和变速器冷却。一旦油温低于一定值时,变速器油温开关又重新接通,以防止自动变速器超负荷运转。

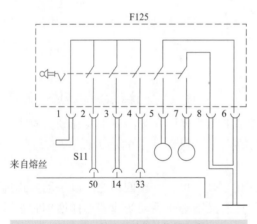

图15-16 挡位开关位置信号电路

图15-17 变速器油温开关

引导问题4 自动变速器的执行器有哪些?

1 开关式电磁阀

开关式电磁阀的作用是开启和关闭变速器油路,可用于控制换挡阀及液力变矩器的闭锁离合器锁止阀。

开关式电磁阀由电磁线圈、衔铁、阀芯和复位弹簧等组成,如图 15-18 所示。它只有两种工作状态:全开或全关。当线圈不通电时,阀芯被油压推开,泄油孔打开,该油路的压力油流经开关式电磁阀泄荷,油路压力约为 0;当线圈通电时,电磁力使阀芯下移,泄油孔关闭,油路油压上升。

2 脉冲式电磁阀

脉冲式电磁阀的结构与开关式电磁阀基本相似,也是由线圈、衔铁和阀芯等组成,如图 15-19 所示,其作用是控制油路中油压大小。与开关式电磁阀不同之处在于,控制脉冲式电磁阀工作的电信号不是恒定不变,而是一个频率固定的脉冲信号。电磁阀在脉冲信号的作用下,不断反复地开启和关闭泄油孔。计算机通过改变脉冲的宽度,或者说是每个脉冲周期内电流接通和断开的时间比例,即所谓占空比(其定义是:在一个脉冲周期内,通电的时间长为 A,断电的时长为 B,则占空比 $= A/(A+B) \times 100\%$,其变化范围为 $0\% \sim 100\%$)来改变电磁阀开启和关闭的时间比例,而达到控制油路压力的目的。占空比越大,经电磁阀泄出的变速器油越多,油路压力越低;反之,占空比越小,油路压力越高,如图 15-20 所示。

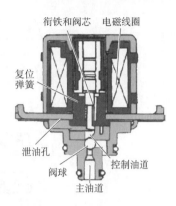

图 15-18 开关式电磁阀

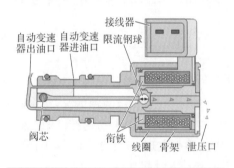

图 15-19 脉冲式电磁阀

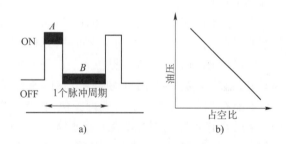

图 15-20 脉冲式电磁阀的工作原理

脉冲式电磁阀一般安装在主油路或减振器背压油路中,通过计算机控制,在变速器自动升挡及降挡瞬间、闭锁及解锁动作开始时降低油压,以减少换挡、闭锁和解锁冲击,使车辆行驶平稳。

3 选挡指示器

选挡指示器可从设置在选挡手柄旁边,也可以设置在仪表板上。所选挡位可以用指针显示,也可以用灯光表示,图 15-21 所示为不同类型挡位指示器的示例。

挡位指示器上字母和数字所表示的意义为:"1""L_1""L"等表示手选 1 挡位置,即低挡位置,也称 1 区或 L_1 区或 L 区。选用这一挡位时,汽车只能用 1 挡行驶,不能升挡。当汽车行驶在坑洼、泥泞路面或结冰路面时选用这个位置。在下陡坡时,也可选择这个位置,以用发动机的制动作用控制车速。在这个位置发动机不能起动。

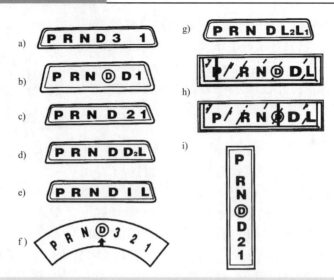

图15-21 挡位指示器

"2"表示2挡位置,简称"2"位。和"2"位相当的是"L_2"(即低2挡)、"I"(中间挡)和"D_2"挡(前进行驶2挡)。选用此挡位时,变速器可在1~2挡间自动升挡或2~1挡间自动降挡,但不能升入3挡,在希望限制变速器在1~2挡间升挡和2~1挡间降挡,以使车速不超过某一确定数值(如50km/h)时,可选用此挡。在"2"位时,不能起动发动机,在有的自动变速器上还用"I"表示中间挡。

"3"表示四速变速器的3挡(Third Gear)位置。在"3"位时,变速器可以从1~2、2~3挡依次自动升挡或从3~2、2~1自动降挡,但不能进入超速挡。

"D"(Drive)表示向前行驶位置,在三速变速器中,选用"D"位时可以实现1~2、2~3挡自动升挡或3~2、2~1挡自动降挡。在四速变速器中,"D"位可能表示两种情况:第一种如"D"字前有"Ⓓ"字,则表示前进行驶位,相当于"3"位,变速器不能进入超速挡。第二种如"D"字后边有"3"字,则"D"表示超速挡(4挡)位置,变速器可实现1~2、2~3、3~4挡自动升挡或4~3、3~2、2~1挡自动降挡。在"D"位时,不能起动发动机。

在四速变速器挡位指示器中显示"Ⓓ"时,表示此时是超速挡位置。在"D"位,自动变速器可实现1~2、2~3、3~4挡的自动升挡或4~3、3~2、2~1挡的自动降挡。在"D"位时,发动机不能起动。

在一般的道路条件下选用"3"区,在良好的道路条件下选用"D"挡,以提高汽车的燃料经济性。

"N"(Neutral Gear)表示空挡位置。选择此位置时,自动变速器内所有离合器和制动器均处于分离状态,发动机与变速器之间的动力已经切断分离,即没有动力从变速器输出。如短暂停留可将拨杆置于此挡,并拉出手制动杆,此时,右脚可移离制动踏板稍作休息,发动机在空挡时可以起动。

"R"(Reverse Gear)表示倒挡位置。当选择"R"挡位时,自动变速器的输出轴的旋转方向和发动机曲轴的旋转方向相反,汽车倒着行驶。"R"挡位只能在车辆静止时挂入,挂入该挡需按下拨杆上的保险按钮。选挡手柄在"R"位时不能起动发动机。需要注意的是:当车辆尚未完全停止时,绝对不可以强行转至"R"挡,否则,变速器会受到严重损坏。

"P"(Parking)表示停车位置。当选挡手柄在"P"位时,变速器没有动力输出。此时选挡手柄通过连接机构操纵停车爪,将变速器的输出轴锁止在壳体上,使车辆不能前后移动。在需要移动汽车时,换挡手柄应从"P"位移开,使停车爪分离。在"P"位时,发动机可以起动。当汽车需要在一个固定位置上停留较长时间或在停车之后离开车辆前,应该拉好手制动并将拨杆推进"P"的位置上。需要注意的是:①一定要在车辆完全停止后才可使用"P"挡,否则会造成机件损坏;②"P"挡只能作为手制动的辅助制动器,绝对不可用其替代驻车制动器。

引导问题5　什么是自动变速器的电子控制单元?

电子控制单元(ECU)由电源、中央处理器(CPU)与存储器、输入电路与输出电路几部分组成。

ECU是控制系统的核心,它接收各种传感器的信号并向执行器发出指令,精确控制换挡时刻;它还具有自我诊断功能,能监测和识别电子控制元件的故障,并通过故障指示灯报警;另外,ECU在车辆出现某些故障时执行失效保护功能,以保证车辆能继续低速行驶。

引导问题6　自动变速器的电子控制系统的控制原理是什么?

电子控制自动变速器采用电液式控制系统,即电控液压操纵系统。自动换挡过程是由电脑控制完成的,传感器将汽车及发动机的各种运动参数转变为电信号传给电脑,电脑根据这些电信号,按照设定的控制程序发出控制信号,通过各种电磁阀(换挡电磁阀、油压电磁阀等)来操纵阀体总成中各个控制阀的工作,以完成各种控制任务。自动变速器的简单控制电路图如图15-22所示。

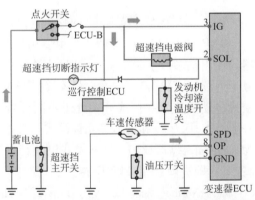

图15-22　自动变速器的简单控制电路图

除自动变速器有控制电脑外,汽车上还有其他系统的控制电脑,如发动机控制系统控制电脑、巡航控制系统控制电脑和ABS系统控制电脑等。因此,自动变速器的控制电脑除用于控制变速器本身的工作外,还通过电路与其他系统的控制电脑相连,从这些控制电脑中获取与自动变速器控制有关的信号,或将变速器的工作情况通过电信号传给其他系统的控制电脑,让发动机或汽车其他系统的工作与自动变速器相配合。

也有部车型的自动变速器与发动机共用一个电脑来控制,以便实现动力和传输系统的最佳配合。

各种车型自动变速器电子控制装置的形式和布置,因控制电脑和控制程序的不同,以及传感器、执行器和控制开关的不同而有较大的差别。但在控制内容上仍有许多相似之处。

1 换挡控制

自动变速器换挡控制是控制电脑最重要的控制内容之一。汽车在每一特定行驶工况,都应该有一个与之相对应的最佳换挡时刻。控制电脑可以使汽车在任何行驶条件下,自动变速器都按最佳换挡时刻进行换挡,从而使汽车的动力性和经济性等综合指标达到最佳。

液力自动变速器换挡控制的依据主要是节气门开度大小和车速高低,电子控制系统中节气门位置传感器和车速传感器将这两个重要信号送入控制电脑,控制电脑依据存储在电脑存储器中的换挡规律,适时地向换挡控制电磁阀发出命令,实现换挡控制。其控制原理如图 15-23 所示。

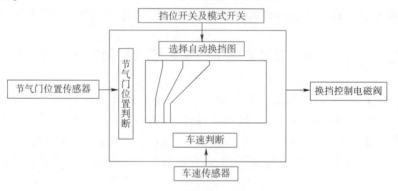

图 15-23　自动换挡控制框图

换挡规律曲线图有"阶梯型"和"连续型"两种。它主要由节气门位置传感器的类型来决定。节气门位置传感器的输出轴参数呈阶梯型变化时,换挡规律也呈阶梯式变化;而节气门位置传感器输出轴参数为连续型变化,换挡规律也是连续式变化。

带有模式开关的电控式自动变速器在模式开关处于不同位置时,对汽车的使用要求不同,其换挡规律也不同,一般有普通、经济和动力等几种模式的换挡规律。

经济模式英文全称为 Economy,缩写成"E"。该模式以获得良好的经济性为目标,在发动机转速较低时就换入高挡位,即提前升挡,延迟降挡。

普通/常规模式英文全称为 Normal,缩写成"N"。该模式换挡规律介于经济模式和动力/运动模式之间,它使汽车既保证了一定的动力性,又有较好的燃油经济性。

动力/运动模式英文全称为 Power/Sport,缩写成"P/S"。该模式以汽车获得最大动力性为目标,发动机经常处在大转矩、大功率范围内运行,提高汽车的动力性能和爬坡能力。只有发动机转速较高时,才能换入高挡,既延迟升挡,又提前降挡。

当选挡手柄在"D"位,节气门开度相同时,动力模式的各挡升挡车速和降挡车速都要比经济模式各挡升挡车速及降挡车速高。升挡车速越高,加速动力性就越好;反之,升挡车速越低，则燃油经济性就越好。

② 油压控制

电液操纵式控制系统中的主油路油压是由主油路调压阀调节的，并且主油路油压应随发动机负荷增大而增高，以满足传递大功率时对离合器、制动器等执行元件液压缸工作压力的要求。

20世纪80年代末到90年代初，由液控向电控式过度的自动变速器，其控制系统还保留着液压控制系统中由节气门拉线或节气门真空罐控制的节气门阀，让节气门阀产生的节气门油压除控制换挡阀外还控制主油路调压阀，使主油路油压随发动机负荷增大而增高。

新型电液操纵控制式自动变速器的控制系统完全取消了由节气门拉线或节气门真空罐控制的节气门阀，而以一个油压电磁阀来控制节气门油压。油压电磁阀是脉冲式电磁阀，控制电脑根据节气门位置传感器测定的节气门开度，控制发往油压电磁阀的脉冲信号的占空比，以改变油压电磁阀排油孔的开度，使主油路油压随节气门开度的变化而变化。节气门开度越大，脉冲电信号的占空比越小，油压电磁阀的排油孔开度越小，节气门油压也就越大。节气门油压被作为控制油压反馈到主油路调压阀，使主油路调压阀随着节气门开度的变化调节主油路压力，以获得不同发动机负荷下主油路压力的最佳值。

为减小换挡冲击，控制电脑还在自动变速器换挡过程中按照换挡时节气门开度的大小，通过油压电磁阀适当调整主油路油压，以改善换挡品质。

控制电脑根据ATF温度传感器的信号，在变速器油温度未达到正常工作温度时（低于60℃），将主油路油压调至低于正常值，以防止因油温低、黏度大而产生换挡冲击，当变速器油温过低时（低于-30℃），控制电脑使主油路压力升到最大值，以加速离合器、制动器的结合，防止温度过低时因变速器油黏度过大而使换挡过程过于缓慢。

在海拔较高时，发动机输出功率相对较低，控制电脑将主油路压力调至低于正常值，以防止换挡时出现冲击。

③ 自动模式选择控制

在有模式开关的电子控制自动变速器上，驾驶员可以通过该开关改变自动变速器的控制模式，选择经济模式、动力模式和普通模式。在不同的模式下，自动变速器的换挡规律有所不同，从而满足不同的行驶要求。例如：经济模式是以获得最小的燃油消耗为目的进行换挡控制，因此换挡车速相对较低，动力性能指标有所降低；动力模式则是以满足最大动力性为目的进行换挡控制，经济性被放在次要地位，因此换挡车速相对较高，油耗也稍有增加。

目前，一些电子控制自动变速器采用了新型的控制电脑，具有很强的运算和控制功能，并具有一定的智能控制功能，因此，这种自动变速器可以取消模式开关，由控制电脑进行自动模式选择控制。控制电脑通过各个传感器测得汽车的行驶状况和驾驶员的操作方式，经过运算分析，自动选择采用经济模式、动力模式或普通模式进行换挡控制，以满足不同的行驶要求。控制电脑在进行自动模式选择控制时，主要参考换挡手柄的位置及加速踏板被踩下的速度高低，以判断驾驶员的操作目的。自动选择控制模式如下。

(1) 当换挡杆位于前进低挡(S、L 或 1、2)时,控制电脑只选择动力模式。

(2) 当换挡杆位于前进"D"挡位置时,若加速踏板被踩下的速率较低,控制电脑选择经济模式;若加速踏板被踩下的速率超过控制程序中所设定的速率时,控制电脑由经济模式转变为动力模式。在这种选择控制中,控制电脑将车速和节气门开度的组合分为一定数值的区域。每个区域有不同的节气门开启速率的程序设定值。当驾驶员踩下加速踏板的速率大于汽车车速和节气门开度所对应区域的节气门开启速率设定值时,控制电脑选择动力模式;反之,当踩下加速踏板的速率小于车速和节气门开度所对应区域的节气门开启速率设定值时,控制电脑即选择经济模式。在这些区域中节气门开启速率设定值的分布规律是:车速越低或节气门开度越大时,其设定值越小,也就越容易选择动力模式。

(3) 在前进挡"D"位,控制电脑选择动力模式时,一旦节气门开度低于 1/8,换挡规律即自行由动力模式转换为经济模式。

4 锁止离合器控制

电子控制自动变速器中液力变矩器的锁止离合器也是由控制电脑控制的。控制电脑按照设定的控制程序,通过锁止电磁阀控制锁止离合器的接合或分离(也称为锁止或解锁)。自动变速器在各种工作条件下的最佳锁止离合器控制程序被提前储存在控制电脑的存储器内。控制电脑根据自动变速器的挡位、选取的控制模式等工作条件,从存储器内选择出相应的锁止控制程序,再将车速、节气门开度与锁止控制程序进行比较。

当车速和其他各种因素均满足锁止条件时,电脑即向锁止电磁阀发出信号,使锁止离合器结合。

特殊工况下,控制电脑禁止锁止离合器接合,以保证汽车的行驶性能。禁止锁止的条件有:变速器油温低于 60℃或车速过低,且怠速开关接通。

此外,当制动器踏板被踩下时,已锁止的离合器会自行解锁,以切断发动机与传动系的机械连接,防止发动机熄火。

5 发动机制动作用控制

部分新型电控式自动变速器的超越离合器(为利用发动机的制动作用而设置的执行元件)的工作,也是由控制电脑通过电磁阀来控制的。控制电脑按照设定的控制程序,在换挡杆位置、车速和节气门开度等满足一定条件(如换挡杆位于前进低挡位置,且车速大于 10km/h,节气门开度小于 1/8)时,向超越离合器电磁阀发出电信号,打开超越离合器控制油路,使之接合或制动,让自动变速器具有反向传递动力的能力,从而在汽车滑行时实现发动机制动。

6 换挡品质控制

目前,常见的改善换挡质量的特殊控制功能有以下几点。

(1) 换挡油压控制。在升挡或降挡的瞬间,控制电脑通过油路压力调整阀适当降低主油路油压,以减小换挡冲击,达到改善换挡品质的目的。也有一些控制系统是在换挡时通过电磁阀减小减振器活塞的背压，以降低离合器或制动液压缸内油压的增长速度，达到减小换挡冲击的目的。

(2)减转矩控制。在换挡的瞬间，通过延迟发动机的点火时间或减少喷油量，暂时减少发动机的输出转矩，以减小换挡冲击和汽车加速度出现的波动。其控制过程是：自动变速器的控制电脑在自动变速器升挡或降挡的瞬间，向发动机控制电脑发出减力矩控制信号，发动机控制电脑接收到这一信号后，立即延迟发动机的点火时间、减少喷油量，执行减转矩控制。减转矩控制降低了换挡过程中发动机转速，减少了换挡冲击，提高了乘坐的舒适性。

(3)N~D换挡控制。这种控制是在选挡手柄由停车挡或空挡(P或N)位置换至前进挡或倒挡(D或R)位置，或相反地由"D"位或"R"位换至"P"位或"N"位时，通常调整发动机的喷油量，将发动机的转速变化减至最低程度，以改善换挡质量。

如果没有这种控制，当自动变速器选挡手柄由"P"或"N"位换至"D"位或"R"位时，由于发动机负荷增加，转速将下降；反之，由"D"位或"R"位换至"P"位或"N"位时，由于发动机负荷减小，转速将上升。具有N~D换挡控制功能的自动变速器通过输入轴转速传感器监测转速变化情况，若测得的转速变化超过规定值，变速器控制电脑将向发动机控制电脑发出N~D换挡控制信号，发动机控制电脑根据这一信号发出增加或减少喷油量的指令，以防止发动机转速变化过大。

(4)使用输入轴转速传感器的控制。目前，一些电控式自动变速器设有输入轴转速传感器，控制电脑通过这一传感器可以检测自动变速器输入轴(即液力变矩器输出轴)的转速，并由此算出变矩器的传动比(即泵轮和涡轮的转速之比)以及自动变速器的传动比，从而使控制电脑更精确地控制自动变速器的工作。特别是控制电脑在进行换挡油压控制、减转矩控制和锁止离合器控制时，利用这一参数进行计算，可使这些控制的时间更加精确，从而获得最佳的换挡感觉和乘坐舒适性。

(5)巡航控制。巡航控制系统能自动控制车速，使汽车接受选定的速度稳定行驶，无需驾驶员反复调节节气门开度。当然，在必要时也可脱开这种自动方式，转而由驾驶员控制车速。

巡航控制系统由控制电脑和真空执行机构组成，后者包括制动踏板、膜盒、节气门等部分，如图15-24所示。控制电脑按车速传感器提供的车速信号，控制真空机构工作。根据控制电脑的输出信号，电磁滑阀可调节进入该机构的新鲜空气量，从而能控制作用于伺服膜盒内的真空度。当车速低时，真空调节器供给的空气量减小，伺服膜盒内的真空度增加，通过膜片的移动，使节气门开大；反之，当车速高于控制车速时，真空调节器供给的空气量就会增加，伺服膜盒内的真空度降低，使节气门开度减小。

正常行驶时，在发动机进气歧管负压和真空调节器供给定量空气的共同作用下，伺服膜盒内保持一定的真空度，控制汽车按预定速度稳定行驶。当真空机构工作时，如果驾驶员踩下制动踏板，首先将使真空解除阀起作用，切断系统电源，电磁阀断电，真空调节器内部与大气相通，负压消失。在踩下制动踏板的同时，真空解除阀也使真空机构和大气相通。

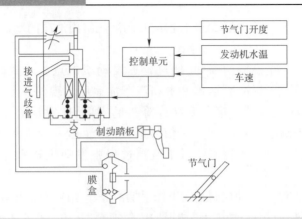

图 15-24　巡航控制系统组成

7　失效保护控制

当自动变速器电子控制系统出现故障后,控制电脑按设定的失效保护程序控制自动变速的工作,保持汽车的基本行驶能力。在这种状态下,自动变速器的工作性能会受到一些影响。

当传感器出现故障后,控制电脑采取的失效保护功能主要如下:

(1)节气门位置传感器出现故障时,控制电脑根据怠速开关的状态进行控制,当怠速开关断开时(加速踏板被踩下),按节气门开度为1/2进行控制,同时节气门油压按最大值输出;当怠速开关接通时(加速踏板完全放松),按节气门处于全闭状态进行控制,同时节气门油压按最小值输出。

(2)车速传感器出现故障时,控制电脑不能进行自动换挡控制,此时,自动变速器挡位可由换挡杆选挡手柄的位置决定:换挡杆在"D"位或"S"(或2)位,变速器为超速挡或3挡;换挡杆在"L"(或1)位,变速器为2挡或1挡;或不论换挡杆为任何前进挡,变速器均为1挡,以保持汽车最基本的行驶能力。许多车型的自动变速器有两个车速传感器,其中一个用于自动变速器的换挡控制(常称为第二车速传感器),另一个为仪表板上车速表用的传感器(常称为第一车速传感器)。这两个传感器都与控制电脑连接。当用于换挡控制的车速传感器损坏时,控制电脑可利用车速表传感器的信号来控制换挡。

(3)输入轴传感器出现故障时,控制电脑停止减转矩控制,此时换挡冲击会有所增大。

(4)液压油温度传感器出现故障时,电脑按液压油温度为80℃进行控制。

(5)当执行器出现故障后,控制电脑自行起动失效保护功能。

换挡电磁阀出现故障时,常见的有两种失效保护形式:

(1)一种是不论有几个换挡电磁阀出现故障,电脑都将停止所有换挡电磁阀的工作,此时,自动变速器的挡位将完全由换挡杆的位置决定;换挡杆在"D"位或"S"(或2)位时,变速器被固定为3挡,在"L"(或1)位时被固定为2挡。

(2)另一种是换挡电磁阀中有一个或几个出现故障时,控制电脑控制其他无故障的电磁阀工作,以保证自动变速器仍能自动升挡或降挡,此时,自动变速器会失去某些挡位的功能,而且,升挡或降挡规律有所变化,例如:可能直接由1挡升至3挡或超速挡,造成换挡不顺畅的现象。

二、实施作业

引导问题7 实施自动变速器的基本检查与试验需要哪些工具、设备和材料?

科鲁兹轿车(配备自动变速器)。

引导问题8 怎样检查与试验自动变速器的基本故障呢?

1 自动变速器检修的注意事项

(1)检查常见故障部位。电控自动变速器的机械部件和液压部件的制造加工精度都比较高,所以正常使用,1~2年内通常不会发生故障。而比较常见的故障:ATF液面高度不当或油质老化变质;液压系统系统漏油;节气门拉索(杆)或换挡杆等联动装置松动或调节不当;发动机怠速不稳;电控系统线路连接松动或接触不良。通过外观检查,以上的故障可以迅速排除。

(2)充分利用自诊断系统和检测仪器。电控自动变速器系统出现故障时,电脑的自诊断系统会记录下故障代码,因此在检修前首先进行故障自诊断操作。即利用检测仪器或特定的方法将故障代码从ECU中读出,为迅速地诊断故障的范围提供依据。

(3)未确定故障大致范围时不要轻易分解。自动变速器的分解应该是故障诊断的最后步骤。因为在未分解前,可通过相关的试验方法判断故障在液压系统还是机械系统或者是电子系统,通过具体的试验还可以判断出是液压系统的哪一部分故障。这样可以避免不必要的拆卸,对判断故障部位非常有利。

2 自动变速器的检修步骤

(1)根据驾驶员的故障叙述进行确认操作。
(2)根据确认的故障进行直观检查。
(3)利用检测仪器或自诊断系统,读取故障代码。如果有故障代码,按代码进行故障的范围检查;如果无故障代码,进行下一步检查。
(4)根据故障的现象,进行必要的试验操作,确定故障的性质和具体的范围。
(5)根据上一步的试验结果,按范围和部位检修自动变速器。
(6)进行道路试验,检验故障是否排除。

3 自动变速器的目测检查

(1)检查油平面高度。将汽车停放在平坦的地方,起动发动机,使油温上升至70~

80℃。在发动机怠速状况下,将挡位手柄从 P 位至 L 位逐挡稍微停留一下,再返回 P 位,然后拔出油尺查看油平面(本田车规定发动机熄火时检查)。

①油平面过高:可能使油从加油管或通风管喷出,严重时使发动机舱盖内起火;控制阀体上的排油孔被阻塞,排油不畅,影响离合器,制动器平顺分离,换挡不稳。可以从加油管吸出或从油底螺塞处放出多余部分的油,故障即可排除。

②油平面过低:由于自动变速器油过少会使离合器和制动器打滑,加速性能变坏,行星齿轮系统润滑不良。必要时要加油,但首先需检查自动变速器油的质量,如果油发黑或有焦味,应予更换。

(2)节气门开度检查。将加速踏板踩到底,节气门应该全开。否则,高速大负荷时,功率输出不足,汽车达不到最高行驶速度;由于加速性能变差,影响强制低挡投入的工作时间。处理方法是对传动系进行调整。

(3)节气门拉索(杆)检查。节气门全开时,节气门拉索标记距其套管的距离为 0~1mm。拉锁的松或紧是由车身和自动变速器相对位置的移动所造成的,应及时检查与调整。

①限位标记进入套管:说明节气门阀的拉索过紧,节气门阀过早地打开,致使车速异常高时才能换入高速挡,使换挡点滞后。

②限位标记距套管过远:说明节气门阀拉索过松,节气门阀过迟工作,致使车速在异常低速时才能换上高速挡,使换挡点提前。

(4)发动机怠速检查。换挡杆位于 N 挡位时,发动机应在怠速工况下工作,空调未打开时,怠速转速在 600~800r/min;若怠速过低,挡位转换时,由于动力不足,轻则引起车身振动,重则发动机熄火;若怠速过高,换挡杆位于 D、R 位,不踩加速踏板即"爬行",换挡时发动机出现冲击和振动,可能是怠速失调或空调系统未关造成的。对功率大的发动机或空车来说,轻微"爬行"属于正常现象。

(5)空挡起动开关检查。检查手柄和手控制阀的位置是否对应,以确保在 P 及 N 位能起动发动机,而其他位置不能起动发动机。否则应对空挡起动开关进行调整。一般是在 N 位时,变速器上的控制拉臂应与地面垂直。

(6)超速挡控制开关检查。当自动变速器油的温度正常(50~80℃)时,将发动机熄火,打开点火开关,接通超速挡(O/D)开关,察听变速器中的电磁阀有无操作声,再进行路试,当接(O/D)开关时,车速应有明显提高。

4 自动变速器实验和方法

(1)失速试验。失速试验的目的是全面检查发动机和变速器油的性能,因实验时发动机和变速器均为满负荷,所以应严格遵守以下规定:实验时间每次不超过 5s。若进行重复实验,须间隔 3min 左右,以防止变速器油压过高;试验中如发现发动机转速超过失速转速太多时,是变速器中离合器打滑的显示,应立即停止试验,否则将造成变速器损坏。失速试验的步骤和方法如图 15-25 所示。

(2)时滞试验。时滞试验的目的是利用升降时的时间差来分析故障,对失速试验进一步验证。时滞试验的步骤和方法如图 15-26 所示。

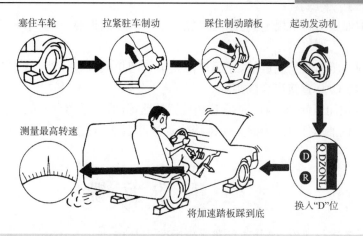

图 15-25　失速试验

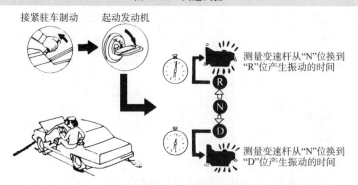

图 15-26　时滞试验

（3）油压试验。油压试验的目的是测量控制管路中的油压，用来判断各种泵、阀的工作性能好坏。油压试验的方法如图 15-27 所示。

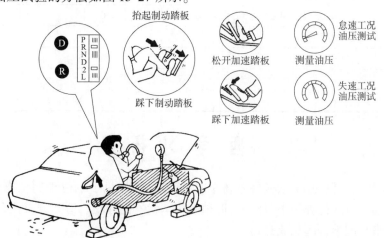

图 15-27　油压试验

试验结果分析如下。

①任何范围油压均高于规定值：原因可能是节气门拉索调整不当；节气门阀失效；调整阀失效。

②任何范围油压均低于规定值：原因可能是节气门拉索调整不当；节气门阀失效；调压阀失效；油泵失效；O/D 直接离合器损坏。

③只在 D 挡位油压低：原因可能是 D 挡位置油路漏油；前进离合器故障。

④只在 R 挡位油压低：原因可能是 R 挡位置油路漏油；直接离合器故障或倒挡制动器故障。

三、评价反馈

对本学习任务进行评价，评分项目和评分标准见表 15-1。

评 分 表　　　　　　　　　　表 15-1

考核项目	评分标准	分数	学生自评	小组评价	教师评价	小计
活动参与	是否积极主动	5				
安全生产	有无安全隐患	10				
现场 5S	是否做到	10				
任务方案	是否合理	15				
操作过程	(1) 能否正确查阅信息，并填写信息；(2) 能否正确安全地进行自动变速器的目测检查；(3) 能否正确安全地进行自动变速器失速试验、时滞试验和油压试验	30				
任务完成情况	是否圆满完成	5				
工具和设备使用	是否规范地使用手机（电脑、维修手册）查阅信息	10				
劳动纪律	是否违反	10				
工单填写	是否完整、规范	5				
总分		100				
教师签名：			年　月　日		得分	

四、学习拓展

驾驶员在驾驶一辆 2017 款科鲁兹轿车时，无论换挡操纵手柄位于倒挡或前进挡，都不能行驶；汽车起动后能行驶一小段路程，但稍一热车就停止行驶。请你分析该车故障的可能原因，并写下来与同学一起交流探讨。

学习任务十六

电控悬架系统认识

学习目标

完成本学习任务后,你应当能:
1. 熟悉电控悬架系统的组成和各部件的作用;
2. 掌握电控悬架系统的结构和工作原理;
3. 了解典型车型的电控悬架系统;
4. 认知电控悬架结构和检查高度调整功能;
5. 快速准确地使用网络查阅所需的资料。

 建议完成本学习任务的时间为 6 课时。

 学习任务描述

小张通过层层面试,拿到了去知名汽车集团的雪佛兰4S店实习的机会。在实习期间,他在空闲时间看专业书籍、查阅资料,有不懂的地方就向师傅请教。今天他进一步学习了电控悬架系统。

一、资料收集

引导问题 1 采用电控悬架的目的是什么?电控悬架有哪些类型?其作用有哪些?

1 采用电控悬架的目的

(1)传统悬架系统使用的是定刚度弹簧和定阻尼系数减振器,只能适应特定的道路和行驶条件,而无法满足变化莫测的路面情况和汽车行驶状况;只能被动地接受地面对车身的各种作用力,而不能主动去进行调节。故传统悬架系统又称为被动悬架系统。

(2)电控悬架系统的最大优点是悬架可以随不同的路况和行驶状态作出不同的反应,即可使汽车的乘坐舒适性令人满意,又能使操纵稳定性达到最佳状态。

2 电控悬架系统的分类

(1)按传递介质不同,电控悬架系统可分气压式和油压式。

(2)按驱动机构和介质不同,电控悬架系统可分电磁阀驱动的油气主动式悬架和步进电机驱动的空气主动悬架。

(3)按控制理论不同,电控悬架系统可分半主动式和主动式。

主动悬架是一种能供给和控制动力源的装置,它根据各传感器检测的信号,自动调整悬架的刚度、阻尼力以及车身高度,从而显著提高汽车的操纵稳定性和乘坐舒适性。主动悬架悬架阻尼和刚度都可调。

半主动悬架不需要外加动力源,因而消耗的能量小,成本低,仅悬架刚度、阻尼之一可调。

3 电控悬架的作用

电控悬架系统的基本目的是控制调节悬架的刚度和阻尼力。

(1)车高调整:不论负载多少,汽车高度均一定;在坏路面上行驶时,使车高升高,高速行驶时,使车高降低。

(2)减振器阻尼力控制:调整减振器阻尼系数,防止汽车起步或急加速时车尾后坐;防止紧急制动时车头下沉;防止急转弯时车身横向摇动;防止汽车换挡时车身纵向摇动等。

(3)弹簧刚度控制:调整弹簧弹性系数,改善乘坐舒适性和操纵稳定性。

部分车型有其中1~2个功能,少数同时具有3个功能。

引导问题2　电控悬架系统的组成与工作原理是什么?

电控悬架系统由传感器、开关、执行器和ECU组成。传感器包含车身高度传感器、加速度传感器、转向盘转角传感器等,其位置如图16-1所示。

开关包含模式选择开关、制动灯开关、停车开关、车门开关等。执行器包含可调阻尼力减振器、可调节弹簧高度和弹性大小的弹性元件等。

一般原理:利用传感器(包括开关)检测汽车行驶时路面的状况和车身的状态,输入ECU后进行处理,然后通过驱动电路控制悬架系统的执行器动作,完成悬架特性参数的调整。

1 转向盘转角传感器

(1)作用:检测转向盘的中间位置、转动方向、

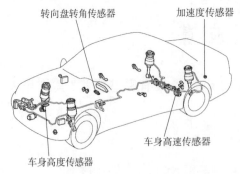

图16-1　传感器位置

转向角度和转动角度,以判断转向时侧向力的大小和方向,控制车身的侧倾。

（2）类型：多采用光电式转向盘转角传感器。

（3）安装位置：转向盘的转向轴上,如图16-2所示。

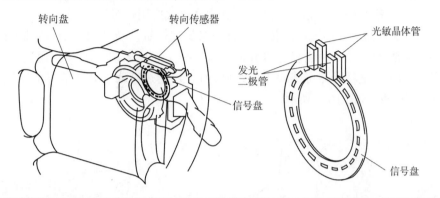

图16-2　转向盘转角传感器安装位置

（4）结构：在转向轴的带窄缝的圆盘上装有两组光电耦合器,转向盘转动时,可输出两组脉冲信号。根据此信号可判断转向盘的转角与转速;通过两组信号的相位来判断转向的方向。

（5）工作原理：当转动转向盘时,信号盘同时转动,两个光电耦合器的输出端产生与转向轴转角成一定比例的通（ON）、断（OFF）交变信号,悬架系统控制装置根据此信号的变化来判断转向盘的转角与转速。同时,根据脉冲信号的相位差来判断转向盘的偏转方向。

这是因为两个耦合元件在安装位置上使它们的 ON、OFF 变换相位错开 90°,可以通过判断哪个耦合元件信号首先转变状态,以检测转向轴的偏转方向。例如,向左转时,左侧耦合元件总是先于右侧耦合元件达到 ON 状态;而向右转时,右侧耦合元件总是先于左侧耦合元件达到 ON 状态。光电式转角传感器的工作原理和电路原理如图16-3所示。

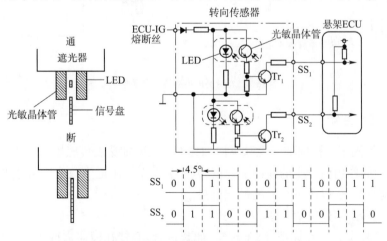

图16-3　光电式转角传感器的工作原理和电路原理

2 车身高度传感器

(1)作用:检测汽车行驶时车身高度的变化情况(汽车悬架的位移量)。

(2)类型:片簧开关式、霍尔式、光电式,其中光电式应用较多。

(3)光电式传感器原理:光电式传感器有一根靠连杆带动转动的转轴,转轴上固定一个开有许多窄槽的圆盘,圆盘两侧装有四组光电耦合器。当车身高度变化时,通过连杆可使转轴转动,因而四组光电耦合器可感应出四组脉冲信号,通过这四组脉冲信号的不同组合,反映车高的高度范围,如图16-4所示。

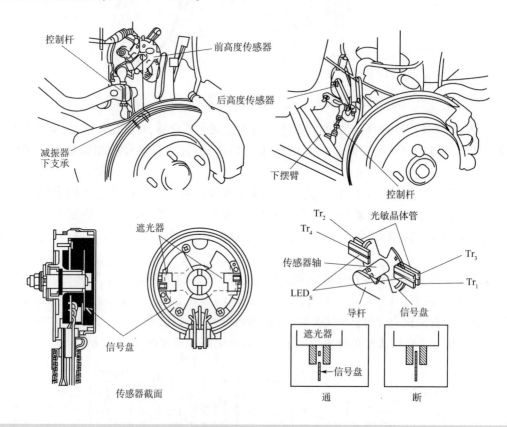

图16-4 车身高度传感器工作原理图

3 加速度传感器

(1)作用:检测车身横向加速度和纵向加速度。横向加速度传感器主要用于检测汽车转向时,因离心力的作用而产生的横向加速度,判断悬架系统阻尼力改变的大小及空气弹簧中空气压力的调节情况,以维持车身的最佳姿态。

(2)类型:差动变压器式和钢球位移式。

(3)差动变压器式工作原理:汽车转弯、加减速时,心杆在横向力或纵向力作用下移动,使检测线圈的输出电压发生变化,其结构如图16-5所示,工作原理如图16-6所示。

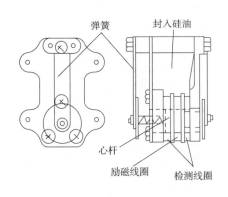

图16-5 差动变压器式传感器结构

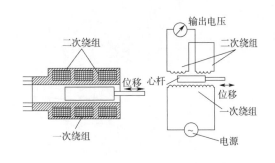

图16-6 差动变压器式传感器工作原理

(4)钢球位移式工作原理:汽车转弯、加减速时,钢球在横向力或纵向力作用下移动,使检测线圈的输出电压发生变化,其工作原理如图16-7所示。

4 信号开关

电控悬架系统的信号开关主要由阻尼模式指示灯和车身高度指示灯、高度控制开关、阻尼模式选择开关、停车灯开关和车门开关等组成,其在车辆上的位置如图16-8所示。

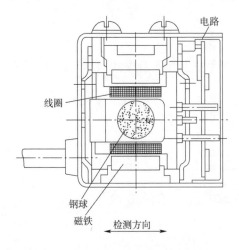

图16-7 钢球位移式传感器工作原理

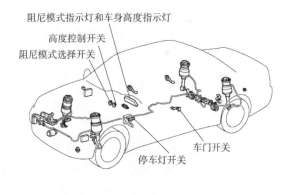

图16-8 信号开关在车辆上的位置

5 模式选择开关

(1)位置:变速器旁。
(2)作用:根据汽车的行驶状况和路面情况选择悬架的运行模式,从而决定减振器的阻尼力大小,模式选择开关如图16-9所示。
(3)运行模式:标准(Norm)、运动(Sport)两种。

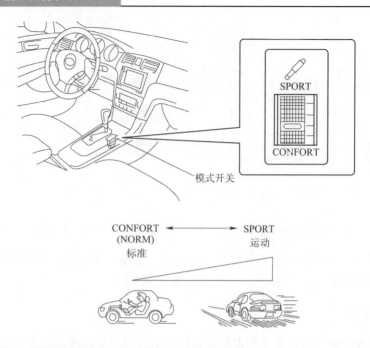

图 16-9　模式选择开关

6　高度控制开关

(1) 作用：改变车身高度设置。

(2) 运行模式：低（NORM）、高（HIGH）两种调度开关位置和运行模式，如图 16-10 所示。

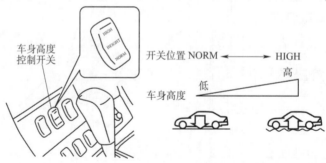

图 16-10　车身高度开关运行模式

引导问题 3　　雷克萨斯 LS400 电子控制悬架系统有哪些控制方式？

　　雷克萨斯 LS400 电子控制悬架系统是采用空气弹簧的半主动式电控悬架，弹簧刚度和汽车车身高度可根据驾驶条件自动控制。减振器的阻尼大小也由电子控制，以避免车辆侧倾、制动时前部点头和高速行驶时后部下沉等汽车姿态变化，因此能明显保持乘坐的舒适性和操纵的稳定性。

雷克萨斯 LS400 电控悬架系统控制功能主要有弹簧刚度和减振阻尼控制、车身高度控制两种。

1 弹簧刚度和减振阻尼控制

弹簧刚度和减振阻尼控制功能见表 16-1。

弹簧刚度和减振阻尼控制功能　　　　　　　　　　　表 16-1

序号		弹簧刚度和减振阻尼控制
1	防侧倾控制	使弹簧刚度和减振阻尼变成"硬"状态,以抑制侧倾,使汽车的姿势变化减至最小,以改善操纵性
2	防"点"头控制	使弹簧刚度和减振阻尼变成"硬"状态,以抑制汽车制动"点"头,使汽车的姿势变化减至最小
3	防后仰控制	使弹簧刚度和减振阻尼变成"硬"状态,以抑制汽车加速时后仰,使汽车的姿势变化减至最小
4	高车速控制	使弹簧刚度变成"硬"状态和使减振阻尼变成"中"状态,以改善汽车高速行驶时的稳定性和操纵性
5	不平整道路控制	使弹簧刚度和减振阻尼视需要变成"中"或"软"状态,以抑制汽车车身在悬架上下跳动,改善汽车在不平坦道路上行驶时的乘坐舒适性
6	颠动控制	使弹簧刚度和减振阻尼变成"中"或"软"状态,以抑制汽车在不平坦道路上行驶时的颠动
7	跳振控制	使弹簧刚度和减振阻尼变成"中"或"软"状态,以抑制汽车在不平坦道路上行驶时的上下跳振
8	路面感应半主动控制	对应于不同的道路,提供四轮独立的减振阻尼最佳控制。相应的,汽车可在各种不同的道路和行驶状况下保持恒定姿态

2 车身高度控制

车身高度控制功能见表 16-2。

车身高度控制功能　　　　　　　　　　　表 16-2

序号		车身高度控制
1	自动高度控制	不管驾乘人员和行李质量情况如何,使汽车高度保持在某一个恒定的高度位置。操作高度控制开关能使汽车的目标高度变为"正常"或"高"的状态

续上表

序号	车身高度控制	
2	高车速控制	当高度控制开关在"hight（高）"位置时，汽车高度会降低到"正常"状态，以改善高速行驶时的空气动力学和稳定性
3	点火开关关断控制	当点火开头关断后，因驾乘人员质量和行李重量变化而使汽车高度变为高于目标高度时，能使汽车高度降低到目标高度，以改善汽车驻车时的姿势

二、实 施 作 业

引导问题 4 电控悬架结构认识和高度调整功能的检查需要哪些工具、设备和材料？

安全流畅的网络环境、能连接互联网的手机或电脑、相关车辆的维修手册、丰田凌志 LS400 实训台架。

引导问题 5 请你查阅网络或维修手册，说明怎样作电控悬架结构认知和高度调整功能的检查？

电控悬架结构认知和高度调整功能的检查

（1）检查台架减振器高度：左前为_____mm；左后为_____mm；右前为_____mm；右后为_____mm。

（2）在汽车处于 HIGH 高度调整状态下，开关从 HIGH 位置切换到 NORM 位置。从操作高度控制开关到开始排气约为_____s；从开始排气到完成调整所需的时间为_____s；汽车高度的变化量为：左前为_____mm；左后为_____mm；右前为_____mm；右后为_____mm。

（3）在台架上把车速调至 50km/h，将高度控制开关从低位 NORM 位置切换到高位 HIGH 位置。检查得到完成高度调整所需的时间为_____s；汽车高度的变化量为：左前为_____mm；左后为_____mm；右前为_____mm；右后为_____mm；把车速调 60km/h，检查得到完成下降调整所需的时间为_____s，汽车高度的变化量为：左前为_____mm；左后为_____mm；右前为_____mm；右后为_____mm；再将车速调至 50km/h 回到初始状态，用肥皂泡检查系统是否有漏气。

（4）通过台架的实验发现改变_____，可使车辆的改变高度。

（5）通过悬架电脑控制改变减振器的油压通道从而使减振达到软、中、硬。

三、评 价 反 馈

对本学习任务进行评价，评分项目和评分标准见表 16-3。

评 分 表　　　　　　　　　　　　　　　　表 16-3

考核项目	评分标准	分数	学生自评	小组评价	教师评价	小计
活动参与	是否积极主动	5				
安全生产	有无安全隐患	10				
现场5S	是否做到	10				
任务方案	是否合理	15				
操作过程	(1)能否正确查阅信息,并填写信息; (2)能否在课堂上正确阐述所查阅的信息; (3)能否正确认知电控悬架结构; (4)能否正确检查电控悬架高度调整功能	30				
任务完成情况	是否圆满完成	5				
工具和设备使用	是否规范地使用手机(电脑、维修手册)查阅信息	10				
劳动纪律	是否违反	10				
工单填写	是否完整、规范	5				
	总分	100				
教师签名:			年　　月　　日		得分	

四、学习拓展

通过查阅资料,了解电控悬架系统的其他知识点,请你写下来与同学一起交流探讨。

项目五 底盘电控系统认识

学习任务十七

电动助力转向系统认识

学习目标

完成本学习任务后,你应当能:
1. 熟悉电动助力转向系统的类型、组成及工作原理;
2. 掌握电动助力转向系统的维修注意事项和模块中学习的方法;
3. 快速准确地使用网络查阅所需的资料。

 建议完成本学习任务的时间为 **6 课时**。

 学习任务描述

小张通过层层面试,拿到了去知名汽车集团的雪佛兰4S店实习的机会。实习的第20天,有一位客户到店反映:其车辆行驶里程约1.4万km、配置1.6L发动机与MT变速器的雪佛兰科鲁兹轿车的电动助力转向控制系统故障灯亮,方向无助力。师傅和小张一起分析后,初步确定是电动助力转向器故障造成的,然后一起进行检查。

一、资料收集

引导问题 1 什么是电动助力转向系统?它有哪些类型?由哪些部件组成?

电动助力转向系统(ESP)采用电动方式来实现汽车的转向助力,它是一种智能助力转向系统,能够提供汽车不同工况下转向所需的助力转矩。

1 电动助力转向系统类型

电动助力转向系统有齿轮助力式系统(PEPS)、齿条助力式系统(REPS)和转向柱助力式系统(CEPS)三种类型。

(1)齿轮助力式系统。其结构如图17-1所示。

①结构布置:助力电动机设置在转向器的齿轮轴上。

②安装优势:助力电动机位于车厢外,可在保持静噪性的前提下获得更大的辅助力。

③特点:与变比率式转向器组合使用,可实现助力电动机的小型化,提供操纵特性优异的转向系统。

(2)齿条助力式系统。其结构如图17-2所示。

①结构布置:助力电动机直接将助力加在齿条上。

②安装优势:通过辅助单元与齿条轴的一体化,提高了轻量化及装配紧密性。

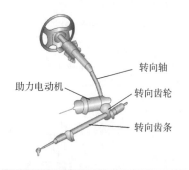

图17-1 齿轮助力式电动转向系统

③特点:可根据不同车型选用和定制汽车电动助力转向管柱和控制器,同时进行助力匹配;低速时转向轻便,高速时操纵稳定,回正性能优良;可靠性高,免维护;具有自诊断和安全控制功能。

(3)转向柱助力式系统。其结构如图17-3所示。

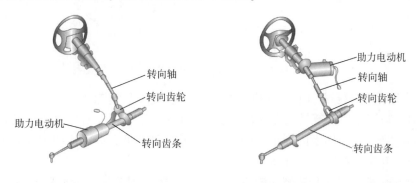

图17-2 齿条助力式电动转向系统　　图17-3 转向柱助力式电动转向系统

①结构布置:助力电动机、控制器以及转矩传感器设置在转向柱上。

②安装优势:系统结构紧凑,安装到车辆上时极为简便。

③特点:除了固定式转向柱外,还适用于倾斜式等所有类型的转向柱。

2 电动助力转向系统组成

电动助力转向系统主要由转矩传感器、电机、电动动力转向装置ECU、车速传感器、电磁离合器、减速机构等组成,如图17-4所示。

(1)转矩传感器。转矩传感器检测驾驶员作用于转向盘的转矩信号大小和方向,将驾驶员的转向意图反馈给动力转向模块,该信号是动力转向模块控制动力转向电机电流的主要参数。

(2)电机。动力转向机是动力转向系统的动力源,通常采用无刷永磁式直流电动机,其功能是根据动力转向模块ECU的指令产生相应的输出转矩。转向助力用的电动机需要正反转控制。

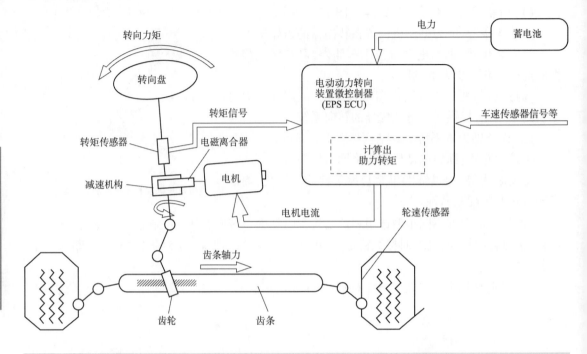

图 17-4　电动助力转向系统(EPS)组成

(3) 电动动力转向装置 ECU。电动动力转向模块 ECU 连续监测并处理转矩传感器和电机转动传感器等信号,以计算转向盘的角度和转动转矩,并同时根据车速和系统温度(估算值)等信息确定所需助力转矩的大小,从而控制动力转向电机驱动电流的方向和大小,实现可变助力转向,并防止系统温度过高。

(4) 车速传感器。车速传感器一般采用电磁式传感器,其安装在变速器上。该传感器根据车速变化,把主、副系统的两个信号传给动力转向模块 ECU,由于是两个系统,因此信号的可靠性提高了。

(5) 电磁离合器。电磁离合器采用干式电磁离合器,其功能是保证 EPS 在预先设定的车速范围内闭合。当车速超出设定车速范围时,离合器断开,电动机不再提供助力,转入手动转向状态。另外,当电动机发生故障时,离合器将自动断开。

(6) 减速机构。减速机构用来增大电动机的输出转矩。

3 电动助力转向系统发展趋势

(1) 结构。现有的 EPS 中,驱动转向轮进行转向的力由人和电动机助力两部分组成,随着技术的不断进步,未来的 EPS 将是全助力的电动转向系统,即驱动转向轮转向的力完全由电动机提供。目前,国内外研究最多的线控转向就是一种全助力转向技术。

(2) 控制策略。今后控制信号将不再仅仅依靠车速与转矩信号,而是根据转向角、横摆速度、侧向加速度等多种信号进行与汽车实际特性相吻合的综合集成控制。

引导问题2 电动助力转向系统是怎样工作的？

电动助力转向系统的动力转向模块ECU根据各种传感器信息决定助力电动机输出电流的大小和方向，即控制算法；同时保护程序和故障诊断程序同样处于关键地位，必要时发出警报或者采取必要的措施。

硬件部分的关键技术是传感器和电动机。传感器是整个系统的信号源，其精确性十分重要。电动机是整个系统的执行器，其性能好坏决定了整个系统的性能表现。

当驾驶员操作转向盘时，连接转向盘的扭杆产生形变，其形变角度与施加到转向盘的转矩呈正比，转矩传感器将扭杆形变的角度转化呈线性的电压输出信号T，此信号与车速信号V、发动机转速信号W、点火信号G送入到控制器ECU进行综合、分析、判断和运算后输出电流信号控制助力电机。助力电机通过传动机构产生助力转矩，该助力转矩施加到转向轴上，从而辅助驾驶员完成转向操作，如图17-5所示。

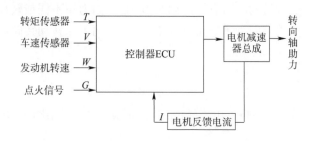

图17-5　电动助力转向系统工作原理系统逻辑图

由于电动助力转向系统能够依靠电机非常精确地控制车辆的转向角度，因此可以实现自动泊车的功能和车道保持系统自动纠正方向的功能。

引导问题3 电动助力转向系统的优点是什么？

与传统的液压助力转向系统相比较，电动助力转向系统具有以下优点：

（1）液压助力转向系统的油泵，在汽车不转向时也工作，加大了能量消耗。电动助力动力转向系统的电动机只有在转向时才工作，因而减少了能量消耗，并能在各种行驶工况下提供最佳的转向助力。

（2）减小了由于路面不平对转向系统的干扰，减轻了汽车低速行驶时的转向操纵力，提高了汽车高速行驶时的转向稳定性，改善了汽车的转向性能，进而提高汽车的安全性。

（3）由于不需要加注液压油和安装液压油管，所以系统安装简便，自由度大，而且成本低，无漏油故障，具有很好的通用性。

（4）电动助力转向系统由电动助力机直接提供转向助力，省去了液压动力转向系统所必需的动力转向油泵、软管、液压油、传送带和装于发动机上的皮带轮,既节省能量,又保护环境。另外,电动助力转向系统还具有调整简单、装配灵活以及在多种状况下都能提供转向助力的特点。

(5)电动助力转向系统的最大特点就是能实现"精确转向",它能够在汽车转向过程中根据不同车速和转向盘转动的快慢,精确提供各种行驶路况下的最佳转向助力,减小路面不平对转向系统的扰动。不但可以减轻低速行驶时的转向操纵力,而且可以大大提高高速行驶时的操纵稳定性,并能精确实现人们预先设置在不同车速、不同转弯角度所需要的转向助力。通过控制助力电机,可降低高速行驶时的转向助力,增大转向手力,解决高速发飘问题,成本相对较低。

使用电动助力转向系统的车型有大众朗逸、丰田卡罗拉、雪佛兰科鲁兹、日产轩逸等。

引导问题4 电动助力转向系统常见的故障是什么？该怎样排除？

电动助力转向系统常见的故障有转向困难、左右转向力矩不同或转向力矩不均、行驶时转向力矩不随车速改变或转向盘不能正确回正、动力转向工作转动转向盘时出现敲击(或摇动)声等。

1 转向困难

(1)故障现象:汽车在转向时,出现转向沉重、不灵敏等转向困难现象。
(2)故障原因:
①前轮胎充气不当、磨损不均匀;
②前轮定位错误;
③前悬架下球节磨损、松旷等;
④转向机总成发生故障;
⑤力矩传感器(内置于转向柱)发生故障;
⑥动力转向电动机发生故障;
⑦蓄电池和电源系统发生故障;
⑧动力转向 ECU 电源电压异常和继电器发生故障;
⑨动力转向 ECU 发生故障。
(3)诊断与排除:
①检查前轮气压是否正常,胎面磨损是否均匀;
②检查前悬架下球节是否磨损、松旷,如不能修复,则进行更换;
③检查前轮定位参数是否正确,如不正常,调整前轮定位参数;
④检查转向机总成,若不正常,则进行修复或更换;
⑤检查蓄电池和电源系统是否正常,若不正常,则进行修复或更换;
⑥检查动力转向 ECU 是否正常,若不正常,则进行修复或更换;
⑦检查力矩传感器和动力转向电动机是否正常,若不正常,则进行修复或更换。

2 左右转向力矩不同或转向力矩不均

(1)故障现象:汽车在转向时,驾驶员在向左和向右操纵时,明显感觉沉重感不同。
(2)故障原因:
①前轮胎充气不当,磨损不均匀;
②前轮定位错误;
③前悬架下球节磨损、松旷等;
④转向机总成发生故障;
⑤转向中心点(零点)记录错误;
⑥力矩传感器(内置于转向柱)发生故障;
⑦转向柱总成发生故障;
⑧动力转向电动机发生故障;
⑨动力转向 ECU 发生故障。
(3)诊断与排除:
①检查前轮气压是否正常,胎面磨损是否均匀;
②检查前悬架下球节是否磨损、松旷,如不能修复,则进行更换;
③检查前轮定位参数是否正常,若不正常,则调整前轮定位参数;
④检查转向机总成,若不正常,则进行修复或更换;
⑤检查转向中心点(零点)记录是否错误,若记录错误,则重新进行校正;
⑥检查动力转向 ECU 是否正常,若不正常,则进行修复或更换;
⑦检查力矩传感器和动力转向电动机是否正常,若不正常,则进行修复或更换。

3 行驶时转向力矩不随车速改变或转向盘不能正确回正

(1)故障现象:汽车在行驶时,车速改变但转向力矩不能同步变化,转向盘不能正确回正。
(2)故障原因:
①前悬架下球节磨损、松旷等;
②转速传感器发生故障;
③防滑控制 ECU 发生故障;
④力矩传感器(内置于转向柱)发生故障;
⑤动力转向电动机发生故障;
⑥动力转向 ECU 发生故障;
⑦CAN 通信系统发生故障。
(3)诊断与排除:
①检查前悬架是否磨损、松旷,如不能修复,则进行更换;
②检查转速传感器是否正常,若不正常,则进行修复或更换;
③检查防滑控制 ECU 是否正常,若不正常,则进行修复或更换;

④检查动力转向 ECU 是否正常,若不正常,则进行修复或更换;
⑤检查力矩传感器和动力转向电动机是否正常,若不正常,则进行修复或更换;
⑥检查 CAN 通信系统是否正常,若不正常,则进行修复或更换。

4 动力转向工作时,转动转向盘时出现敲击(或摇动)声

(1)故障现象:汽车行驶转向时,转向盘出现敲击(或摇动)声。
(2)故障原因:
①前悬架下球节磨损、松旷等;
②转向中间轴磨损、松旷等;
③动力转向电动机发生故障;
④动力转向 ECU 发生故障。
(3)故障诊断与排除:
①检查前悬架是否磨损、松旷,如不能修复则进行更换;
②检查转向中间轴是否磨损、松旷,如不能修复则进行更换;
③检查动力转向电动机是否正常,若不正常,进行修复或更换;
④检查动力转向 ECU 是否正常,若不正常,进行修复或更换。

二、实 施 作 业

引导问题5 学习丰田普锐斯电动助力转向系统需要哪些工具、设备和材料?

安全流畅的网络环境、能连接互联网的手机或电脑、相关车辆的维修手册。

引导问题6 丰田普锐斯电动助力转向系统的结构和控制原理是怎样的?

1 丰田普锐斯电动助力转向系统的结构

丰田普锐斯电动助力转向系统的结构如图17-6所示。

普瑞斯汽车的电子动力转向系统(EPS)采用装在转向柱上的 DC 电动机和减速机构产生转矩来给转向助力。转向电控单元(EPS ECU)根据传感器和 ECU 信号计算转向助力的大小。EPS ECU 通过 CAN 和制动防滑控制 ECU、HV ECU 和网关 ECU 保持通信。此外,EPS ECU 经由 BEAN,通过网关 ECU 和仪表 ECU 保持通信。

普瑞斯汽车采用车辆稳定性控制系统(VSC),该系统工作时控制转向助力转矩。VSC 工作时,EPS ECU 收到制动防滑 ECU 的助力转矩请求信号后,立刻控制 DC 电动机的助力转矩。

与传统的液压助力转向系统不同,EPS 在可维修方面有很大的优势,它不需要管路、泵、滑阀和转向液。

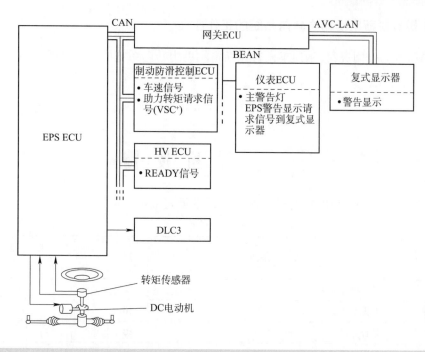

图 17-6　丰田普瑞斯电子动力转向系统组成图

查阅资料，填写各部件的作用。

(1) 转矩传感器：_____

(2) DC 电动机：_____

(3) 减速机构：_____

(4) EPS ECU：_____

(5) HV ECU：_____

(6) 制动防滑控制 ECU：_____

(7) 仪表 ECU：_____

(8) VSC ECU：_____

(9) 复式显示器：_____

2 丰田普锐斯电动助力转向系统的工作原理

结合图17-6，查阅资料，阐述丰田普锐斯电动助力转向系统的工作原理。

三、评价反馈

对本学习任务进行评价，评分项目和评分标准见表17-1。

评 分 表　　　　　　　　　　　表17-1

考核项目	评分标准	分数	学生自评	小组评价	教师评价	小计
活动参与	是否积极主动	5				
安全生产	有无安全隐患	10				
现场5S	是否做到	10				
任务方案	是否合理	15				
操作过程	(1)能否正确查阅信息，并填写信息； (2)能否正确、安全地查阅丰田普锐斯电动助力转向系统的结构和工作原理	30				
任务完成情况	是否圆满完成	5				
工具和设备使用	是否规范地使用手机(电脑、维修手册)查阅信息	10				
劳动纪律	是否违反	10				
工单填写	是否完整、规范	5				
	总分	100				
教师签名：			年　月　日		得分	

四、学习拓展

一辆行驶里程约1.4万km，配置1.6L发动机、MT变速器的雪佛兰科鲁兹轿车的电动助力转向控制系统故障灯亮，方向无助力。请你分析该车故障的可能原因，并写下来与同学一起交流探讨。

学习任务十八

电子制动控制系统认识

学习目标

完成本学习任务后,你应当能:
1. 掌握电子制动控制系统的类型;
2. 掌握防抱死制动系统(ABS)的组成与工作原理;
3. 熟悉电子制动力分配系统(EBD)的功能及工作原理;
4. 熟悉牵引力控制系统(TCS)的作用和工作原理;
5. 熟悉液压制动辅助系统(HBA)的功能;
6. 熟悉电子稳定程序(ESP)的作用及工作原理;
7. 更换ABS轮速传感器。

 建议完成本学习任务的时间为6课时。

 学习任务描述

  小张通过层层面试,拿到了去知名汽车集团的雪佛兰4S店实习的机会。实习的第22天,有一位客户到店反映:其车辆行驶里程约1.4万km、配置1.6L发动机与MT变速器的雪佛兰科鲁兹轿车仪表盘上的ABS故障灯亮。师傅和小张一起分析后,初步确定是由电动助力转向器故障造成的,然后一起对其进行检查。

一、资料收集

引导问题1   电子制动控制系统有哪些类型?

  电子制动控制系统有防抱死制动系统(ABS)、电子制动力分配(EBD)、电子驻车制动

(EPB)、液压制动辅助(HBA)、牵引力控制(TCS)、电子稳定程序(ESP)等类型。不同的车辆配备有一种或多种类型。

引导问题2　防抱死制动系统(ABS)的作用是什么？是怎样工作的？

1 防抱死制动系统的作用

防抱死制动系统的主要作用是改善整车的制动性能，提高行车安全性，防止车轮在制动过程中抱死(即停止滚动)，从而保证驾驶员在制动时能控制方向，并防止后轴侧滑。

2 防抱死制动系统的组成

ABS 是在传统机械液压制动系统基础上建立的电子控制装置，除了传统的液压制动系统部件外，还具有电子制动控制模块(上汽通用称之为 EBCM)、液压控制单元、轮速传感器、ABS 故障指示灯等，如图 18-1 所示。

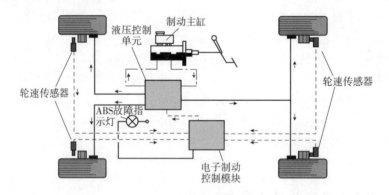

图 18-1　ABS 系统组成

3 滑移率

汽车从纯滚动到抱死拖滑的制动过程是一个渐进的过程，其经历了纯滚动、边滚边滑和纯滑动三个阶段。为了评价汽车车轮滑移成分所占比例的多少，常用滑移率 s 来表示，其定义如下：

$$s = \frac{车速 - 轮速}{车速} \times 100\% \tag{18-1}$$

由上式得出，当车速与轮速相等时，s 等于 0，车轮纯滚动；当汽车制动时车速与轮速的差值越大，s 也越大；当滑移率为 100% 时，车轮抱死(即停止转动)。科学计算和实验证明：最佳制动状态不是出现在车轮抱死时，而是出现在车轮与地面维持 20% 左右的 s 时。此时，车辆既可以获得大的制动力，又可以获得较理想的转向性能和横向稳定性。ABS 可以精确控制四个车轮的 s 保持在 20% 左右，使车辆制动效能达到最大化。

4 防抱死制动系统的工作原理

ABS 的工作原理为：汽车紧急制动时，装在各车轮上高灵敏度的车轮转速传感器一旦发现某个车轮抱死，计算机立即控制压力调节器使该轮的制动轮缸泄压，使车轮恢复转动，达到防止车轮抱死的目的。ABS 的工作过程实际上是"抱死→松开→抱死→松开"的循环工作过程，车辆始终处于临界抱死的间隙滚动状态，有效克服紧急制动时由车轮抱死产生的车辆跑偏现象，防止车身失控等情况的发生。ABS 的工作原理如图 18-2 所示。

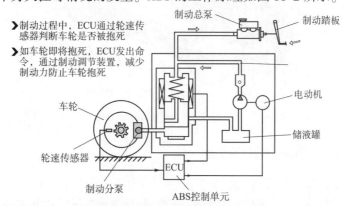

图 18-2　ABS 工作原理示意图

5 防抱死制动系统故障指示灯点亮的原因

防抱死制动系统工作异常或出现故障时，防抱死制动系统故障指示灯将会点亮，主要原因如下：

①电动液压泵工作超过一定的时间。
②车辆行驶超过 30s，驻车制动未释放。
③未收到四个车轮中任何一个车轮的轮速传感器信号。
④电磁阀工作超过一定的时间或检测到电磁阀断路或短路。

> **引导问题 3**　什么是车身电子稳定程序（ESP）？是怎样工作的？

车身电子稳定程序是博世（Bosch）公司的专利。其他公司也有研发出类似的系统，如宝马的 DSC、丰田的 VSC 等。

1 车身电子稳定程序作用

车身电子稳定程序能够主动纠正车辆在高速或湿滑路面上行驶时转向过度和转向不足，避免车辆偏航现象。

2 车身电子稳定程序组成

车身电子稳定程序其实是 ABS 和 ASR（驱动轮防滑转系统）功能上的延伸，可以说是当前汽车防滑装置的最高形式。ESP 系统主要由车轮转速传感器、ECU、角加速度传感器、转向盘角度传感器、ESP 电子控制模块等组成。控制单元通过这些传感器的信号对车辆的运行状态进行判断，进而发出控制指令。其组成如图 18-3 所示。

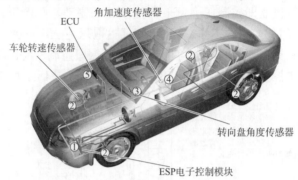

图 18-3　ESP 系统组成

3　车身电子稳定程序主要传感器

ESP 系统的主要传感器及其功能如下：
①转向盘角度传感器：监测转向盘旋转角度，帮助判断汽车行驶方向是否正确。
②车轮转速传感器：监测每个车轮速度，判断车轮是否打滑。
③偏航率传感器：记录汽车绕垂直轴线的运动，判断汽车是否在打滑。
④横向加速度传感器：检测汽车转弯时产生的离心力，判断汽车通过弯道时是否打滑。

4　车身电子稳定程序工作原理

在汽车行驶过程中，转向盘转角传感器监测驾驶员转弯方向和角度，车速传感器监测车速、节气门开度，制动主缸压力传感器监测制动力，而侧向加速度传感器和横摆角速度传感器则监测汽车的横摆和侧倾速度。ECU 根据这些信息，通过计算，判断汽车正常安全地行驶和驾驶员操纵汽车意图的差距，然后由 ECU 发出指令，调整发动机的转速和车轮上的制动力，如果实际行驶轨迹与期望的行驶轨迹存在偏差，则 ESP 系统对某一车轮施加制动，从而修正汽车的过度转向或不足转向，以避免出现汽车打滑、转向过度、转向不足和抱死的情况，从而保证汽车的行驶安全。

引导问题 4　**什么是电子制动力分配（EBD）系统？它是怎样工作的？**

电子制动力分配系统德文缩写为 EBV，所以很多欧洲车用 EBV 表示，比如奥迪 A6、宝来、高尔夫等。该系统是防抱死制动系统软件的一部分，被编程设置在电子控制单元中，集成并取代了用于压力感测和负荷感测的传统前后制动比例分配阀。

1　电子制动力分配系统作用

电子制动力分配的作用是用高速计算机在汽车制动的瞬间，分别对四只轮胎附着的不同地面进行感应和计算,得出不同的摩擦力数值,使四只轮胎的制动装置根据不同的情况,用不同的方式和力量制动,并在运动中不断调整,使制动力与摩擦力相匹配,从而保证车辆的平稳。

(1)前后制动力分配控制。前后制动力分配控制的控制方法是根据各车轮轮速传感器传出的信号计算车轮速度和加速度,判断各车轮状态,通过控制各轮的液压、对应车辆的装载状态或减速度引起的载荷变化,实现恰当的前后制动力分配。通过这一方式防止后轮先行抱死,同时可以通过对后轮制动力的有效利用,减轻制动踏板的踏力。制动力分配曲线如图18-4所示。

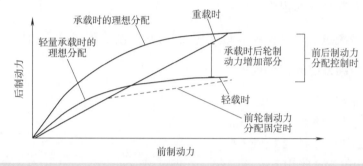

图18-4　EBD的前后制动力分配曲线

(2)左右制动力分配控制。左右制动力分配控制是通过使用ABS液压控制装置对左右轮的制动力进行控制,实现转向制动时制动效果和车辆稳定性的装置。

2 电子制动力分配系统的组成

电子制动力分配系统包括轮速传感器、电子控制器和液压执行器三部分。

3 电子制动力分配系统的工作原理

电子制动力分配系统是ABS的一个附加作用系统,可以提高ABS的效用,共同为行车安全添筹加码。所以在安全指标上,汽车的性能又多了"ABS + EBD"。值得一提的是,即使车载ABS失效,EBD也能保证车辆不会出现因甩尾而导致翻车等恶性事件的发生。同时它还能较大幅度地减少ABS工作时的振噪感,而不需要增加任何的硬件配置,成本比较低,因此又称之为"更安全、更舒适的ABS"。在车轮轻微制动时,电子制动力分配功能就起作用,转弯时尤其如此,速度传感器记录4个车轮的转速信息,电子控制单元计算车轮的转速。如果后轮滑移率增大,则调节制动压力,使后轮制动压力降低。电子制动力分配功能保证了较高的侧向力和合理的制动力分配。

EBD使用特殊的ECU功能来分配前轴和后轴之间的制动力。当汽车制动时,中央处理器根据接收到的轮速信号、载荷信号、踏板行程信号以及发动机等有关信号,经处理后向电磁阀和轴荷调节器发出控制指令,使各轴的制动力得到合理分配。EBD在汽车制动时即开始控制制动力,而ABS则是在车轮有抱死倾向时开始工作。EBD的优点在于在不同的路面上都可以获得最佳制动效果,缩短制动距离,提高制动灵敏度和协调性,改善制动的舒适性。

引导问题 5　牵引力控制系统(TCS)的作用是什么？它是怎样工作的？

1 牵引力控制系统的作用

牵引力控制系统能够在车辆起步、加速或湿滑路面行驶时控制驱动轮滑转率，以维持车辆行驶的稳定性和最适当的驱动力。

2 牵引力控制系统的组成

牵引力控制系统包括 TCS 控制单元、传感器、液压控制单元、开关及故障指示灯等。

3 牵引力控制系统的工作前提

牵引力控制系统工作的前提如下：
(1) 发动机转速必须大于 450r/min；
(2) 变速器必须在 D 挡、2 挡或 3 挡；
(3) 制动踏板处于释放状态；
(4) 车轮正向滑动超出限值。

4 牵引力控制系统的工作原理

牵引力控制系统主要是使用发动机点火的时间、变速器挡位和供油系统来控制驱动轮打滑的情况。当 TCS 感应到车轮打滑的时候，首先会经过发动机控制电脑改变发动机点火的时间，减低发动机扭力输出或是在该轮上施加制动以防打滑，如果在打滑很严重的情况下，就再控制发动机供油系统。TCS 在运用的时候，变速器会维持较高的挡位，在节气门加重的时候避免突然下挡，以防止打滑得更厉害。TCS 最大的特点是使用现有 ABS 的电脑、输入速度感知器和控制发动机与变速器电脑，即使换上了备胎，TCS 也可以准确应用。

装置有 TCS 和驾驶员的感觉有所不同，正确来说，应该是机械来判断各种状况，把它当作一种信号来分析，进而分配驱动轮上的动力。

5 TCS 与 ABS 的区别

TCS 与 ABS 的区别如下：
(1) ABS 对所有车轮起作用，控制其滑移率；而 TCS 只对驱动轮起作用；
(2) ABS 的目的是防止制动时车轮抱死滑移，提高制动效率和安全性，而 TCS 的目的是防止驱动车轮原地滑转，改善车轮与路面的附着力，提高车辆牵引力；
(3) ABS 只有在车辆行驶过程中，驾驶员踩下制动踏板后才工作，而 TCS 则是在整个行驶过程中都处于警戒状态，一旦驱动轮出现滑转，便自动投入工作。

引导问题6 液压制动辅助系统(HBA)的作用是什么？它是怎样工作的？

1 液压制动辅助系统的作用

液压制动辅助系统的作用主要如下：

（1）帮助驾驶员紧急制动，根据驾驶员踩制动踏板的速度来判断是否存在完全制动的需求，只要驾驶员始终将制动踏板踩到底，系统就会自动加大制动力，直到防抱死制动系统的启动临界值；

（2）如果驾驶员放松制动踏板，系统又会降低制动力到规定值；

（3）液压制动辅助系统可以大幅缩短制动距离，系统工作时驾驶员几乎毫无察觉，如图18-5所示。

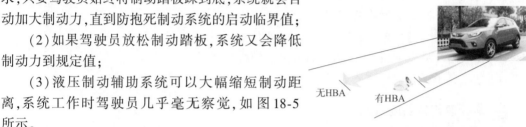

图18-5 配备HBA车辆制动情况

2 液压制动辅助系统的工作原理

在紧急情况下，90%的驾驶员踩制动踏板时均会出现反应不及时或力度不够的问题。HBA就是针对这种情况提供安全辅助，通过车轮转速、制动灯开关和制动踏板上的压力来识别紧急情况，一旦识别到紧急状况，同时驾驶者施加的制动压力低于制动系统所需的紧急制动压力，HBA就会启动，自动提高制动压力，相当于辅助驾驶员大力踩制动踏板，直到ABS介入，防止车轮抱死。这样可以达到最佳制动效果，缩短制动距离。

有关测试数据结果表明，在驾驶员反应不及时或踩制动踏板力度不够的情况下，配备HBA的车辆比未装有该系统的车辆可最多缩短约45%的制动踏板距离。

3 液压制动辅助系统的工作条件

HBA在紧急制动情况下触发。如出现以下条件，系统认为发生了紧急情况：

（1）制动灯点亮，表明驾驶员已踩下制动踏板；

（2）车轮转速传感器检测到车辆当前以最低车速行驶；

（3）制动压力传感器检测到踩制动踏板的速度达到了制动辅助系统的启动值。

二、实施作业

引导问题7 实施ABS轮速传感器的更换需要哪些工具、设备和材料？

卡罗拉轿车、举升机、扭力扳手、销冲、手锤、一字螺丝刀、梅花螺丝刀、专用工具SST 09520-00031(09521-00010,09520-00040)、09521-00020、专用工具SST 09214-76011、

项目五 底盘电控系统认识

压力机、防护五件套、翼子板布和前格栅磁力护裙等。

引导问题8 怎样更换 ABS 车轮速度传感器？

1 准备工作

(1) 汽车进入工位前，将工位清理干净，准备好相关的器材。
(2) 将汽车停驻在举升机中央位置。
(3) 拉紧驻车制动器操纵杆，并将换挡杆置于空挡位置。
(4) 套上转向盘防尘罩、换挡杆手柄套和座位套，铺设脚垫。
(5) 在车内拉动发动机舱盖手柄，打开并支撑发动机舱盖。
(6) 粘贴翼子板和前格栅磁力护裙。

2 前轮速传感器的拆卸

注意事项：左侧和右侧应使用同样的程序，下面列出的程序适用于左侧。如果更换传感器转子，则一同更换前桥轮毂和轴承总成。

(1) 从蓄电池负极端子断开电缆。

注意事项：断开电缆后重新连接时，某些系统需要初始化。

(2) 如图18-6所示，拆卸前轮总成。

图18-6 拆卸前轮总成

(3) 拆卸后轮罩前板(带侧挡泥板)。
(4) 拆卸侧挡泥板(带侧挡泥板)。
(5) 拆卸前翼子板挡泥板(带前翼子板挡泥板)。
(6) 拆卸前翼子板外接板衬块。
(7) 拆卸前翼子板内衬(不带前翼子板挡泥板和侧挡泥板)。
(8) 拆卸前翼子板内衬(带前翼子板挡泥板)。
(9) 拆卸前翼子板内衬(带侧挡泥板)。
(10) 拆卸前轮速传感器。步骤如下：

①断开前轮速传感器连接器，从车身上拆下前轮速传感器线束卡夹；
②从车身上拆下螺栓A和2号传感器卡夹；
③从减振器总成上拆下螺栓B和1号传感器卡夹；
④拆下螺栓C、卡夹和前轮速传感器，每次拆下轮速传感器时，清洁轮速传感器的安装孔和表面。

注意事项：防止异物粘在传感器端部。

(11) 拆卸左前桥轮毂螺母。
(12) 分离前挠性软管。拆下螺栓并分离前挠性软管。

(13)分离前盘式制动器制动钳总成。

(14)拆卸前制动盘。

(15)分离横拉杆接头分总成。

(16)分离前桥总成。

(17)拆卸前桥总成。

(18)拆卸带传感器转子的前桥轮毂和轴承总成。

3 前轮速传感器的安装

(1)安装带传感器转子的前桥轮毂和轴承总成。

(2)安装前桥总成。

(3)连接前悬架1号下臂分总成。

(4)连接横拉杆接头分总成。

(5)安装前制动盘。

(6)安装前盘式制动器制动钳总成。

(7)暂时安装左前桥轮毂螺母。

(8)分离前盘式制动器制动钳总成。

(9)拆卸前制动盘。

(10)检查前桥轮毂轴承的松弛度。

(11)检查前桥轮毂径向跳动。

(12)安装前制动盘。

(13)安装前盘式制动器制动钳总成。

(14)安装前挠性软管。用螺栓安装前挠性软管,拧紧力矩为29N·m。

(15)安装左前桥轮毂螺母。

(16)安装前轮速传感器。步骤如下:

①用螺栓C和卡夹安装前轮速传感器,螺栓C的拧紧力矩为8.5N·m;

注意事项: 防止异物粘在传感器端部。

②用螺栓B将前挠性软管和1号传感器卡夹安装至减振器,螺栓B的拧紧力矩为29N·m;

注意事项: 安装轮速传感器时,不要扭曲前轮速传感器线束;螺栓B将制动器挠性软管和前轮速传感器紧固在一起;确保挠性软管位于前轮速传感器上方;不要用锉刀锉孔或表面,因为磁性转子和传感器之间的间隙非常重要。

③用螺栓A将2号传感器卡爪安装至车身,螺栓A的拧紧力矩为8.5N·m;

④连接2个轮速传感器线束卡夹;

⑤连接轮速传感器连接器。

(17)安装前翼子板内衬(不带前翼子板挡泥板和侧挡泥板)。

(18)安装前翼子板内衬(带前翼子板挡泥板)。

(19)安装前翼子板内衬(带侧挡泥板)。

(20)安装前翼子板挡泥板(带前翼子板挡泥板)。

(21) 安装前翼子板外接板衬块。
(22) 安装侧挡泥板(带侧挡泥板)。
(23) 安装后轮罩前板(带侧挡泥板)。
(24) 安装前轮(螺母拧紧力矩为103N·m)。
(25) 将电缆连接至蓄电池负极端子。
注意事项：断开电缆后重新连接时，某些系统需要初始化。
(26) 检查轮速传感器信号。
(27) 检查并调整前轮定位。

4 检查

起动车辆，检查车辆运行(□是　□否)正常，检查ABS故障指示灯(□是　□否)点亮。

三、评价反馈

对本学习任务进行评价，评分项目和评分标准见表18-1。

评 分 表　　　　　　　　　　　　　　　　　表18-1

考核项目	评分标准	分数	学生自评	小组评价	教师评价	小计
活动参与	是否积极主动	5				
安全生产	有无安全隐患	10				
现场5S	是否做到	10				
任务方案	是否合理	15				
操作过程	(1)能否正确查阅信息，并填写信息； (2)能否正确安全地进行ABS轮速传感器的更换	30				
任务完成情况	是否圆满完成	5				
工具和设备使用	是否规范地使用手机(电脑、维修手册)查阅信息	10				
劳动纪律	是否违反	10				
工单填写	是否完整、规范	5				
总分		100				
教师签名：			年　　月　　日		得分	

四、学习拓展

一辆行驶里程约2.8万km、配置1.6L发动机与MT变速器的雪佛兰科鲁兹轿车，其仪表盘上的ABS故障灯亮，ABS系统不起作用，制动抱死。请你分析引起该车故障的可能原因，并写下来与同学一起交流探讨。

项目六
底盘综合维修

学习任务十九

手动变速器换挡困难的检修

学习目标

完成本学习任务后，你应当能：
1. 掌握手动变速器换挡困难的原因分析；
2. 对手动变速器换挡困难进行检修；
3. 明确手动变速器的拆装步骤和技术要求。

 建议完成本学习任务的时间为 6 课时。

 学习任务描述

一辆丰田卡罗拉轿车车主反映，最近其车辆在行驶的过程中经常出现换挡困难的现象。请你结合所学，分析产生这种故障现象的原因，并对故障进行检修。

一、资料收集

引导问题 1 哪些原因会导致手动变速器换挡困难？

导致手动变速器换挡困难的原因如下。

(1)换挡杆操纵沉重或偏离挡位位置方可挂入挡位，均为操纵机构故障所致。如果属于机构失调，则应按规定调节拉杆长度和位置；如果是机件磨损或变形，则应更换磨损件。

(2)当挡位手感正确，在挂二、三挡或四、五挡时感到困难或有轻微响声，则为同步器损坏，大多是磨损效果降低所致。

(3)在汽车的运行过程中，空挡滑行时发现变速器内有异响，挂挡瞬间也有同样声响，挂挡困难，其原因大多是同步器松旷。

(4)在四、五挡挂挡时困难，有两次拨挡的感觉，则是拨叉和拨叉槽磨损过度或同步器锥环变形失效。

在这里我们重点学习手动变速器操纵机构和变速机构故障导致换挡困难的检修。

二、实施作业

引导问题 2 实施手动变速器换挡困难检修需要哪些工具、设备和材料？

常用底盘拆装工具、丰田卡罗拉轿车、翼子板布、前格栅布、车辆防护五件套等。

引导问题 3 怎样进行手动变速器操纵机构故障检修？

1 拆卸换挡操纵机构

(1)按照维修手册选用套筒、棘轮扳手，拆卸主副驾驶座椅。
(2)选用十字螺钉旋具，拆卸前后地板控制台。
(3)拆卸换挡杆止动卡箍，取下换挡手柄。
(4)选用套筒、棘轮扳手，拆卸前地板控制台支架固定螺栓。
(5)选用套筒、接杆、棘轮扳手，拆卸换挡杆卡箍固定螺栓。
(6)将换挡杆与连杆总成分离，并拆下换挡杆固定卡箍。
(7)取下换挡波纹管和海绵垫片。
(8)将换挡杆壳体取出，如图 19-1 所示。

(9)沿卡夹的缺口方向,从变速杆与万向节固定销上推出固定卡夹,然后取下固定销。
(10)分离连杆与万向节,拆卸换挡摇臂连杆总成上固定轴销。
(11)从变速驱动桥后支架上取下换挡摇臂连杆总成。

2 安装换挡操纵机构

按照拆卸相反顺序安装换挡操纵机构,如图 19-2 所示。

图 19-1　将换挡杆壳体与拉杆向后取出

图 19-2　安装换挡操纵机构

3 调整换挡杆

(1)将换挡杆挂至一挡和二挡中间位置,用螺钉旋具穿过换挡杆上调整孔和换挡壳体上调整孔固定换挡杆。
(2)拧紧拉杆卡箍固定螺栓。
(3)取出固定变速杆的螺钉旋具。
(4)将换挡杆依次挂入各个挡位,确保换挡正常。
(5)如不能换挡或换挡困难,重复以上步骤多次,如图 19-3 所示。如还不正常,故障可能在变速器内部,需分解变速器检查。
(6)拆开变速器盖或分解变速器总成,检查换挡机构。检查拨叉轴是否弯曲,如果弯曲,需

图 19-3　调整换挡杆

进行矫正或更换。检查自锁或互锁机构的定位销或互锁销是否损伤、锁定弹簧是否过硬,如果有,需进行更换。挂入各个挡位都感觉阻力较大时,应检查换挡杆是否变形;挂入某一挡位阻力较大时,应检查该挡拨叉轴是否变形,如果有,需进行矫正或更换。

4 其他检修

(1)操纵机构各零部件的连接应无松动现象,否则应及时紧固。
(2)分解变速器,检查拨叉和接合套、拨叉与拨叉轴或换挡轴处的磨损,磨损超过标准时应更换。

(3)分解变速器,检查换挡杆、拨叉、拨叉轴等是否变形,如变形,应进行校正或更换。拨叉轴的直线公差为0.05mm;轴上定位凹槽的最大磨损量为0.5mm,超过时应更换。

(4)检查定位钢球、定位销、锁止弹簧和复位弹簧,当磨损超过极限或弹簧失效时应更换。

引导问题4 怎样进行手动变速器变速机构故障检修?

1 变速器的分解

分解变速器前首先应将其从车上拆下,然后放到工作台或安装到翻转支架上进行分解,现以丰田卡罗拉六档两轴式手动变速器为例,分解步骤如下。

(1)拆下放油螺塞,用油桶存放废弃的齿轮油,如图19-4所示。

(2)拆下变速器三条拨叉轴的自锁装置螺塞,并取下自锁装置弹簧和钢球,如图19-5所示。

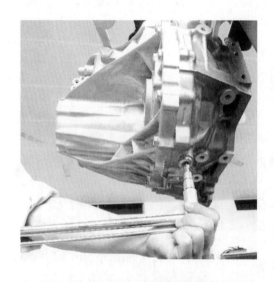

图19-4 拆下放油螺塞

图19-5 拆下自锁装置螺塞

(3)拆下变速器外壳上的倒挡轴固定螺钉,如图19-6所示。

(4)拆下变速器前壳体与后壳体相连的所有固定螺栓,如图19-7所示。

(5)用螺钉旋具撬或用橡胶锤敲击壳体合适位置,使前、后壳体分离,如图19-8所示。

(6)轻轻取下变速器后壳体,如图19-9所示。

(7)取下倒挡齿轮轴和倒挡齿轮,如图19-10所示。

(8)取下倒挡拨叉轴和倒挡拨叉,如图19-11所示。

图 19-6　拆下倒挡轴固定螺钉

图 19-7　拆下所有固定螺栓

图 19-8　分离前、后壳体

图 19-9　取下变速器后壳体

图 19-10　取下倒挡齿轮轴和倒挡齿轮

图 19-11　取下倒挡拨叉轴和倒挡拨叉

(9)取下换挡轴,如图 19-12 所示。
(10)将输入轴、输出轴和三条拨叉轴及拨叉一起取下,如图 19-13 所示。

图 19-12　取下换挡轴

图 19-13　取下输入轴、输出轴、拨叉轴及拨叉

(11)用卡簧钳拆下输入轴后端的固定卡环,如图 19-14 所示。
(12)用专用工具拉出输入轴后端的轴承,如图 19-15 所示。

图 19-14　拆下固定卡环

图 19-15　拉出输入轴后端的轴承

(13)分解输入轴、轴出轴上的各挡齿轮和同步器,同时要在同步器各元件上做好装配标记,以避免装错。

2 齿轮变速机构的检修

（1）变速器壳体的检查。检查变速器壳体有无变形、裂纹；轴承孔、螺纹孔有无磨损等，如出现上述情况，则需要更换变速器壳体。

（2）齿轮的检查。

①检查各挡齿轮齿面、齿端无磨损；齿面无疲劳剥落、腐蚀斑点；轮齿无破碎或断裂等，否则需更换。

②检查齿轮的啮合面上无明显的疲劳麻点、麻面、斑疤或阶梯形磨损，否则需更换。

③检查齿轮与齿轮、齿轮与轴及花键的啮合间隙、径向间隙和轴向间隙是否符合原厂规定。

（3）轴的检查。

①检查轴体上无任何的裂纹或磨损痕迹；轴齿、花键齿无损伤，否则需更换。

②用百分表检查轴的径向圆跳动，不应超过0.05mm，否则需更换或校正。轴的检查如图19-16所示。

（4）轴承的检查。

①检查轴承转动灵活无异响；滚动体与内外圈滚道无麻点、麻面、斑疤和烧灼磨损或破碎等缺陷；保持架完好，否则应更换，如图19-17所示。

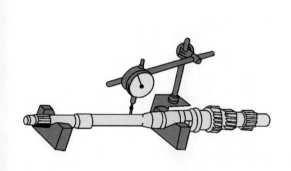

图19-16 轴的检查

图19-17 轴承的检查

②检查轴承的径向间隙不得过大，否则应更换。

（5）同步器的检查。

①检查锁环内锥面螺纹槽是否磨损、滑块是否磨损、接合套和花键毂的花键齿是否损伤。

②将同步器锁环推向齿轮锥面，使其沿一个方向转动；检查并确认锁环锁止，如果同步器锁环未锁止，更换同步器锁环，如图19-18所示。

③用塞尺测量各挡同步器锁环和锥齿轮端部之间的间隙，标准间隙为0.75~1.65mm

（图19-19）。如果间隙小于最小值，更换同步器锁环。

④检查同步器接合套和花键毂之间的滑动是否灵活无卡滞。

⑤用游标卡尺测量变速器接合套凹槽宽度（A）和换挡拨叉卡爪部分的厚度（B）（图19-20），并计算间隙，标准间隙（$A-B$）为0.3~0.5mm。如果间隙超过标准值，更换变速器接合套和换挡拨叉。

图19-18 锁环锁止的检查

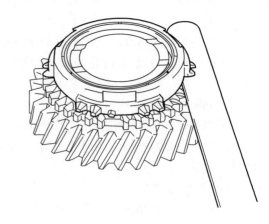

图19-19 锁环间隙的检查

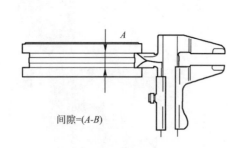

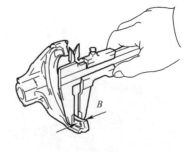

图19-20 接合套和拨叉的测量

三、评价反馈

对本学习任务进行评价，评价项目和评价标准见表19-1。

评 分 表　　　　表19-1

考核项目	评分标准	分数	学生自评	小组评价	教师评价	小计
活动参与	是否积极主动	5				
安全生产	有无安全隐患	10				

续上表

考核项目	评分标准	分数	学生自评	小组评价	教师评价	小计
现场5S	是否做到	10				
任务方案	是否合理	15				
操作过程	(1)能熟练地对手动变速器操纵机构进行拆装和检修； (2)能熟练地对手动变速器变速机构进行拆装和检修	30				
任务完成情况	是否圆满完成	5				
工具和设备使用	是否规范地使用设备及工具	10				
劳动纪律	是否违反	10				
工单填写	是否完整、规范	5				
	总分	100				
教师签名：			年　月　日		得分	

四、学习拓展

手动变速器还有哪些常见的故障现象？应该怎么进行排除呢？请你查阅资料或网络，并与同学探讨交流。

项目六　底盘综合维修

学习任务二十

汽车行驶跑偏的检修

学习目标

完成本学习任务后,你应当能:
1. 叙述汽车行驶跑偏的现象;
2. 知道影响汽车行驶跑偏的原因;
3. 掌握汽车四轮定位参数概念及作用;
4. 掌握四轮定位参数不合理引起的故障现象;
5. 熟练完成四轮定位仪卡具、传感器等工具的安装;
6. 在指定工位上熟练完成四轮定位的检测;
7. 读取检测数据,并根据各汽车企业对四轮定位参数的规定,进行四轮定位参数的调整。

 建议完成本学习任务的时间为 10 课时。

 学习任务描述

一辆科鲁兹轿车,在直行过程中出现向左或向右跑偏现象,必须及时予以纠正,才能保持直线行驶。出现该现象,通常需要对车辆进行四轮定位检测。

一、资料收集

引导问题 1 哪些原因会导致汽车行驶跑偏?

行驶系统就像人的腿和脚一样,腿和脚异常时,人不能正常行走;同理,行驶系统异常,汽车也不能正常行驶,行驶跑偏就是行驶系统典型故障。

行驶系主要由车轮、车桥、车架和悬架组成,其中车轮、车架和悬架故障均能引起行驶跑偏。另外,制动系统存在的制动拖滞也会引起行驶跑偏。也就是说,行驶跑偏故障原因主要有:车轮故障;四轮定位故障;制动系统故障;悬架系统故障;车架变形等。

1 车轮故障分析

左右轮胎气压不一致,轮胎气压低的一侧行驶阻力大,使得汽车行驶时向阻力大的一侧偏转,引起行驶跑偏。轮胎规格不同或花纹磨损不一致,使车轮在行驶时所受的行驶阻力大小不等,车辆会向阻力大的一侧跑偏。

2 四轮定位故障分析

四轮定位参数有主销内倾、主销后倾、前轮外倾和前轮前束。若四轮定位不准确,会引起行驶跑偏。

3 制动系统故障分析

汽车前轮某一侧轮毂轴承过紧或制动器制动间隙过小,存在制动拖滞现象,车辆会向制动拖滞一侧跑偏。

4 悬架系统故障分析

悬架是车架与车桥或车轮之间的弹性连接部件,如果经常偏载,会引起车架和悬架机构疲劳,导致弹簧刚度减弱,车辆向负重一侧倾斜,车辆在行驶过程中向倾斜的一侧跑偏。

5 车架故障分析

车架(或承载式车身)是汽车装备的基础,汽车的主要部件(如发动机、传动系统、控制机构、车身、行驶系统等总成)均安装在车架(或承载式车身)上。若车架(或承载式车身)变形,将会影响悬架机构和转向机构等部件的形状和参数,部件的形状和参数的变化均会引起汽车跑偏。

在这里我们重点学习四轮定位参数不准确引起的汽车行驶跑偏检测。在学习任务八里,我们已经详细学习了四轮定位的相关知识点,这里我们重点学习如何给车辆做四轮定位。

引导问题2 如何进行车轮定位的检查与调整?用什么仪器进行轮定位?

正确的车轮定位能确保车辆在水平路面上直线行驶,提高转向操控性能。正确的车轮定位不仅可以延长轮胎的使用寿命,也能因减小路面的摩擦而提高车辆燃油经济性能。车辆出现下列现象之一就需要进行车辆定位:

(1)直线行驶时转向盘不正;
(2)行驶中转向盘振动、发抖或太重;

(3)转向时不能自动归位；

(4)行驶中左右跑偏、车身颠簸等；

(5)轮胎呈单面、不规则或锯齿状磨损；

(6)碰撞事故维修后；

(7)更换新的悬架或转向有关配件后。

1 车轮定位初始检测

检测定位前,首先要路试车辆,判断车辆是否存在振动、跑偏、噪声或异响等问题,这些问题会影响车轮定位参数。除此以外,还要进行以下检查和调整,确保车轮定位测量值准确无误：

(1)检查每个轮胎的充气压力与轮胎标签上的规格是否一致；

(2)检查轮胎和车轮的尺寸与轮胎标签上的规格是否一致；

(3)检查轮胎和车轮是否损坏；

(4)检查轮胎是否不规则磨损或过早磨损；

(5)检查轮胎和车轮跳动量是否过大,必要时测量车轮和轮胎的动平衡；

(6)检查车轮轴承是否存在游隙或间隙过大；

(7)检查相关部件是否松动或磨损,必要时维修部件；

(8)检查车辆车身高度；

(9)检查是否因部件僵硬或锈蚀而导致转向系统拖滞或转向盘回正性差；

(10)检查燃油油位,如果燃油箱不满,增加车辆重量,以模拟满燃油状态下的燃油箱。

注意事项：任何较严重的损伤或磨损严重的车辆部件,必须在测量车轮定位参数之前予以更换。测量前,还应考虑额外载荷,如工具箱等其他经常随车装的物品,在进行车轮定位检测之前应将它们保留在车上。

2 四轮定位仪

(1)四轮定位仪分类。

按出现的先后情况,四轮定位仪可分为气泡水准式、光学投影式、拉线式、PSD 式、CCD 式、3D 影像式等形式的车轮定位仪。

气泡水准式、光学投影式定位仪属于普通的机械或光学仪表,测量精度低,仅前轮定位。

拉线式、PSD 式、CCD 式、3D 影像式定位仪属于电脑式四轮定位仪,它们均应用电脑技术和精密传感技术,由装在车轮上的传感器将车轮定位角的几何关系转化成电信号接入电脑进行处理、分析和判断,然后由显示器显示和打印机打印输出,并且可以同时进行四轮定位。对于电脑式四轮定位仪,如果按传感器机头之间、传感器机头与主机之间的通信方式不同,又分为有线式和无线式,其中,无线式又分红外光和蓝牙通信两种形式。

四轮定位仪是精密检测设备,操作人员在使用前需要进行专业培训,并认真研读四轮定位仪的使用说明书。

注意事项：

①使用前,检查四轮定位仪所配附件是否与使用说明书上列出的清单相符,设备安装时要遵循使用说明书的各项要求;

②对于光学式四轮定位仪中的投影仪(或投光器)应细心维护,传感器是微机式四轮定位仪的重要元件,使用前要进行校正,以保证测试精度;

③传感器应正确安装在传感器支架上,在不使用时应妥善保管,避免受到损坏,电测类传感器应在连接好线束后再通电;

④移动四轮定位仪时,应避免其受到振动,否则可能损坏传感器及测试主机;

⑤四轮定位仪应半年标定一次,标定时应使用购买四轮定位仪时所带的专用标定器具,并按规定程序进行;

⑥在检测四轮定位前进行车轮传感器偏摆补偿,避免引起较大的测量误差。

(2) 四轮定位仪的构成。四轮定位仪由定位仪主机箱、传感器、轮辋夹具等组成,如图 20-1 所示。

①定位仪主机箱。定位仪主机箱由机柜、计算机、主机接口和打印机组成。计算机内有四轮定位专用软件,计算机硬盘中存有各种车型定位参数的数据库和操作帮助系统等。其作用是实现用户对四轮定位仪的指令操作,对传感器数据进行采集、处理,并与原厂设计参数一起显示出来,同时指导用户对汽车进行调整,最后打印出相应的报表。

②传感器机头。传感器机头是四轮定位仪的核心部件,主要有控制板、信号光源、位置传感器、倾角传感器、通信装置、电源等。各传感器安装位置如图 20-2 所示。

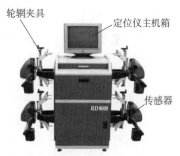

图 20-1 四轮定位仪组成

大箱体内的位置传感器用于测量水平纵向的定位角,又称前束传感器;小箱体内的位置传感器用于测量水平横向定位角,又称横角传感器。两个倾角传感器互成90°放置,其中,外倾角传感器能直接测量车轮中性面的倾角,用于车轮外倾角和主销后倾角的测量;主销内倾角传感器则通过测量车轮平面绕转向节轴线的相对转角,计算出主销内倾角的大小。

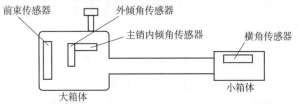

图 20-2 传感器机头

③通信系统。通信系统实现传感器机头之间、传感器机头与主机之间的数据传递,通常采用电缆、红外光、蓝牙通信技术。

④轮辋夹具。轮辋夹具用于固定传感器机头,类型有三爪夹具和四爪夹具两种。它是保证传感器检测精度的关键部件,材料大多为轻铝合金。三爪夹具采用自定心方式,操作简便结构合理;四爪夹具采用四点定位方式,误差点取值多,中心对正较好,精度较高。

⑤转角盘。测试时,车辆前轮压在转角盘上,可自由转动的转角盘能够消除车轮在转动时所产生的压力。转盘由固定盘、活动盘、扇形刻度尺、游标指针、锁止销和滚珠等组成。

⑥附件。附件包括转向盘锁定杆、制动踏板固定杆等,如图20-3所示。

在测试时,转向盘锁定杆锁止转向盘,使其不转动;制动踏板固定杆固定制动踏板,使车辆制动。

(3)四轮定位仪的工作原理。四轮定位仪的工作原理如图20-4所示,整个系统共分为数据采集和数据处理两个部分。数据采集部分为四个传感器机头。机头中的线阵CCD传感器分别感应与其相对机头上的红外发射管的位移;机头中的倾角传感器感应自身机头在两个不同方向的角度位移,经机头中单片机处理,通过射频发射接收器无线传输到机柜中的主射频发射接收器,再传输到电脑主机进行误差处理。由于机头由四个夹具与汽车轮辋相连,所以通过8个线阵CCD传感器和4个双轴倾角传感器可以计算出四个轮辋的相互关系,从而确定车轮的定位参数。8个线阵CCD传感器形成一个封闭的直角四边形,可实现车辆的四轮定位测量。

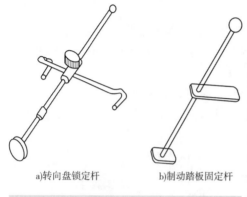

a)转向盘锁定杆　　b)制动踏板固定杆

图20-3　附件

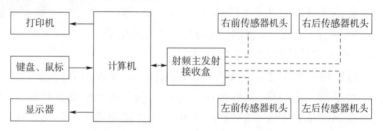

图20-4　四轮定位仪工作原理示意图

3 车轮定位调整

一般情况下车轮定位参数的调整顺序如下。

(1)先调整后轮定位参数,再调整前轮定位参数。

(2)同一车轮上,先调整主销后倾角,然后调整车轮外倾角,最后调整车轮前束值。其原因是调整主销后倾角时会使前束角度变化,调整前束时不会影响主销角度和外倾角。

引导问题3　常见车型的四轮定位参数是什么?

四轮定位参数没有国家标准,通常由汽车设计企业根据设计标定。表20-1和表20-2所示分别为卡罗拉轿车的四轮定位参数和2010款科鲁兹轿车的四轮定位参数。

卡罗拉轿车的四轮定位参数　　　　　　　　　　　表 20-1

项　目	前　悬　架		后　悬　架	
	1ZR-FE(发动机)	2ZR-FE/3ZR-FE	1ZR-FE(发动机)	2ZR-FE/3ZR-FE
标准外倾角（空载）	-0°04′±45′ (-0.07°±0.75°)	-0°05′±45′ (-0.08°±0.75°)	-1°23′±30′(1.38°±0.5°)	
左右差值	45′(0.75°)或更小	45′(0.75°)或更小	30′(0.50°)或更小	
标准后倾角（空载）	5°32′±45′ (5.53°±0.75°)	—		
左右差值	45′(0.75°)或更小	—		
标准转向轴线倾角（空载）	11°43′(11.72°)	—		
标准前束（空载）	B-A:2.0mm±2.0mm (0.08in±0.08in)		B-A:1.1mm±3.0mm (0.04in±0.11in)	
标准车轮转向角(空载)				
车轮内转角	39°43′±2° (39°72′±2°)	39°44′±2° (39°73′±2°)	—	—
车轮外转角	33°27′(33.45°)	33°27′(33.45°)	—	—

2010 款科鲁兹轿车的车轮定位参数　　　　　　　　表 20-2

悬架系统	车轮外倾	车轮外倾角差（左-右）	主销后倾	主销后倾角差（左-右）
前	-0.27°±0.75°	-0.00°±1.00°	4.65°±0.75°	-0.00°±1.00°
后	-1.25°±0.50°	-0.00°±0.58°	—	—

悬架系统	转向盘转角	推　力　角	总车轮前束	外轮的转角（当内转角为20°时）
前	-0.00°±1.50°	—	-0.1.5°±0.167°	18.50°±0.75°
后	—	-0.00°±0.208°	-0.1.5°±0.417°	—

二、实 施 作 业

引导问题 4　实施检测汽车四轮定位需要哪些工具、设备和材料？

四轮定位仪、卡罗拉轿车、翼子板布、前格栅布、车辆防护五件套等。

引导问题 5　怎样检测汽车的四轮定位？

1 检查前准备

（1）车辆到位，拉紧驻车制动器，举升车辆至合适高度。
（2）拆除转盘上的锁销。
（3）检查轮胎花纹是否一致，是否磨损、变形，轮胎气压是否符合标准。
（4）检查左右车身高度是否一致，进行前后端两侧的对比检查。使用钢直尺测量后轮中心的离地间隙、悬架下臂衬套固定螺栓中心的离地间隙、前轮中心的离地间隙、后牵引臂衬套固定螺栓中心的离地间隙，如图 20-5 所示。如不符合规定，则需要调整。
（5）检查转向盘自由行程是否小于 100mm。检查完毕，使用转向盘固定器固定转向盘，如图 20-6 所示。

图 20-5　检查后牵引臂衬套固定螺栓中心的离地间隙

图 20-6　检查转向盘的自由行程

2 车轮摆动检查

（1）选用百分表、磁性表座，并组装好。
（2）将百分表测量轴抵靠在胎冠中心，并使其有约 3mm 的压缩量，旋转轮胎一圈，读取径向跳动度，轮胎径向跳动标准为 1.4mm 或更小，如图 20-7 所示。
（3）将百分表测量轴抵靠在轮辋外缘处，并使其有约 2mm 的压缩量，轮辋的端面缘跳动标准为 0.75mm 或更小，如图 20-8 所示。

注意事项：检查百分表吸盘是否存在吸力，以免测量时致使百分表移动。

3 底盘连接件检查

（1）将车轮举升至合适位置并锁上安全锁。
（2）检查横拉杆球头是否松动，横拉杆是否弯曲、损坏或松旷，转向节是否损坏或松旷，转向节与减振器固定螺栓是否牢固，如图 20-9 所示。
（3）检查滑杆上部是否损坏或松旷，如图 20-10 所示。

图 20-7 测量车轮径向跳动量

图 20-8 测量轮辋端面跳动量

图 20-9 检查横拉杆球头

图 20-10 检查滑杆

（4）检查前稳定杆是否变形或松旷，稳定杆连杆是否弯曲或损坏，如图 20-11 所示。

（5）检查下悬架臂有无损坏（图 20-12），后梁支架是否弯曲或损坏，后悬架臂是否变形或损坏，托臂后桥是否变形或损坏。

图 20-11 检查前稳定杆

图 20-12 检查下悬架臂

4 四轮定位仪操作

（1）启动电脑，进入定位系统界面，如图 20-13 所示。

（2）建立车辆信息档案，选择车型数据，输入车辆状况。

（3）将举升机下降至最低锁止位置。

5 安装四轮定位仪夹具、传感器和连接电缆

（1）先按上升按钮,举升机解锁后,按下降按钮,将车辆降至最低锁止位置,在定位仪界面点击下一步操作,进入定位仪夹具安装界面。

（2）依次正确安装车轮夹具,检查四轮夹具安装是否正常,然后依次取下四个夹具的加力杆,如图20-14所示。

图20-13　进入定位系统界面

图20-14　安装夹具

（3）水平取出传感器,将传感器安装头水平对正夹具中心槽孔后插入,按此方法依次安装四个传感器,如图20-15所示。

（4）调整传感器水平,使水平气泡至中央处并锁紧,如图20-16所示。

图20-15　安装传感器

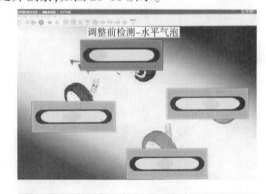
图20-16　调整传感器水平

（5）连接传感器电缆,另一端与仪器连接,当电缆全部连接后,启动传感器。

6 偏位补偿

（1）放置两侧车轮挡块,将换挡杆置于空挡,释放驻车制动器。

（2）举升车轮至车轮离开转角盘10cm左右。

（3）按设备要求进行车轮偏位补偿,完成四个车轮偏位补偿值计算。补偿结束后,拔出转角盘和后滑板的固定销,将举升机下降至最低锁止位置,分别如图20-17、图20-18所示。

图20-17 进行车轮偏位补偿

图20-18 偏位补偿数据

7 车轮定位监测

（1）移开两后轮挡块，检查两后轮是否落在后滑板上正确位置，检查两前轮中心是否落在转角盘中心。

（2）在开始进行调整前，安装好刹车锁，以保证主销后倾角和主销内倾角的准确测量。

（3）转向盘向正前方打正，如图20-19所示，转动转向盘，使白色箭头对到红区中央白线处。当白色箭头移动到弧形白线的范围之内时，红色区域的颜色转变为绿色，同时白色箭头变为绿色圆形图案。应尽可能把方向对到中央白线位置，以得到更高的测量精度。

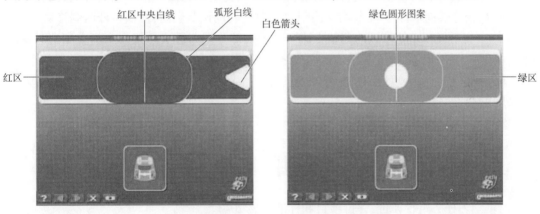
图20-19 转向盘向正前方打正

（4）调整传感器水平。一旦正前打直方向之后，程序就会检查传感器是否处于水平状态。如果有传感器不水平，则屏幕上就会出现水平气泡状态的提示画面，提示操作员对不水平的传感器进行水平调整。当所有传感器都处于水平状态之后，程序就会自动进入后轴数据测量步骤。

（5）20°转向操作。依照屏幕图标提示，向左侧转动转向盘，直到方向对中中央白线位置。然后再依照屏幕白色箭头所示，向右侧转动转向盘，直到方向对中中央白线位置。接着由程序引导进入正前打直操作，方向对中之后，屏幕上就会显示出调整前检测所测量出的数值，如图20-20所示。

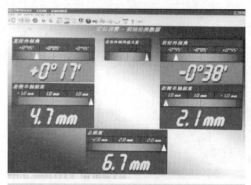

图 20-20　检测报告

8 检查检测报告

（1）分析检查数据，红色数据为不合格数据，绿色数据为合格数据。

（2）如数据显示不合格，则进入定位调整操作。

9 调整后复检

（1）将举升机降回到调整前测量时的高度，将举升机锁止在水平安全位置，进行调整后复检。选择"调整后检测"图标，就可进入调整后检测操作步骤。调整后检测的操作流程与调整前检测完全相同，可依照屏幕操作引导完成。

（2）调整后检测。调整后检测完成之后得到的检测报告即为最终的检测报告。此报告的最右一列数据就是调整后的车辆实际定位参数。点击屏幕下方的"打印机"图标即可打印出完整的检测调整报告。

10 定位参数调整方法

（1）前束值调整方法。调整前束之前，首先必须确定前轮是否指向正前方、转向盘是否居中，然后松开转向横拉杆调节套筒上的固定螺栓，转动调节套筒，使横拉杆两端移动。

（2）主销后倾和车轮外倾的调整方法。对于大部分麦弗逊式悬架的车辆在制造时就固定了主销后倾角和车轮外倾角，只能通过更换相应组件来加以调整。对于传统悬架的车辆，有以下几种调整主销后倾角和车轮外倾角的方法：

①用垫片调整；

②用偏心机构和垫片调整。

三、评价反馈

对本学习任务进行评价，评价项目和标准见表 20-3。

评　分　表　　　　表 20-3

考核项目	评分标准	分数	学生自评	小组评价	教师评价	小计
活动参与	是否积极主动	5				
安全生产	有无安全隐患	10				
现场 5S	是否做到	10				
任务方案	是否合理	15				

续上表

考核项目	评分标准	分数	学生自评	小组评价	教师评价	小计
操作过程	（1）能熟练安装四轮定位设备； （2）会熟练操作四轮定位仪进行检测； （3）能根据检测结果，分析原因，熟练进行四轮定位参数的调整	30				
任务完成情况	是否圆满完成	5				
工具和设备使用	是否规范地使用四轮定位仪	10				
劳动纪律	是否违反	10				
工单填写	是否完整、规范	5				
	总分	100				
教师签名：		年　月　日			得分	

四、学习拓展

轮胎磨损异常通常与四轮定位参数有关，轮胎异常磨损的类型有哪些？都是什么原因造成的？请你查阅资料或网络，并与同学一起交流探讨。

项目六 底盘综合维修

学习任务二十一

汽车行驶颠簸的检修

学习目标

完成本学习任务后,你应当能:
1. 分析汽车行驶颠簸的故障现象,并就现象进行原因分析;
2. 掌握悬架性能吸收率概念及悬架性能检测标准;
3. 掌握共振悬架试验台组成及功用;
4. 在指定工位上熟练完成悬架性能检测,并获取吸收率数值曲线;
5. 对检测结果进行分析并找出故障原因,完成悬架减振器等部件的修理或更换。

 建议完成本学习任务的时间为 **6** 课时。

 学习任务描述

一辆雪铁龙 C4L 轿车在行驶 20 万 km 后,车主反映车辆在最近行驶时前轮左侧抖动较严重,出现左右摇摆颠簸的现象。请你对车辆进行检测,确定故障现象并修理。

一、资 料 收 集

引导问题 1 ▶ 哪些原因会导致汽车行驶颠簸?

汽车在行驶中颠簸、方向不稳的原因有以下几种。

1 车轮动不平衡

车轮的质量分布相对于车轮纵向中心平面不对称,旋转时会产生方向不断变化的力偶。也就是说,当汽车车轮质量分布出现问题,高速旋转起来后,就会形成动不平衡状态,造成汽车在行驶中车轮抖动或车身晃动的现象。

为了消除动不平衡现象,通常要对车轮作动平衡。一般换新轮胎或补胎时都需要作动平衡,严格来说,只要拆了轮胎就要作动平衡。

2 轮毂变形

轮毂是支撑汽车整体车身的主要部件,轮胎充满气后,轮胎外沿会与轮毂凸缘紧密贴合,防止轮胎内的气体泄漏,轮毂出现问题很难保证轮胎不会"慢撒气"。汽车使用过程中,有时在轮胎气压较低的情况下高速磕碰坑洼或凸起物体而损伤轮毂,厚度越低(低扁平比)的运动型轮胎越容易磕到轮毂。一旦轮毂变形、圆度误差超标,汽车在行驶中会出现车辆跑偏、剧烈颠簸、转向盘抖动、轮胎漏气、轮胎异常磨损(吃胎)等故障。

3 悬架减振器故障

减振器故障直接影响汽车的舒适性和行驶稳定性,减振器因工况恶劣,可以称得上是汽车上的易损部件。减振器出现故障会导致汽车异响、振动大、行驶稳定性变差、车身倾斜等故障现象。

4 内球笼故障

内球笼损坏会导致汽车加速抖动或造成汽车发生左右方向上的晃动,严重时会牵连前桥其他部件受损,比如转向球头、拉杆胶套等,甚至损坏整个悬架。

5 底盘稳定杆胶套

汽车底盘异响和不平路面的整车振动大多和底盘稳定杆胶套相关。因为橡胶有使用寿命,并且使用时间久了会老化,而且容易损坏,因此胶套故障多发。

6 转向拉杆球头损坏

转向拉杆球头损坏不但会使汽车跑偏,还容易造成汽车行驶中不稳定,左右摇摆晃动。在这里我们主要分析由于汽车悬架系统减振器故障导致汽车行驶颠簸。

引导问题2 检测悬架系统的性能指标是什么?有哪些技术标准?

根据《道路运输车辆综合性能要求和检验方法》(GB 18565—2016)中规定:设计车速不小于100km/h,轴质量不大于1500kg 的载客汽车,其轮胎在激励振动条件下测得的悬架吸收率 P 应不小于40%,同轴左、右轮悬架吸收率之差不得大于15%。

欧洲减振器制造协会(EUSAMA)推荐的评价车轮接地性指标的参考标准见表21-1,可供检测悬架装置工作性能时参考。需要指出的是,表中的车轮接地性指数是在悬架装置检测台台面振幅为6mm 测得的,这也是大部分悬架装置检测台使用的激振振幅。

项目六　底盘综合维修

EUSAMA 评价车轮接地性指标的参考标准　　表 21-1

车轮接地性指数(%)	车轮接地状态	车轮接地性指数(%)	车轮接地状态
60~100	优	20~30	差
45~60	良	1~20	很差
30~45	一般	0	车轮与路面脱离

注：车轮接地性指数是指汽车行驶中车轮与路面间最小法向作用力与其法向静载荷的比值，即代表了车轮与路面间的最小相对动载，用 A% 表示，在 0~100% 范围内变化。

引导问题3　怎样检测汽车悬架性能？使用什么设备检测？

1 人工经验法

经验法是通过人工外观检视的方法，主要从外部检查悬架装置的弹簧是否有裂纹，弹簧和导向装置的连接螺栓是否松动，减振器是否有漏油、缺油和损坏等现象，检查过程如图 21-1 所示。

2 按压车体法

按压车体法既可以通过人力，也可以用检测台的动力。按压使车体上下运动，观察悬架装置减振器和各部件的工作情况，凭经验判断是否需要更换或修理减振器和其他部件。如图 21-2 所示，采用检测台动力按压法时，支架在固定于地面的水平导航上移动，固定在支架上的测量装置随支架在导轨上移动，使汽车保险杠处于推杆下。

图 21-1　人工经验法检测悬架

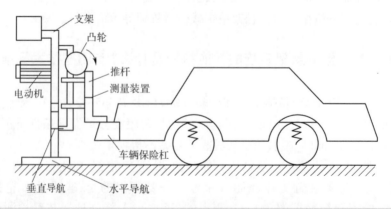

图 21-2　按压车体法试验台

检测原理:接通电动机,凸轮旋转,压下推杆,车身被压低,压缩量与汽车实际行驶时静态与动态载荷引起的压缩量之和一致。压缩到最低点时推杆松开,同时车身回弹并衰减振动。此时,光脉冲测量装置接通,得到相邻两个振动峰值,按指数衰减规律求得阻尼值,并与标准相比较,评价减振器的工作性能。该方法的缺点为不能对同轴左右悬架独立评价。

3 试验台检测法

试验台检测法能快速检测、诊断悬架装置工作性能,并能进行定量分析。根据激振方式不同,悬架装置试验台可分为跌落式和共振式两种类型。

(1)跌落式悬架试验台。跌落式悬架试验台主要由垫块与测量装置组成,如图21-3所示。测试时,先通过举升装置将汽车升起一定高度,然后突然松开支撑机构或撤去垫块,车辆落下时产生自由振动,再用测量装置测量车体振幅或用压力传感器测量车体对台面的冲击压力,对振幅或压力分析处理后,评价汽车悬架的工作性能。

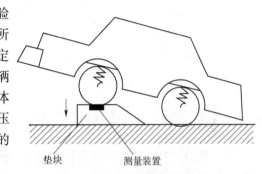

图21-3 跌落式悬架检测台

(2)共振式悬架试验台。共振式悬架试验台由蓄能飞轮、电动机、凸轮、激振弹簧、测量装置(平台)等组成,如图21-4所示。

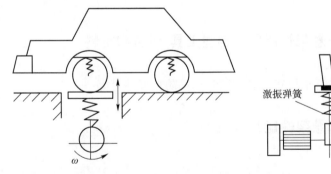

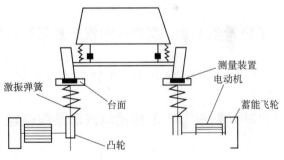

图21-4 共振式悬架试验台

共振式悬架试验台根据检测参数的不同,又分为测力式和位移式两种类型。其中测力式用来测振动衰减过程中的力,位移式用来测振动衰减过程中的位移量,它们具体结构如图21-5所示。

共振式悬架试验台工作原理:先通过试验台中的电动机、偏心轮、蓄能飞轮和弹簧组成的激振器,迫使试验台平台及其上被检汽车悬架装置产生振动;在开机数秒后断开电动机电源,而由蓄能飞轮产生扫频激振;电动机频率比悬架固有频率高,因此蓄能飞轮在逐渐降速的扫频激振过程总能扫到悬架系统固有振动频率,从而试验平台—悬架系统共振;通过检测激振后振动衰减过程中的力或位移的振动曲线,求出悬架系统频率和衰减特性,便可判断悬架减振器的性能。

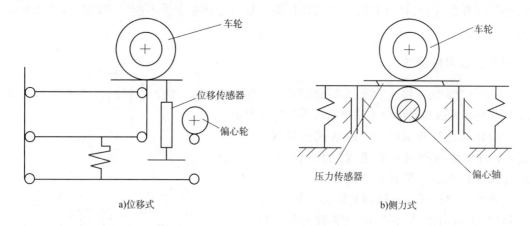

图21-5 测量装置结构

由于共振式悬架装置试验台性能稳定、数据可靠,目前应用广泛。因此,许多汽车检测线都安装了共振式悬架试验台。

二、实 施 作 业

引导问题4 实施检测汽车悬架性能需要哪些工具、设备和材料?

共振式悬架试验台、科鲁兹轿车、翼子板布、前格栅布、车辆防护五件套等。

引导问题5 怎样检测汽车悬架性能?

1 检测前准备工作

(1)检测设备的准备。打开计算机电源开关,进入检测程序主界面;输入"牌照号码、牌照颜色、单位、厂牌型号、行驶里程、底盘号码"等被检车辆的基本信息,然后选择检测项目。

(2)检测车辆的准备步骤如下。

①汽车轮胎规格、气压应符合规定值,车辆空载,如图21-6所示。

②将车辆前轮驶上悬架检测台,使轮胎位于台面的中央位置,换挡杆置空挡,拉起驻车制动器操纵杆,驾驶员离开车辆,如图21-7所示。

图21-6 检测胎压

图21-7 车辆上试验台

2 检测流程

（1）单击"开始测试"，系统自动进行悬架性能测试。

（2）启动检测台后，使激振器迫使汽车悬架产生振动，使振动频率增加至超过振荡的共振频率。

（3）电动机转速稳定后切断电源，振动频率逐渐降低，并将通过共振点。

（4）记录衰减振动曲线，纵坐标为动态轮荷，横坐标为时间，测量共振时动态轮荷。计算并显示动态轮荷与静态轮荷的百分比及其同轴左右轮百分比的差值，如图21-8所示。

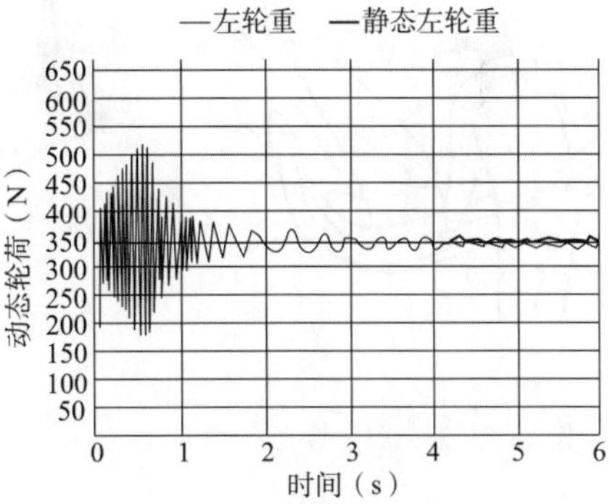

图21-8 衰减振动曲线

3 检测结果记录与分析

检测结果记录与分析见表21-2。

检测结果记录与分析表　　　　表21-2

序号	评价指标	测量数值(%)	是否合格
1	左前吸收率		□是　□否
2	右前吸收率		□是　□否
3	前轴左右轮差值		□是　□否
4	左后吸收率		□是　□否
5	右后吸收率		□是　□否
6	后轴左右轮差值		□是　□否

引导问题6　如何进行汽车左前颠簸故障的检查？

1 道路试验检查

根据客户反映的情况，选择适应的路况和行驶状态再现故障发生时的状况。

项目六　底盘综合维修

2 基本检查

1）就车检查减振器的工作状况

首先进行悬架的就车测试，将汽车前部左右两侧反复摇晃3～4次，每次推力尽量相同。回弹时，应注意支柱的阻力和车身回弹的次数。若松手后回弹1～2次，车身立即停止回弹，且左右两侧的回弹相同，则表明减振器正常，如图21-9所示。

2）前悬架外观检查

对前悬架外观进行目检，仔细查看减振器是否漏油、弯曲变形，防尘套是否老化及破裂、连接松动，如图21-10、图21-11所示。

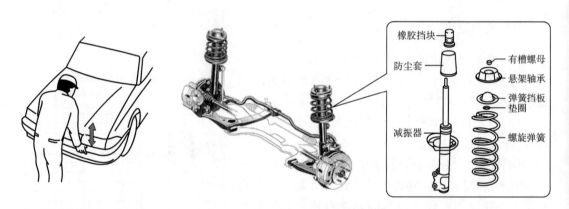

图21-9　悬架就车检查　　　　　图21-10　前悬架结构图

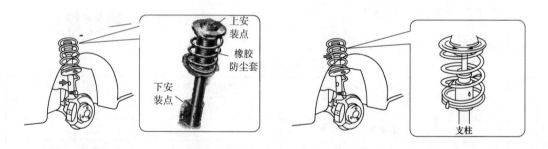

图21-11　减振器和螺旋弹簧外观的检查

(1)减振器和螺旋弹簧外观的检查。

①检查减振器防尘套及缓冲块是否老化破裂。

②检查减振器是否有渗油或漏油。

③检查减振器上下安装点是否松动。

④检查减振器是否有弯曲或凹瘪。

⑤检查弹簧保护层是否腐蚀、刮伤、划痕或麻点。

⑥检查弹簧座圈上的橡胶垫是否变形或损坏。

（2）稳定杆铰接头和稳定杆衬套检查。如图 21-12 所示，举升车辆，使前悬架放下时，观察稳定杆铰接头处是否松动，衬套是否老化出现裂痕损坏。

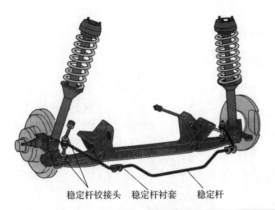

图 21-12　稳定杆铰接头和稳定杆衬套检查

（3）下悬架臂橡胶衬套与球头检查。如图 21-13 所示，上下晃动下悬架臂，检查如下。

①检查球头是否有游隙、防尘套是否损坏。

②检查悬架臂有无裂纹、变形或损坏。

③检查悬架臂前后铰接处是否松动、橡胶衬套是否老化损坏。

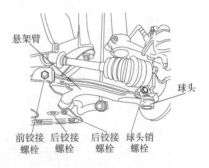

图 21-13　下悬架臂与球头检查

> **引导问题 7**　若经检查发现减振器已漏油，进行减振器的拆卸与安装作业时，需要哪些工具？

1　通用工具

通用工具如图 21-14 所示。

图 21-14　通用工具

2 专用工具

（1）轮毂固定工具，如图 21-15 所示。

（2）传动轴螺母拆卸工具，如图 21-16 所示。

图 21-15　轮毂固定工具

图 21-16　传动轴螺母拆卸工具

（3）转向节口分离杠，如图 21-17 所示。

（4）专用套筒，如图 21-18 所示。

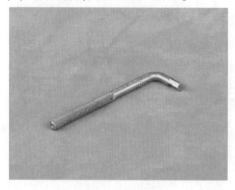

图 21-17　转向节口分离杠

图 21-18　减振器轴承座专用套筒

（5）螺旋弹簧压缩工具，如图 21-19 所示。

引导问题 8　如何规范地进行减振器的拆卸与安装？

1 拆卸前减振器总成

（1）打开发动机舱盖，并支撑可靠，如图 21-20 所示。

（2）安装翼子板护垫，如图 21-21 所示。

（3）用专用工具取下车轮装饰罩，如图 21-22 所示。

（4）预松车轮螺栓，如图 21-23 所示。

（5）举升汽车少许，使车轮离地，如图 21-24 所示。

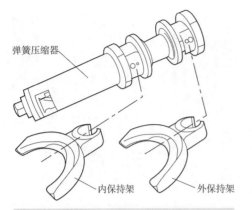

图 21-19　螺旋弹簧压缩工具

图 21-20　打开发动机舱盖

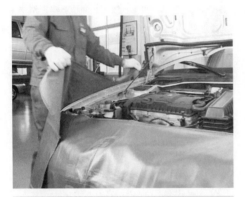

图 21-21　安装翼子板护垫

图 21-22　取下车轮装饰罩

图 21-23　预松车轮螺栓

图 21-24　举升汽车

(6) 拆卸车轮螺栓，如图 21-25 所示。
(7) 拆卸车轮，放置在规定的支架上，如图 21-26 所示。
(8) 起动举升机，举升车辆至合适高度，如图 21-27 所示。
(9) 拆卸开口销，取下螺母盖，如图 21-28 所示。

图 21-25　拆卸车轮螺栓

图 21-26　拆卸并放置车轮

图 21-27　举升车辆

图 21-28　拆卸开口销，取下螺母盖

（10）用专用工具固定轮毂，如图 21-29 所示。

注意事项：禁止以踩制动踏板的方式固定轮毂，否则有造成制动盘固定螺栓切断的危险。

（11）用轮毂套筒拆卸轮毂螺母，如图 21-30 所示。

图 21-29　用专用工具固定轮毂

图 21-30　拆卸轮毂螺母

（12）用橡胶锤轻敲传动轴，使传动轴与转向节松动，如图 21-31 所示。

（13）拆卸转向节与稳定杆连接螺母，将稳定杆移至一边，如图 21-32 所示。

图 21-31　传动轴与转向节松动

图 21-32　拆卸转向节与稳定杆连接螺母

(14)脱开油管和传感器线束,如图 21-33 所示。

(15)拆卸卡板螺栓,取下卡板,如图 21-34 所示。

图 21-33　脱开油管和传感器线束

图 21-34　拆卸卡板螺栓

(16)拆卸转向节开口螺母,如图 21-35 所示。

(17)将转向节分离杆插入转向节开口,并旋转 90°,如图 21-36 所示。

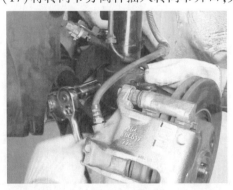

图 21-35　拆卸转向节开口螺母

图 21-36　将转向节分离杆插入转向节开口

(18)分离减振器与转向节,如图 21-37 所示。

注意事项:不要损坏传动轴橡胶防尘罩。

(19)拆卸减振器上部紧固螺栓,如图 21-38 所示。

图 21-37　分离在减振器与转向节

图 21-38　拆卸减振器上部紧固螺栓

（20）托住减振器，取下螺栓，如图 21-39 所示。

（21）取下减振器，如图 21-40 所示。

图 21-39　取下螺栓

图 21-40　取下减振器

（22）取下减振器时，注意保持传动轴与差速器的连接，如图 21-41 所示。

2　分解减振器

（1）将弹簧压缩器紧固在台虎钳上，如图 21-42 所示。

图 21-41　保持传动轴与差速器的连接

图 21-42　将弹簧压缩器紧固在台虎钳上

（2）安装保持架，如图 21-43 所示。

注意事项：保持架上有 2F 和 2C 的一面朝外，如图 21-44 所示。

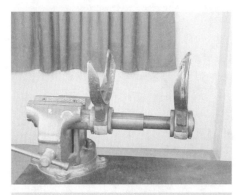

图 21-43　安装保持架

图 21-44　保持架上有 2F 和 2C 的一面朝外

（3）安装减振器在压缩器上，并压缩弹簧至减振器可以自由转动，如图 21-45 所示。

（4）用专用工具拆卸减振器头部螺母，如图 21-46 所示。

图 21-45　压缩弹簧至减振器可以自由转动

图 21-46　拆卸减振器头部螺母

（5）取下上支撑盖座，如图 21-47 所示。

（6）取下推力轴承座，如图 21-48 所示。

图 21-47　取下上支撑盖座

图 21-48　取下推力轴承座

(7) 取下弹簧上支座,如图21-49所示。
(8) 取下垫圈,如图21-50所示。

图21-49 取下弹簧上支座

图21-50 取下垫圈

(9) 取下减振器,如图21-51所示。
(10) 取下减振器橡胶防尘罩,如图21-52所示。

图21-51 取下减振器

图21-52 取下减振器橡胶防尘罩

(11) 取下弹性挡块,如图21-53所示。
(12) 对分解后的零件进行清洁,如图21-54所示。

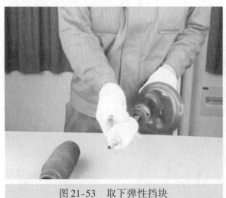

图21-53 取下弹性挡块

图21-54 清洁零件

(13) 检查零件:检查弹性挡块是否损坏;减振器支架等是否变形、裂纹。若有损坏,应更换,如图21-55所示。

(14)检查弹簧：是否有撞击的痕迹、划伤和腐蚀的小孔；弹簧的油漆涂层是否损坏，金属不可暴露在外，如图21-56所示。

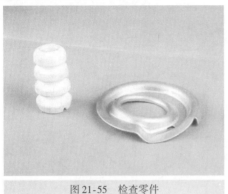

图21-55　检查零件

图21-56　检查弹簧

3 减振器的组装

(1)安装弹性挡块，如图21-57所示。

注意事项：弹性挡块小的一面朝向减振器下端。

(2)安装减振器橡胶保护套，如图21-58所示。

图21-57　安装弹性挡块

图21-58　安装橡胶保护套

(3)在弹簧上安装减振器，如图21-59所示。

(4)安装垫圈，如图21-60所示。

图21-59　安装减振器

图21-60　安装垫圈

(5) 安装弹簧上支座,如图 21-61 所示。
(6) 安装推力轴承,如图 21-62 所示。

图 21-61　安装弹簧上支座

图 21-62　安装推力轴承

(7) 安装推力轴承座,如图 21-63 所示。
(8) 安装上支撑盖座,如图 21-64 所示。

图 21-63　安装推力轴承座

图 21-64　安装上支撑盖座

(9) 安装螺母垫圈,如图 21-65 所示。
(10) 拧入新螺母,如图 21-66 所示。

图 21-65　安装螺母垫圈

图 21-66　拧入新螺母

(11) 用专用工具拧紧减振器螺母,如图 21-67 所示。

（12）安装减振器弹簧应保证位置正确，如图 21-68、图 21-69 所示。

图 21-67 拧紧减振器螺母

图 21-68 减振器弹簧下端

4 前减振器总成的安装

（1）前悬架螺栓、螺母拧紧力矩见表 21-3。

前悬架螺栓、螺母拧紧力矩（单位：N·m） 表 21-3

螺栓、螺母名称	力矩数值
减振器上支撑座紧固螺栓	25
转向节开口紧固螺栓	45
线束卡板紧固螺栓	25
稳定杆与转向节连接螺母	45
减振器尼龙自锁螺母	45
传动轴螺母	325
车轮紧固螺栓	90

（2）将前减振器装入汽车上，如图 21-70 所示。

图 21-69 减振器弹簧上端

图 21-70 将前减振器装入汽车上

(3)将减振器上定位销插入对应的定位销孔中,如图 21-71 所示。
(4)拧入减振器螺栓,如图 21-72 所示。

图 21-71　对正定位销孔

图 21-72　拧入减振器螺栓

注意事项:黄色的螺栓位置在外,不要装错,如图 21-73 所示。
(5)紧固减振器螺栓,拧紧力矩为 25N·m,如图 21-74 所示。

图 21-73　黄色的螺栓位置

图 21-74　紧固减振器螺栓

(6)将减振器下端插入转向节。
注意事项:减振器下端定位凸点必须插入转向节开口,如图 21-75 所示。
(7)取下转向节开口专用工具,如图 21-76 所示。

图 21-75　将减振器下端插入转向节

图 21-76　取下转向节开口专用工具

(8)安装转向节螺栓,如图 21-77 所示。
(9)安装转向节紧固螺母,如图 21-78 所示。
注意事项:每次安装必须更换新的紧固螺母。

图 21-77　安装转向节螺栓

图 21-78　安装转向节紧固螺母

(10)拧紧转向节紧固螺母,拧紧力矩为 45N·m,如图 21-79 所示。
(11)安装、紧固线束卡板,拧紧力矩为 25N·m,如图 21-80 所示。

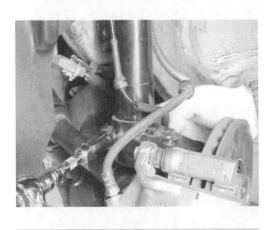

图 21-79　拧紧转向节紧固螺母

图 21-80　安装、紧固线束卡板

(12)安装线束及制动油管,如图 21-81 所示。
(13)安装、紧固稳定杆螺栓与螺母,拧紧力矩为 45N·m,如图 21-82 所示。
注意事项:每次安装必须更换新的紧固螺母。
(14)紧固减振器上盖紧固螺母,拧紧力矩为 45N·m,如图 21-83 所示。
(15)安装减振器螺母防尘罩,如图 21-84 所示。
(16)安装传动轴螺母,如图 21-85 所示。

图 21-81 安装线束及制动油管

图 21-82 安装、紧固稳定杆螺栓与螺母

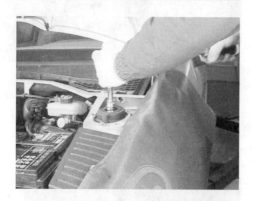

图 21-83 紧固减振器上盖紧固螺母

图 21-84 安装减振器螺母防尘罩

注意事项：每次安装必须更换新的螺母。

（17）紧固传动轴螺母，拧紧力矩为 325N·m，如图 21-86 所示。

图 21-85 安装传动轴螺母

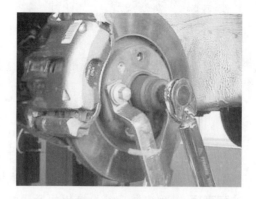

图 21-86 紧固传动轴螺母

（18）安装螺母盖，插入开口销，如图 21-87 所示。
（19）安装车轮，拧紧螺栓，如图 21-88 所示。

图 21-87　安装螺母盖，插入开口销

图 21-88　拧紧车轮螺栓

(20) 起动举升机，落下车辆，如图 21-89 所示。

(21) 紧固车轮螺栓，拧紧力矩为 90N·m，如图 21-90 所示。

图 21-89　落下车辆

图 21-90　紧固车轮螺栓

(22) 收起翼子板护垫，如图 21-91 所示。

(23) 盖上发动机舱盖，如图 21-92 所示。

图 21-91　收起翼子板护垫

图 21-92　盖上发动机舱盖

(24) 整理工具，清洁场地。

三、评价反馈

对本学习任务进行评价,评价项目和评价标准见表21-4。

评 分 表　　　　　　　　　　　　　表21-4

考核项目	评分标准	分数	学生自评	小组评价	教师评价	小计
活动参与	是否积极主动	5				
安全生产	有无安全隐患	10				
现场5S	是否做到	10				
任务方案	是否合理	15				
操作过程	(1)能在指定工位上熟练完成悬架性能检测; (2)会读取检测结果并对结果进行判断; (3)能熟练更换减振器或悬架弹簧	30				
任务完成情况	是否圆满完成	5				
工具和设备使用	是否规范地使用设备及工具	10				
劳动纪律	是否违反	10				
工单填写	是否完整、规范	5				
总分		100				
教师签名:			年　月　日			得分

四、学习拓展

目前还有平板制动试验台可以检测悬架性能,请你查阅资料或网络后记录相关检测方法、工作原理和检测标准,并与同学探讨交流。

学习任务二十二 汽车制动跑偏的检修

学习目标

完成本学习任务后,你应当能:
1. 熟悉引起不同形式跑偏的故障原因;
2. 掌握制动跑偏的检修方法;
3. 在教师的指导下,用制动测试台对故障车辆进行制动性能测试,独立分析测试结果,确定故障类型;
4. 正确使用工具、仪器及设备。

 建议完成本学习任务的时间为 10 课时。

 学习任务描述

张先生驾车来到汽车维修店,向维修主管说最近汽车的性能不是很好,在踩制动踏板的时候发现汽车有跑偏的现象,经检查已排除了制动系统以外其他系统出现故障的可能性。现根据故障现象,请你做工作计划和信息采集,完成制动跑偏故障的诊断与检修。

一、资料收集

引导问题 1 什么是汽车制动跑偏?制动跑偏的现象是什么?

所谓汽车制动跑偏,即车轮制动时,两边车轮不能同时起制动作用;甚至一边车轮制动,而另一边仍转动,导致汽车不能沿直线方向停车。这是同轴上左右轮制动力矩不均衡引起的,并且转向盘上有明显的转动推手感觉,汽车驶向路面的一侧,如图 22-1 所示。

制动跑偏的主要现象有以下两种。

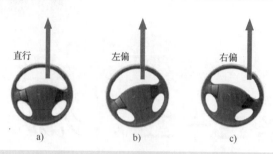

图 22-1　转向盘示意图

（1）汽车行驶制动时，行驶方向发生偏斜，如图 22-2 所示。
（2）紧急制动时，方向急转或车辆甩尾，如图 22-3 所示。

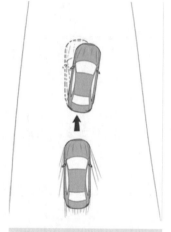

图 22-2　汽车行驶方向偏斜

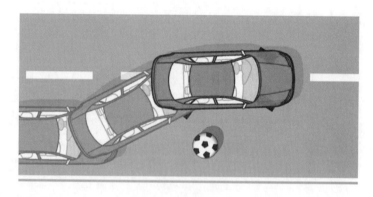

图 22-3　汽车紧急制动时方向急转或车辆甩尾

引导问题2　**引起鼓式制动系统制动跑偏的原因是什么？**

　　制动跑偏的根本原因是左右车轮的制动力不相等。制动系统和悬架系统的故障都可以引起制动跑偏，从下列选项中选出由制动系统所引起制动跑偏的具体原因。
　　（1）左右车轮轮胎气压、花纹和磨损程度不一致。
　　（2）左右车轮的制动蹄摩擦片材料不一或新旧程度不一。
　　（3）某侧轮缸内有空气、软管老化或轮缸泄漏。
　　（4）左右轮制动蹄摩擦片的接触面积相差太大。
　　（5）某侧制动蹄摩擦片油污、水湿、硬化或铆钉外露。
　　（6）左右车轮制动间隙不等。
　　（7）左右车轮轮缸的技术状况不一样，有泄漏或者空气存在的现象，造成起作用时间不相同或张力大小不相等。
　　（8）左右制动鼓内径磨损不相同。
　　（9）单边制动管路凹瘪、阻塞或漏油。

引导问题3 在对汽车进行制动跑偏故障诊断之前,如何按照故障诊断流程来明确故障诊断步骤?

1 故障诊断与排除的基本流程

故障诊断与排除的基本流程如图22-4所示。

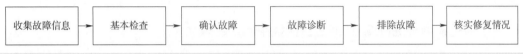

图22-4 故障诊断与排除的基本流程图

(1)收集故障信息:向车主详细了解故障发生现象,并调查车的维修历史。

(2)基本检查:以目测为主的简单检查和测量,如轮胎的气压、制动管路是否泄漏、胎面磨损、制动液的量等。

(3)确认故障内容:通过四合一检验台或路试确认故障的内容。

(4)故障诊断:根据故障现象,参照维修资料,分析产生故障的可能原因及产生故障的部位,查找并确定故障原因。

(5)排除故障:按维修手册的指引排除故障。

(6)核实修复情况:通过检验台检测或路试核实故障排除。

2 制动跑偏的诊断步骤

(1)检查制动液和制动管路;检查轮胎气压和磨损程度。

(2)通过四合一检测台测试和路试确认是否存在车主所反映的跑偏故障。

(3)检查制动器。

引导问题4 制动跑偏的故障确认方法有哪些?

1 通过道路试验,确认故障

试验时,选择干燥、清洁、平坦的路面,由专业试车员驾驶汽车,根据车主描述的故障现象,通过故障再现,凭借试车员的经验,确定故障类型,如图22-5所示。

图22-5 汽车制动道路试验

(1)路试的目的。比较汽车的实际制动性能与试车员理解的标准制动性能的差异。

(2)试车员的要求。试车员需具备制动系统工作原理知识、接受过系统的指导、经验丰富,从而能进行正确比较和发现问题。

(3)路面要求。路面应该是干爽、清洁、平坦的水平道路。

项目六　底盘综合维修

（4）路试前的准备。

①路试前检查：根据车主的描述，在路试前检查可疑部位，消除安全隐患。

②确定路试的步骤：根据车主的描述，试车员将故障可能的原因和症状联系起来，确定路试的方法和步骤。

（5）进行试车，确定故障。通过汽车的实际制动性能与标准的制动性能比较，确定故障的内容。

2 通过检测台进行测试，通过测试数据确认故障

与道路试验相比，台架试验科学性强，安全性高，不受试验条件和试车员主观判断的误差影响，能取得较准确的数据，便于分析和研究。

3 常见的制动检测台类型

（1）滚筒式制动试验台。滚筒式制动试验台具有测试条件固定、重复性好、结构简单和操作安全性能好等优点（本次任务的检测过程以滚筒式制动试验台为例进行汽车制动性能测试）。滚筒式制动试验台如图 22-6 所示。

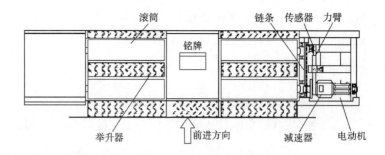

图 22-6　滚筒式制动试验台

（2）平板式制动试验台。平板式制动试验台具有结构简单、测试方便和测试过程更接近实际制动过程等优点。平板式制动试验台如图 22-7 所示。

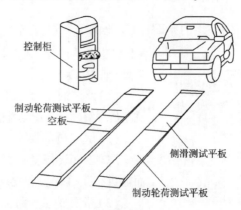

图 22-7　平板式制动试验台

引导问题 5 如何根据测试台记录的相关数据来确定汽车制动跑偏？相关标准是什么？

1 行车制动性能检验

（1）汽车、汽车列车在制动检验台上测出的制动力应符合《机动车运行安全技术条件国家标准》（GB 7258—2017）（表 22-1）的要求。对空载检验制动力有质疑时，可用表 22-1 规定的满载检验制动力要求进行检验。

台架检测制动力要求　　　　　　　　　　　表 22-1

机动车类型	制动力总和与整车质量的百分比(%)		轴制动力与轴荷[a]的百分比(%)	
	空载	满载	前轴[b]	后轴[b]
三轮汽车	—	—	—	≥60[c]
乘用车、其他总质量小于等于 3500kg 的汽车	≥60	≥50	≥60[c]	≥20[c]
铰接客车、铰接式无轨电车、汽车列车	≥55	≥45	—	—
其他汽车	≥60[d]	≥50	≥60[c]	≥50[e]
挂车	—	—	—	≥55[f]
普通摩托车	—	—	≥60	≥55
轻便摩托车	—	—	≥60	≥50

a. 用平板制动检验台检验乘用车、其他总质量小于等于3500kg的汽车时应按左右轮制动力最大时刻所分别对应的左右轮动态轮荷之和计算。
b. 机动车（单车）纵向中心线中心位置以前的轴为前轴，其他轴为后轴；挂车的所有车轴均按后轴计算；用平板制动试验台测试并装轴制动力时，并装轴可视为一轴。
c. 空载和满载状态下测试均应满足此要求。
d. 对总质量小于等于整备质量的 1.2 倍的专项作业车应大于等于 50%。
e. 满载测试时后轴制动力百分比不做要求；空载用平板制动检验台检验时应大于等于 35%；总质量大于 3500kg 的客车，空载用反力滚筒式制动试验台测试时应大于等于 40%，用平板制动检验台检验时应大于等于 30%。
f. 满载状态下测试时应大于等于 45%。

（2）制动力平衡要求（两轮、边三轮摩托和轻便摩托车除外），在制动力增长全过程中同时测得的左右轮制动力差的最大值，与全过程中测得的该轴左右轮最大制动力中大者之比，对前轴不应大于 20%，对后轴（及其他轴）在轴制动力不小于该轴轴荷的 60% 时不应大于 24%；当后轴（及其他轴）制动力小于该轴轴荷的 60% 时，在制动力增长全过程中同时测得左右轮制动力差的最大值不应大于该轴轴荷的 8%。

（3）汽车制动的协调时间，对于液压制动的汽车不应大于 0.35s，对于气压制动的汽车不应大于 0.60s；汽车列车、铰接客车和铰接式无轨电车的制动协调时间不应大于 0.80s。

（4）汽车车轮阻滞力要求：进行制动力检验时，各车轮的阻滞力均不应大于车轮所在轴轴荷的 5%。

2 驻车制动性能检验

当采用制动检验台检验汽车和正三轮摩托车驻车制动装置的制动力时,机动车空载,乘坐一名驾驶员,使用驻车制动装置,驻车制动力的总和不应小于该车在测试状态下整车质量的 20%(对总质量为整备质量 1.2 倍以下的机动车为不小于 15%)。

引导问题 6 针对不同类型的检验台,基本的检验方法和要求是什么?

1 用滚筒式制动检验台检验

滚筒式制动检验台滚筒表面应干燥,没有松散物质及油污,滚筒表面当量附着系数不应小于 0.75。

驾驶人将机动车驶上滚筒,位置摆正,变速器置于空挡。起动滚筒,在 2s 后测取车轮阻滞力;使用制动,测取制动力增长全过程中的左右轮制动力差和各轮制动力的最大值,并记录左右车轮是否抱死。

在测量制动时,为了获得足够的附着力,允许在机动车上增加足够的附加质量或施加相当于附加质量的作用力(附加质量或作用力不计入轴荷)。

在测量制动时,可以采取防止机动车移动的措施(例如加三角垫块或采取牵引等方法)。当采取上述方法之后,仍出现车轮抱死并在滚筒上打滑或整车随滚筒向后移出的现象,而制动力仍未达到合格要求时,应改用本标准中规定的其他方法进行检验。

2 用平板制动检验台检验

制动检验台平板表面应干燥,没有松散物质及油污,平板表面附着系数不应小于 0.75。

驾驶员将机动车对正平板制动检验台,以 5~10km/h 的速度(或制动检验台制造厂家推荐的速度)行驶,变速器置于空挡(装备自动变速器的机动车可置变速器于 N 位),急踩制动踏板,使机动车停止,测取所要求的参数值。

二、实 施 作 业

针对汽车在制动时出现跑偏的现象,对制动系统进行故障诊断并排除故障。不同的车型检查故障的方法会有所区别,下面以雪佛兰科鲁兹轿车为例,进行故障的诊断与排除。

引导问题 7 对制动跑偏故障进行诊断和排除时,车辆基本信息有哪些?

请将车辆基本信息记录在车辆基本信息表(表 22-2)中。

车辆基本信息表　　　　　　　　　表22-2

车辆(VIN号)	
车牌号码	
车型及行驶里程	
维修接待的维修意见	

引导问题8　制动器检查与维修需要准备的设备、工具与耗材有哪些？

将准备情况记录在设备、工具与耗材使用记录表(表22-3)中。

设备、工具与耗材使用记录表　　　　　　　　　表22-3

名　称	型　号	数　量	是否会使用	是否准备好
举升设备			是□　否□	是□　否□
制动试验台			是□　否□	是□　否□
游标卡尺			是□　否□	是□　否□
千分尺			是□　否□	是□　否□
支架百分表			是□　否□	是□　否□
扭力扳手			是□　否□	是□　否□
维修手册			是□　否□	是□　否□
专用工具			是□　否□	是□　否□
常用工具			是□　否□	是□　否□
制动液			是□　否□	是□　否□
干净抹布			是□　否□	是□　否□

引导问题9　作业前的前期准备工作及相关项目的检查工作有哪些？

1 前期准备工作

(1)车辆进入工位前,清洁工位,准备好相关的工具、量具及材料。
(2)将待检车辆停驻在举升机中央位置。
(3)安装转向盘防尘罩。
(4)安装座椅防尘罩。
(5)安放脚垫。
(6)安装变速器换挡杆防尘罩。
(7)安装驻车制动器操纵杆防尘罩。
(8)拉紧驻车制动器操纵杆,并将手动变速置于空挡,自动变速器置于N位。

2 汽车制动系统的基本检查工作

(1)检查制动液是否达到规定液面,制动管路是否有泄漏的现象,如图22-8～图22-10所示。

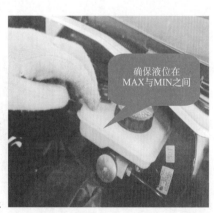

确保液位在MAX与MIN之间

图22-8　制动液的检查

图 22-9 制动管路的检查 1

图 22-10 制动管路的检查 2

（2）将检查结果记录在制动液、管路检查记录表（表 22-4）中，并根据结果确定修理方法。

制动液、管路检查记录表　　　　　　　　表 22-4

项　目	检查结果	修理方法
制动液量		
制动液品质		
制动管路		

图 22-11 检查车辆轮胎规格型号

3 检查轮胎气压及磨损情况

（1）检查车辆所有轮胎规格型号是否一致，如图 22-11 所示。

（2）检查各个轮胎气压是否正常，如图 22-12 所示。

（3）检查同轴两侧轮胎花纹是否一致，磨损程度是否一致，如图 22-13 所示。

（4）检查各轮胎气压及磨损情况，在轮胎检查记录表（表 22-5）中记录检查结果。

图 22-12 检查轮胎气压是否正常

图 22-13 检查轮胎磨损程度

轮胎检查记录　　　　　　　　　表22-5

轮胎项目	气压值		尺寸	新旧情况		磨损情况	
	测量值	标准值		超标	新	旧	正常
前左				☐	☐	☐	☐
前右				☐	☐	☐	☐
后左				☐	☐	☐	☐
后右				☐	☐	☐	☐

引导问题10 如何正确利用制动试验台对汽车进行制动性能测试？

1 制动性能检测流程

利用制动试验台对汽车进行制动性能检测的流程如下。

（1）将车辆开入四合一检测线待检区，如图22-14所示。

（2）打开四合一检测线主控台电源，如图22-15所示。

（3）进入计算机界面点击"工位"图，如图22-16所示。

图22-14　车辆进入待检区

图22-15　检测线主控台

图22-16　点击"工位"图标

（4）进入检测界面，选择"半自动检测"图标，如图22-17所示。

（5）根据计算机提示完成"基本信息"填写。

（6）最后进入最终的界面，如图22-18所示。

（7）将车辆由待检区域驶向制动检测台，如图22-19所示。

（8）将车辆前轮停放在滚筒上，如图22-20所示。

图 22-17 检测界面子菜单

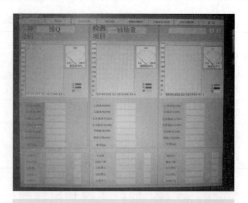
图 22-18 测试界面 2

(9) 检测台会根据压力传感器信号自动将车辆前轴重力及前轮制动力测试出来, 如图 22-21、图 22-22 所示。

图 22-19 进入检测线

图 22-20 汽车前轮停在滚筒上

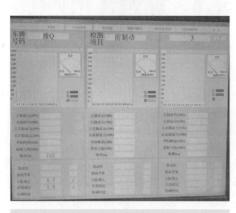
图 22-21 测试数据 1

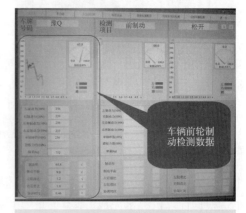
图 22-22 测试数据 2

注意事项: 需要踩制动踏板时, 四合一主控系统的计算机会提示。

(10) 对前轮制动数据进行分析, 判断是否由于前轮制动力不等引起制动跑偏, 如

图 22-23 所示。

（11）将车辆前轮驶离滚筒，将车辆后轮停放在检测台滚筒上，如图 22-24 所示。

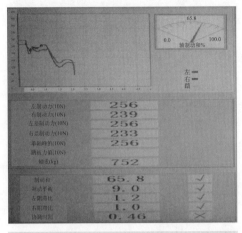

图 22-23 前轮数据分析

图 22-24 检测车辆后轮

（12）根据计算机右上方提示进行操作，如图 22-25 所示。

（13）检测后轮制动，并获得相关数据信息，如图 22-26 所示。

图 22-25 根据提示进行操作

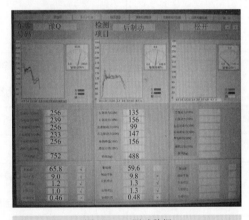

图 22-26 测试数据

（14）对后轮制动数据进行分析，判断是否后轮制动力不等引起制动跑偏，如图 22-27 所示。

（15）将车驶离四合一制动检测线上，如图 22-28 所示。

（16）最后根据检测数据，对前、后轮制动器的制动力进行分析，确定出现故障的制动器。

2 判断测试数据是否符合标准

进行制动测试时，将测试结果填写在制动力测试结果记录（表 22-6）中，并判断测试数据是否符合标准。

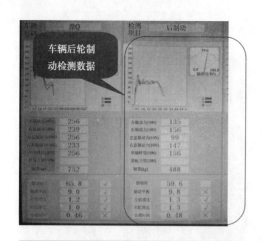

图 22-27 后轮数据分析

图 22-28 驶离检测线

制动力测试结果记录 表 22-6

制动力	前制动力(N)	后制动力(N)	驻车制动力(N)
左轮			
右轮			
合计			

在轴重力数据记录表(表 22-7)中记录轴重力数据。

轴重力数据记录表 表 22-7

前轴重力(N)	后轴重力(N)	总重力(N)

根据测试数据,计算下面各指标,将计算结果填入制动测试数据表(表 22-8)中。

制动测试数据表 表 22-8

制动性能指标	行车制动	驻车制动
总制动力(N)		
总制动力/总重力(％)		
前制动力总和/前轴重力		—
后制动力总和/后轴重力		—
前左右制动力之差/前最大制动力		—
后左右制动力之差/后最大制动力		—

引导问题 11 如何根据制动系统检测出左右制动力的不一致来确定制动器的最终故障点？

1 制动系统排气

（1）甲同学进入驾驶室，乙同学操作举升机，将车辆举升至适当高度，并进行安全锁止（图 22-29）。

（2）乙同学用手取下车轮制动轮缸放气阀上的防尘帽，并摆放在零件车上（图 22-30）。

（3）乙同学将洁净的塑料软管一端插入制动轮缸的放气阀上，另一端插入装有新制动液的接油容器中液面以下的位置，如图 22-31 所示。

（4）甲同学连续踩踏制动踏板数次，当感觉制动踏板阻力增大时，踩住制动踏板（图 22-32）并向乙同学发信号。

（5）乙同学听到信号后，使用排气扳手，拧松制动轮缸上的放气阀（图 22-33），制动液和空气快速进入接油容器中，如图 22-34 所示。

图 22-29 举升车辆

 提示

此操作需要两名同学互相配合完成。

图 22-30 拆下防尘帽

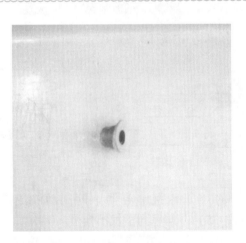

图 22-31　连接软管

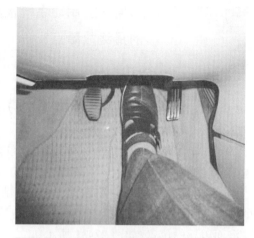

图 22-32　踩下制动踏板和拧松放气阀

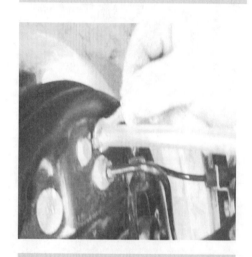

图 22-33　踩下制动踏板和拧松放气阀

图 22-34　接制动液

提示

排气过程中,甲同学的脚须随制动踏板下行,且不可放松制动踏板。并注意查看储液罐内制动液液面,做到及时添加。

(6)当进入接油容器中的制动液流速变慢时,乙同学拧紧制动轮缸上的放气阀(图 22-35),并向甲同学发出信号。

(7)甲乙同学相互配合,重复(4)(5)(6)步的操作步骤,直到制动轮缸里的空气排放完毕,拧紧放气阀,取下塑料软管。

(8)擦净制动轮缸周围的油迹(图 22-36),即为车轮制动管路排气完毕。

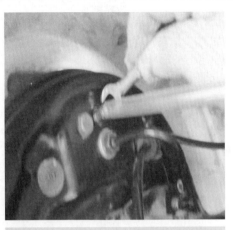
图 22-35　拧紧放气阀

图 22-36　擦拭油液

提示

按照以上步骤，按照右后车轮、左前车轮、左后车轮、右前车轮的顺序，分别对各个制动轮缸管路进行排气。

2　制动性能试验

（1）操作举升机，将车辆举升至车轮离开地面的适当高度，并进行安全锁止，如图 22-37 所示；

（2）甲同学进入驾驶室，彻底放松驻车制动器操纵杆（图 22-38），用力踩下制动踏板并保持制动位置。

图 22-37　降下车辆

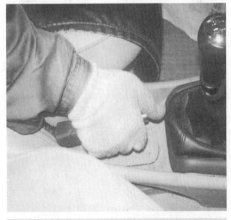
图 22-38　放松驻车制动器操纵杆

（3）用力转动前轮或后轮，如前轮或后轮均不能转动，说明制动性能良好，如图 22-39 所示。
（4）乙同学操作举升机，将车辆降落到地面，如图 22-40 所示。
（5）在条件允许的情况下，对车辆进行道路试验，检查汽车的制动距离、滑移率等性能参数。

图 22-39 转动车轮

图 22-40 降下车辆

3 整理工位

（1）拆除防护五件套，如图 22-41 所示。

a) 拆除转向盘防护套

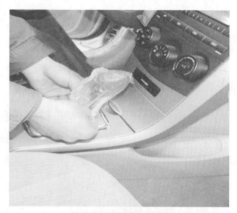

b) 拆除变速器操纵杆防护套

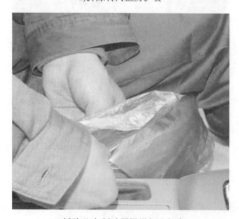

c) 拆除驻车制动器操纵杆防护套

d) 拆除座椅防护套

图 22-41

e)拆除脚垫

图 22-41　拆除防护"五件套"

(2) 清理工具、材料等,如图 22-42 所示。

(3) 清洁现场,如图 22-43 所示。

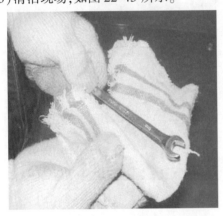

图 22-42　清理工具

图 22-43　清洁现场

4 检查前盘式制动器

(1) 在车辆举升前用 19mm 套筒和扭力扳手或轮胎螺栓专用套筒拧松车轮螺栓。

(2) 在确保车辆固定无误的条件下举升车辆,举升至合适高度停止,举升机保险落锁。

(3) 从观察孔内观察车轮的制动间隙是否一致,如图 22-44 所示。

(4) 拆卸制动器。

(5) 检查两片制动摩擦块有无偏磨损现象,如图 22-45 所示。

(6) 检查制动轮缸是否有漏油现象,如图 22-46 所示。

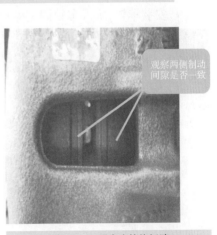

图 22-44　观察摩擦块间隙

图 22-45　检查制动摩擦块

图 22-46　检查制动轮缸

（7）检查制动软管是否有老化现象，如图 22-47、图 22-48 所示。

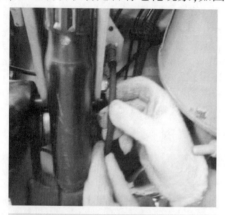
图 22-47　检查制动软管 1

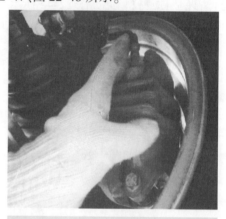
图 22-48　检查制动软管 2

（8）检查前轮盘式制动器工作状况。
（9）安装车轮，旋入车轮固定螺栓。

图 22-49　拆卸后轮

（10）车辆降至地面，拧紧车轮螺栓，拧紧力矩为 90N·m。

（11）起动发动机，连续踩制动踏板几次，使制动摩擦块与制动盘之间恢复间隙。

5　检查后轮鼓式制动器

（1）拆卸后轮，如图 22-49 所示。
（2）拆卸制动鼓固定螺母，如图 22-50 所示。
（3）拆下后制动鼓，如图 22-51 所示。
（4）检查制动轮缸是否有漏油现象，如图 22-52 所示。
（5）检查轮缸防尘套是否有破损，如图 22-53 所示。

图 22-50　拆卸制动鼓固定螺母

图 22-51　拆下后制动鼓

图 22-52　检查后制动轮缸

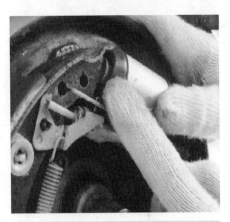

图 22-53　检查轮缸防尘套

（6）检查制动蹄摩擦片是否有油污、裂纹，如图 22-54 所示。
（7）检查复位弹簧是否有断裂、变形的现象，如图 22-55 所示。

图 22-54　检查制动蹄摩擦片

图 22-55　检查复位弹簧

(8) 清洁制动鼓内工作面,如图 22-56 所示。

(9) 测量制动鼓直径,是否符合标准,如果超过使用极限值(表 22-9),必须更换新制动鼓,如图 22-57 所示。

图 22-56 清洁制动鼓

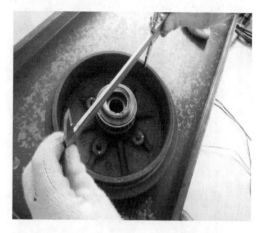

图 22-57 测量制动鼓直径

常见车型制动鼓的标准直径和允许最大直径　　　　表 22-9

科鲁兹	标准直径(mm)	254
	磨损后允许最大直径(mm)	256

(10) 装复制动鼓后,反复缓慢地踩下—放松制动踏板,如图 22-58 所示。

(11) 用双手转动制动鼓,检验制动轮缸活塞复位是否正常,如图 22-59 所示。

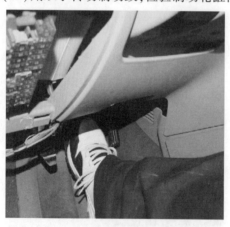

图 22-58 踩下—放松制动踏板

图 22-59 转动制动鼓

6 清洁现场

清理工具、量具,收回防护 5 件套,清洁现场。

三、评价反馈

(1) 对本学习任务进行评价,见表22-10。

评 分 表　　　　　　　　　　　　　　　表22-10

考核项目	评分标准	分 数	学生自评	小组评价	教师评价	小计
团队合作	是否和谐	5				
活动参与	是否积极、主动	5				
安全生产	有无安全隐患	10				
现场5S	是否做到	10				
任务方案	是否正确、合理	15				
操作过程	(1) 测量制动摩擦块厚度; (2) 检查制动摩擦块的不均匀磨损; (3) 检查制动间隙是否一致; (4) 测量制动盘厚度; (5) 测量制动鼓内径; (6) 检查制动油管接头处是否渗漏; (7) 检查制动轮缸的制动液渗漏、破损; (8) 检查制动蹄摩擦片的状况; (9) 检查制动蹄摩擦片复位; (10) 检查制动盘跳动量; (11) 完成车辆在制动台测试流程	30				
任务完成情况	是否圆满完成	5				
工具与设备使用	是否标准、规范	10				
劳动纪律	是否严格遵守	5				
工单填写	是否完整、规范	5				
总分		100				
教师签名:			年　月　日		得 分	

(2) 在实施作业时每个安全事项都注意到了吗?如没有,找出忽略的地方和原因。

(3)能否在驾驶人的帮助下,独立完成制动测试控制台的整个操作流程?如不能,请加强生疏环节的操作练习。

四、学习拓展

(1)参照制动跑偏故障诊断的基本流程,你能描述汽车制动失效的故障有什么现象吗?

(2)造成制动失效的原因有哪些?

(3)制动失效故障在制动测试台测得数据与制动跑偏的数据有什么区别?

参 考 文 献

[1] 任晓农,张生强.汽车传动系统维修[M].北京:人民交通出版社,2012.
[2] 何爱明,丁业军.汽车制动系统维修[M].北京:人民交通出版社,2012.
[3] 蔡明清,李强.汽车行驶系统与转向系统维修[M].北京:人民交通出版社,2012.
[4] 沈沉.汽车底盘构造与维修[M].3版.北京:人民交通出版社股份有限公司,2016.
[5] 孔令来.汽车底盘构造与维修[M].北京:机械工业出版社,2019.
[6] 文定凤.汽车底盘构造与维修[M].北京:机械工业出版社,2018.

参考文献